道义与天下

中国知识分子精神的
古代源流与当代塑造

李梦云　著

中国出版集团　东方出版中心

图书在版编目（CIP）数据

道义与天下：中国知识分子精神的古代源流与当代
塑造 / 李梦云著. -- 上海：东方出版中心，2024. 12.
ISBN 978-7-5473-2613-8

Ⅰ. D663.5

中国国家版本馆CIP数据核字第2024DX9141号

道义与天下：中国知识分子精神的古代源流与当代塑造

著　　者　李梦云
责任编辑　陈哲泓
装帧设计　徐　翔

出 版 人　陈义望
出版发行　东方出版中心
地　　址　上海市仙霞路345号
邮政编码　200336
电　　话　021-62417400
印 刷 者　山东韵杰文化科技有限公司

开　　本　890mm×1240mm　1/32
印　　张　9.75
字　　数　225千字
版　　次　2024年12月第1版
印　　次　2024年12月第1次印刷
定　　价　79.80元

序

王炳林

　　知识分子研究是学术界较为关注的一个话题,但系统研究知识分子精神的成果比较鲜见。从大历史观深入研究中国知识分子精神内涵特征的"变"与"不变",汲取其中精华以丰润新时代知识分子精神,推进中国式现代化建设,具有重要的理论价值与现实意义。李梦云在北京师范大学攻读博士学位期间就开始研究中国知识分子问题,其博士学位论文涉及知识分子精神生活,颇具前沿性。十几年来,她致力于马克思主义中国化时代化和中国文化及知识分子问题研究,能够运用马克思主义立场观点和方法分析中国知识分子的社会地位和价值追求,并持续推出了一系列研究成果。本书是她对其长期关注的中国知识分子责任感与使命感的成果汇聚。

　　知识分子群体在社会结构中占据着不可替代的重要地位,尤其在政治、文化、教育、伦理、道德及社会生活各个领域中发挥着关键作用。从概念上看,"知识分子"一词源自西方,其在西方社会语境中被赋予了普罗米修斯式的象征意义,代表了不屈从于权力、不追求名利、坚持独立判断和道德良知的社会群体。在中国的文化背景下,知识分子被视为"士"及其文化的现代诠释者。中国传统社会的"士"阶层集知识与权力于一身,对中华文化的形成与发展发挥了重要影响。古代士人以"士不可以不弘毅,任重而道远"为理想,肩负"天下兴亡,匹夫有责"的责任感与使命感，实践"修身、齐家、治国、平天下"的理想信念，成为历代中国知识分子理想主义的典范。近代以降，由传统士人转化而来的知识分子继承了先辈的使命感和责任感，他们以"铁肩担道义"和"上下而求索"的精神，对社会进行批判并追求真理，怀揣着深刻的忧患意识，探索救国救民的道路，创造了中国知识分子历史上最为辉煌的篇章。尤其是五四运动所孕育的知识分子传统与精神品格，依然在中国式现代化建设中发挥着重要作用。这些问题涉及面广，难度不言而喻。该书将政治学、哲学、历史学、社会学等多学科的研究方法有机统一起来，提出了深刻见解，可以看出是下了一定的功夫，也彰显出作者的研究的激情、热忱和勇气。

《道义与天下：中国知识分子精神的古代源流与当代塑造》，这个书名颇具匠心。"道义与天下"涵括了中国知识分子的精神血脉历史，展现了一幅微缩版的中国知识分子精神谱系图。该书在对不同时期中国知识分子发展历程、作用和地位等进行追溯的基础上，围绕知识分子精神这一轴心，归纳提炼中国不同时期知识分子精神的丰富内涵和鲜明特质，挖掘其可供当代知识分子继承和发扬的优秀精神价值，展现出较为丰富的内涵和巧妙的运思。

全书把知识分子精神建构作为一个独立的研究领域予以系统深入研究，将当代中国知识分子精神的建构放在实现中华民族伟大复兴的宏观背景之下予以考量，面对国内外各种思想文化相互激荡和价值观念日益多元多样，互联网和数字技术裂变式发展的现状，构建出以"天下为公，担当道义"的家国情怀、"内化于心，外化于行"的道德人格、"阐释终极意义，关怀社会大众"的人文精神和"勇立潮头、引领创新"的优良品格、"思考人类命运、推动共同体构建"的天下情怀为核心内涵的新时代知识分子精神，并通过打造政策引领新格局、实现方式方法新突破、营造知识分子发展的良好环境、提升知识文化水平、健全知识分子干事创业的体制机制等有效途径表现出来，使之真正深入知识分子内心以引领其思想言行并产生示范效应，改善社会风气、提升公民道德、构建人们赖以生存的精神家园。阅读该书，感觉有以下几个鲜明特色。

一是具有历史纵深感。该书以纵深的历史眼光来考察中国知识分子精神源流，即士的精神与文化呈现、中国近代知识分子的意识觉醒与救亡图存的担当、新中国成立后到二十世纪九十年代中期知识分子精神生态以及当代知识分子的自省与知识分子精神建构，用翔实的资料、清晰的考据、流畅的语言论述了中国知识分子不同时期的历史故事和历史细节，其中个体聚焦与群像剪影交替运用，将中国知识分子的形象、真实生活与民族的国家的历史紧密结合在一起，真实而鲜活地还原了中国知识分子的特点。

二是具有现实指向性。该书坚持把马克思主义基本原理同中国具体实际相结合、同中华优秀传统文化相结合。在全面展现中国传统知识分子优秀品质的同时，注重将其中与马克思主义、社会主义核心价值观等高度契合的精华元素进行创造性转化、创新性发展。该书坚持用中国化时代化的马克思主义来解决新时代知识分子建构的现实问题，引导新时代知识分子形成正确的价值观念，进而推动文化发展的守正创新、革故鼎新，增强文化的自觉自信、自立自强，以有效应对西方不良文化的侵蚀。

三是具有综合创新性。在研究视角上，该书采用了一种全新的综合视角来审视中国知识分子精神的发展历程，为理解中国知识分子精神提供了更全面、更深入的视野。例如，在探讨古代知识分子精神时，不仅仅局限于儒家经典的解读，还结合了当时的时代背景、政治制度、社会变革等方面进行分析，展现了知识分子精神形成的复杂背景。在研究方法上,将文献研究与实证研究有机结合。本书采用文献分析法,从历史维度对不同时期知识分子的精神内涵及其特征进行了系统性的梳理,并深入探究了历史叙事中蕴含的、可供当代知识分子继承与发扬的卓越精神价值;在审视当前知识分子精神状态的过程中,更多运用实证调查研究的方法,对新时代知识分子群体的现实处境、思想状态以及责任意识等方面进行了深入的了解与掌握,从而为新时代知识分子精神的构建提供了坚实的实证基础。该书中对传统士人精神的扬弃不囿成见,既高度评价传统士人的精神品格,又指出其历史的局限性,保持传统与现代的张力,在当代现实社会条件上对其进行重构,颇为难得。在直面知识分子精神缺失的现状,引发大家对知识分子问题的深入思考的同时,在与西方相对成熟的知识分子话语体系较量中,彰显中国的话语特色,强调中国知识分子在全球知识体系的独特贡献等。

随着时代快速发展、技术飞速进步,中国知识分子的职责和使命也会有更加具体的要求,党的知识分子政策也将更加科学与完善。对知识分子精神建构与弘扬的研究是动态的,该书也存在一些需要不断补充和完善之处。例如,在人工智能时代,对科技工作者的生活现状、思想意识和责任担当的了解和把握不可或缺;在推动人民精神生活共同富裕的时代要求下,对文艺工作者的调查研究也非常重要,对知识分子实证调查研究还可以更全面、更广泛。同时,要不断关注党的知识分子政策和知识分子体制机制改革内容,以更精准提出新时代知识分子精神构建的保障机制的对策建议,为政府管理部门在制定知识分子的相关政策及社会主义精神文明建设的相关政策时提供有益的参考和借鉴。

习近平总书记在知识分子、劳动模范、青年代表座谈会上的讲话中谈到当代中国知识分子的精神特点,他指出:"天下为公、担当道义,是广大知识分子应有的情怀。""现在,党和人民更加需要广大知识分子发扬这样的担当精神。"这一重要论述既表明了中国共产党对新时代知识分子的基本认识，也表达了中国共产党对新时代知识分子的殷切期望。我期待着李梦云教授团队能够围绕这一课题持续产出高质量的研究成果。

是为序。

目　录

时代呼唤与使命担当

　　知识分子是一个极为特殊的社会群体,在社会建设中起着极为重要的作用。在"以天下国家为己任"的强烈责任感和使命感的感召下,在"为天地立心,为生民立命,为往圣继绝学,为万世开太平"的精神坐标的吸引下,历代知识分子秉持着理想与信念砥砺前行,为国家、民族的发展做出卓越贡献。当今时代,知识分子作为推进强国建设、民族复兴的中坚力量,具备大有可为、建功立业的广阔天地;同时,他们也面临着新一轮科技革命和产业变革所带来的一系列现实挑战。因此,如何挖掘、提炼历代知识分子的理想抱负与精神追求,弘扬、发展其中的时代价值,突破当代知识分子的精神困境,丰富当代知识分子的精神世界,最终更好地实现知识分子的价值,是极为重要且十分紧迫的课题。

一、精神的轨迹:从士人风骨到知识分子的时代担当

　　回溯文明历史长河,数千年来中华民族创造了博大精深、辉光日新的中华文化,为人类文明的创新发展做出巨大贡献。作为我国古代社会的知识分子群体,传统士人具有重要而又独特的历史地位,他们以"内圣外王"为理想目标,追求格物致知、诚意正心、修身齐家,"经世致用"而治平天下,有着为国为民、心系天下的强烈的社会责任感和使命感,由此形

成的中国传统士人精神既是推动古代中国发展进步的重要力量,也是中华文明的宝贵精神财富。

18世纪以后,清朝开始实行闭关锁国的政策,加上受到传统经济体制和政治制度的影响,近代中国逐步落后于世界。1840年鸦片战争后,中国传统的士人阶层逐渐走向终结。这个终结的过程黑暗、漫长而艰难,传统士人在向新式知识分子蜕变过程中不断经历着观念的碰撞与心灵的煎熬,儒家安身立命的根本在西方思想文化的冲击下支离破碎。这让当时的知识分子受到极其严峻的挑战,他们不仅面临着社会政治秩序危机,也面临着社会生活秩序危机,内心充满了焦虑、不安与彷徨。他们不得不在这种心路历程中进行着自我救赎和心灵洗礼,也不得不"重新设想一种崭新的社会政治与文化秩序,并寻找新的方式来对社会施加影响"[①]。新式教育的兴起培育了他们新的知识结构、世界观和政治观,科举制的取消终结了他们"学而优则仕"的道路,专制制度的崩溃及西学的冲击使他们对传统产生了疏离,并渐次脱离了原来的经济和政治依附,而有了自由选择职业的权利。随着公共空间在近代中国社会的出现,传统士人逐步获得了人格独立,并开始向现代知识分子转变,一个全然不同于古代士人的现代知识分子群体诞生了。

"国势危急,岌岌不可终日。有志之士,多起救国之思。"[②]近代中国,局势动荡,江山沦陷,生灵涂炭,落后与先进、侵略与反抗、保守与革新、专制与民主、忧患与觉醒相互交织、两极对垒。在这段悲壮动荡的时代中,广大知识分子为救亡图存而奔走呼号、前赴后继,从鸦片战争后"睁眼看世界",到洋务运动求实兴利、戊戌维新变法求强,再到五四新文

---

① [美]魏定熙:《权力源自地位:北京大学、知识分子与中国政治文化:1898—1929》,张蒙译,江苏人民出版社2015年版,第5页。

② 《孙中山选集》(上卷),人民出版社1981年版,第174—175页。

化运动启蒙求新，他们始终以强烈的社会责任感和使命感因应近代中国的大变局，由此形成的近代知识分子精神至今仍有极大的借鉴和激励作用。

知识分子作为我国历史上一个特殊的群体，曾扮演过拯救民族危亡的角色，也扮演过传承中华文化、振兴中华民族的角色，特别是改革开放以来，知识分子以其独特的历史作用，极大地推动了中国特色社会主义事业的发展，为我国综合国力提升贡献了智慧和力量。但与此同时，随着改革开放日渐深入，市场经济的发展、经济理性的觉醒、大众文化的流行、公共话语权威性的丧失和新媒体的日益崛起，部分知识分子选择被世俗化裹挟，出现了"精神危机"。知识分子精神迷失对社会稳定、国家发展和民族进步产生不利影响。挖掘和提炼中国传统士人、近代知识分子及转型期知识分子精神的基本内涵与主要特征，建构当代知识分子精神的主要内容体系，对于解决当代知识分子的精神困境，丰富当代知识分子的精神世界，具有十分重要的理论和实践意义。

中国共产党历来重视和关注知识分子问题，在不同时代背景下对知识分子相关问题进行了理论思考与实践探索，会不断调整、优化与完善知识分子政策。党的十八大以来，习近平总书记尤为关心知识分子群体，在哲学社会科学界、文艺界、新闻界、教育界等多次主持召开座谈会，在不同场合、以不同方式多次发表重要讲话，这为广大知识分子在新时代建功立业提供重要理论支持和精神动力。习近平总书记指出："伟大的事业，决定了我们更加需要知识和知识分子，更加需要知识分子为国家富强、民族振兴、人民幸福多作贡献。我国广大知识分子要以时不我待的紧迫感、舍我其谁的责任感，主动担当，积极作为，刻苦钻研，勤奋工作，为全面建成小康社会、建设世界科技强国作出更大贡献。"①当前，世界百年未有之大变局加速演进，我国也正处于近代以来最好的发展时期。全面建成社会主义现代化强国、实现第二个百年奋斗目标，以中国式现代化全面推进中华民族伟大复兴，必须牢固树立"人才是第一资源、创新是第一动力"理念。围绕推动经济高质量发展这一主题，不仅需要最大限度激发和释放我国广大知识分子的创新创造活力，充分发挥其引领未来发展的生力军作用，更需要引导知识分子继承和发扬"以天下为己任"的入世情怀，展现博大的胸怀和开放的心态，坚守"进亦忧、退亦忧"的现实担当，践行经世致用、家国天下的处事准则。与此同时，我国广大知识分子也要努力形成勇立潮头、敢于创新的实践品格，树立担当道义、人民至上的基本原则，做到始终与党和国家的发展同向同行，为新时代新征程更好担负起新的文化使命，努力创造属于我们这个时代的新文化，为实现中华民族伟大复兴的中国梦做出应有贡献。

二、传承与创新：目标指引中的学术追寻与价值启迪

本研究梳理和勾勒出从古代士人、近代知识分子到转型期知识分子精神的发展脉络，挖掘其中值得继承和发扬的优秀精神品格，并进一步探讨当代知识分子精神建构的基本路径及制度保障。中国知识分子精神的古代源流与当代塑造研究，既是一个理论课题，也是一个实践课题，对切实发挥知识分子精神的作用，为强国建设、民族复兴注入强大精神力量等具有重要意义。

（一）唤起知识分子责任意识的自觉

自产生的那天起，知识分子就是一个不可忽视的特殊群体。他们在

---

① 习近平：《论坚持人民当家作主》，中央文献出版社 2021 年版，第 172 页。

任何一个社会中均不可或缺,而且起着举足轻重的作用。"从古希腊时代以来,知识分子的社会地位就是决定性的,甚至是普罗米修斯式的。"①在西方,知识分子被描绘为文化标准的卫士、社会的良心和监督者以及一群永远的批评者和异议者。知识分子为民喉舌,作为公理正义及弱势者、受迫害者的代表,即使面对艰难险阻也要向大众表明立场及见解。西方社会用"社会的脊梁"来称呼知识分子,评价之高,可见一斑。在古代中国,用德国学者韦伯在《儒教与道教》中的话来说,"2 000多年来,士人无疑是中国的统治阶层,至今仍然如此"②。在整个中华文化形成的过程中,集知识与权力于一身的"士"几乎完全支配了政治、文化、社会生活的方方面面。他们有着"抱道忤时"的忧患意识、"穷年忧黎元,叹息肠内热"的忧民情怀、"先天下之忧而忧,后天下之乐而乐"的崇高品格、"位卑未敢忘忧国""以天下国家为己任"的强烈责任感与使命感。

因为知识分子的特殊身份,无论是在社会责任还是道德标准上,人们对知识分子的要求都比较高,无论是社会责任还是道德标准。但现实中知识分子的种种问题,却让他们处于一种"被审判"的席位上,对于知识分子的各种批判几乎从未停止。朱学勤直言"知识分子需要一场灵魂拷问",许纪霖发出了"知识分子死亡了吗"之问。部分知识分子的虚伪、道德感的缺失,以及顾盼自雄或顾影自怜的自恋心态都让他们饱受诟病。

何玉兴直言:"知识分子的堕落且败坏的是整个文化,是思想,是道德,是一个民族最宝贵的精神操守。知识分子的堕落才是一个社会和一

① [美]卡尔·博格斯:《知识分子与现代性的危机》,李俊、蔡海榕译,江苏人民出版社 2002 年版,第 1 页。
② [德]马克斯·韦伯:《儒教与道教》,洪天富译,江苏人民出版社 2005 年版,第 91 页。

个民族彻底的和最后的堕落。其他人的堕落好比大江大河局部的浑浊，而知识分子的堕落，则是水源浑了。"①这是亟需警惕的。殷海光曾说："知识分子是时代的眼睛。这双眼睛已经快要失明了。我们要使这双眼睛光亮起来，照着大家走路。"②但该怎样使知识分子的眼睛光亮起来？

社会的重建首先需要一群足以示范引领的人作为中坚力量，而知识分子正是担当此任的最佳群体。知识分子成为社会重心在中国有着悠久的历史传统。面对各种社会问题，知识分子应该重返社会的中心，积极承担应尽的责任和使命。一方面是在文化上能确有所建树，足以引领社会前行；另一方面要能身体力行，实践自己所倡导的理想，退则坐而论道，进需以身作则。任何一个时代，知识分子都应该是社会的中坚与脊梁，担当着社会价值取向、人类终极意义的建构和阐释使命，社会的变革和文化的转型也往往由他们发起，这是知识分子不可推卸的责任和使命。实现中华民族伟大复兴的中国梦，需要知识分子的引领作用，需要知识分子的责任感和使命感。

（二）坚守传承知识分子的精神血脉

习近平总书记指出："人类社会发展的历史表明，对一个民族、一个国家来说，最持久、最深层的力量是全社会共同认可的核心价值观。核心价值观，承载着一个民族、一个国家的精神追求，体现着一个社会评判是非曲直的价值标准。"③知识分子精神是知识分子群体从古至今共同的精神追求和价值选择。每个时代知识分子精神都独具特色、熠熠生辉，不仅传承着中华优秀传统文化的基因，寄托着中国人民上下求索、历经千辛万苦确立的理想和信念，也承载着知识分子所期望构筑的美好愿

---

① 何玉兴：《最绝望的堕落——写给中国的知识分子》，《记者观察（上半月）》2015 年 4 期。
② 殷海光：《中国文化的展望》，商务印书馆 2011 年版，第 570 页。
③ 《习近平谈治国理政》（第一卷），外文出版社 2018 年版，第 168 页。

景。因此,弘扬知识分子精神既是历史的强烈需要和时代的迫切呼唤,也是坚守传承知识分子精神血脉的必然要求。

知识分子精神是流淌在知识分子血液、植根在知识分子内心的思想方式、价值观念和行为方式。古代士人秉持着"士不可以不弘毅,任重而道远"的理想,背负着"天下兴亡,匹夫有责"的责任感和使命感,践行着"修身、齐家、治国、平天下"的思想信念,成为几千年来中国知识分子理想主义的象征。而在近代风云变幻中从士转变而来的现代知识分子继承了传统士人的使命感和责任感,他们以"铁肩担道义"和"上下而求索"的社会批判与追求真理的精神,带着深沉的忧患意识,寻求救国救民的道路,谱写了中国知识分子历史上最为壮丽的篇章,其中形成的五四传统及知识分子精神至今仍熠熠生辉。改革开放后,伴随着思想解放的潮流,长期被排斥在社会政治生活中心之外的知识分子积极向中心移动,他们再次担当社会批判者及思想启蒙者的角色,担负起知识分子的使命责任,催生出继五四新文化运动以后中国第二次思想解放的潮流,以至于在 20 世纪 80 年代中后期,中国知识界最热衷的话题就是知识分子的使命感及其在社会主义现代化建设中的作用和功能等。不同时期的知识分子精神,不论过去还是现在,都有其鲜明的时代烙印和永不褪色的当代价值。这些精神理念,既随着时间推移和时代变迁与时俱进,又有其自身的连续性和稳定性。我们建构新时代知识分子精神,探讨践行知识分子精神的现实路径及制度保障,就充分体现了对传统优秀知识分子精神的传承和升华。

传承是为了延续过去的美好,创新则是为了开创美好的未来。进入新时代,大力弘扬知识分子精神与实现中华民族伟大复兴的中国梦紧密联系在一起。这是一个需要创新也一定能够创新的时代,这是一个需要理论也一定能够产生理论的时代,这是一个需要思想也一定能够产生思想的时代。新时代知识分子要勇立潮头、引领创新,既做知识的承载者、文化的传承者,也做创新的实践者;要时刻同祖国、同人民站在一起,书写无愧于时代、无愧于人民、无愧于历史的绚丽篇章;要坚定崇高信仰、永葆奋斗精神、矢志奋发作为,为实现中华民族伟大复兴的中国梦贡献才智。

(三)建构并弘扬新时代知识分子精神

新时代新征程,我们比历史上任何时期都更加接近实现中华民族伟大复兴的宏伟目标,也比历史上任何时期都更加渴求人才。[1] 在这个机遇与挑战并存的历史关键时期,只有培养和吸引更多优秀的知识分子,积极建构并弘扬新时代知识分子精神,才能更好地实现复兴中国的夙愿。

一方面,建构并弘扬新时代知识分子精神是应对新挑战的内在要求。当前,全球范围内正孕育着新一轮的科技革命和产业变革,世界发展趋势呈现不确定性、不稳定性,国际间竞争也日益激烈;国内改革进入攻坚期和深水区,社会矛盾和问题错综复杂,发展不平衡不充分的问题还将继续存在,生态环境问题仍需进一步解决等。在此背景下,广大知识分子亟需把知识分子精神融入血液、镌刻心中,向着矛盾问题的症结聚焦用力,为国家、为民族建功立业。建构并弘扬新时代知识分子精神,有利于发挥中华优秀传统文化的吸引力和感召力,对外讲好中国故事,传播好中国声音,增强中国的国际话语权;有利于加强科技的创新力度,努力由"跟跑者"向"领跑者"转变,为我国经济实现又好又快发展提供内生动力。

---

① 中共中央宣传部编:《习近平新时代中国特色社会主义思想学习纲要(2023年版)》,学习出版社、人民出版社2023年版,第131页。

另一方面,建构并弘扬新时代知识分子精神是实现中华民族伟大复兴中国梦的精神动力。中国梦的实质"就是要实现国家富强、民族振兴、人民幸福"①。广大知识分子是社会发展中最具潜力的有生力量,他们身上特有的优势和所处的时代地位,决定了他们成为实现中国梦的关键力量。与此同时,我国依旧处于社会主义初级阶段,实现中华民族的伟大复兴绝不是轻轻松松地以敲锣打鼓的方式就能实现的。新征程之路并不平坦,全国各族人民不能掉以轻心,仍要以"万里长征刚刚走完第一步"的精神状态努力实现中国梦。

知识分子精神内涵丰富、意义重大,既包括心有大我、为国为民的济世情怀,也有志气清坚的理想信念,更有求真务实、勇立潮头的创新品格。建构新时代知识分子精神,可以在很大程度上激励和鼓舞广大知识分子以极大的热情投身于新时代的伟大事业中,努力为改革开放和社会主义现代化建设事业服务。新时代有新使命,当下正是知识分子大有可为的黄金时代。知识分子要积极弘扬新时代知识分子精神,自觉把个人价值的实现同国家的兴盛、民族的发展和社会的和谐紧密联系在一起,同广大人民群众的需求和期待紧紧联系在一起,主动担当、积极作为、勇立潮头、引领创新、扎根人民、奉献国家,在实现中华民族伟大复兴的伟大实践中建功立业,更好地发挥作用。

(四)深化知识分子精神问题研究

本研究首次把知识分子精神的建构作为一个独立领域进行系统深入研究,从历史的角度梳理从古代士人、近代知识分子到转型期知识分子精神的基本内涵与主要特征,挖掘其可供当今知识分子继承和发扬的精神价值,同时注重立足未来,探索新时代知识分子精神建构的主要内

---

① 《习近平谈治国理政》(第一卷),外文出版社 2018 年版,第 39 页。

容、践行路径及制度保障,促成问题的破解,完成本研究的使命。

传统士人精神是历代士人的价值取向、精神品质与理想追求等凝结而成的。时至今日,传统的士人精神不仅没有过时,反而具有高度的当代价值与实际意义。古代优秀士人群体具有深厚的文化积累、极强的道德修养自觉、强烈的政治参与意识、深沉的忧患意识与爱国情怀、高度的社会责任感和使命感,他们在"志于道"的理想追求中坚定地承担起捍道卫道的责任和使命,在"修身以成君子"的人格追求中树立起为人的标杆,对后世的知识分子产生了广泛而深刻的影响,并为当今知识分子精神的建构提供极为宝贵的精神传统。本研究从历史的角度梳理古代士人的基本精神及其价值呈现,以阐述士人的定义及其历史衍变和士人精神的基本内涵为前提,从"内圣外王"两个维度进行剖析。通过剖析士人精神的具体表现,充分展现士人精神的深刻内涵,以辩证思维看待士人精神,充分肯定其当代价值,在此基础上推动士人精神的现代传承与转换。

近代知识分子是近代社会的中坚和脊梁。近代知识分子精神是对当时中国人良好精神风貌的彰显和弘扬,伴随着近代知识分子积极参与近代社会变革发展而形成的宝贵精神财富。近代知识分子处在从传统向现代的动态演变中,民族意识和个人意识逐步觉醒,他们既继承了传统士人"以天下为己任"的使命意识,又具备他们的时代性,拥有博大的胸怀与开放的心态、强烈的爱国救亡意识和激烈的社会批判意识,注重思想与道德的双重价值取向。本研究基于中国近代波澜壮阔的救亡抗争史阐述了近代知识分子精神的产生、发展和演变,运用整体与部分的辩证关系原理展现了近代知识分子精神的个案呈现(以严复、李大钊、鲁迅为代表)与群像展示,总结出"国耻未雪,何由成名"的爱国复兴情怀、"天下兴亡,匹夫有责"的使命担当意识、"勇立潮头、理性争辩"的学术创新节操、"人格独立、志气清坚"的现实批判精神等近代知识分子精神，为当代知识分子增强家国情怀、积极服务于新时代中国特色社会主义的建设大局、书写新时代知识分子建功立业的新篇章提供了重要的精神支撑。

本研究指出知识分子在转型期出现精神领域的缺失，但不可否认，绝大多数知识分子依旧保持自己的信仰，依旧有文化上的坚守，坚守文化的人民性、坚持国家利益至上、坚持"中西结合"。

20世纪90年代市场经济的发展、经济理性的觉醒、大众文化的流行和新媒体的日益崛起，在很大程度上造成知识分子公共话语权威性的丧失和日益边缘化，也使得一部分知识分子开始背离一直以来的精神坚守，逐步趋向于世俗化、市场化和平庸化，不再追逐内在的人格价值，丢弃了知识尊严和公共批判职能，丧失了独立人格和责任担当，出现了"精神危机"。因此，必须辩证地传承与发扬士人精神、近代知识分子精神，充分发挥其在当代的价值和重要作用。本研究运用了网络问卷调查形式，将问卷发放给具有代表性的高校知识分子、媒体知识分子、青年知识分子进行线上调查，共回收1764份有效问卷，对新时代知识分子群体的现实境遇、思想状况和责任意识进行了解和把握，为新时代知识分子精神建构提供了坚实的实证基础。基于对新时代知识分子精神建构机遇与挑战的分析，阐明了广大知识分子要以理性批判精神的重建、独立人格的培育和道德人格的重塑来提升内在修为，以时代精神的塑造、社会核心价值的建构和从形而上的层面去关注人们的生活和社会发展走向来彰显外在追求，主动扛起实现中华民族伟大复兴中国梦的时代重担，在新时代练就高强本领、批判社会弊端、维护公平正义、引领核心价值、把握文化发展方向、推动社会经济建设、倡导命运共同体，为国奉献、为民造福、为人类做出更大贡献。与此同时，探讨了新时代知识分子精神建构和建功立业的制度供给与政策保障。党和国家需要贯彻落实并不断完善知识分子政策,加强党对知识分子工作的领导,深化知识分子体制机制改革,完善创新协商民主方式方法,建立健全知识分子法律法规体系,更好地激励广大知识分子的积极性、主动性和创造性。

三、思想的桥梁:知识分子精神的中西争鸣与对话

一直以来,知识分子研究都是一个较热门的话题。知识分子精神作为知识分子研究的一部分,由于其精神价值和现实意义,在学界发表的诸多著作和期刊中,都有提及或对其不同角度的深刻解读。总的来说,国内知识分子精神的研究更为具体和富有个性,而国外研究则更抽象,侧重于理论。

(一)知识分子精神研究的国内视野

从国内来看,随着学科建设的完善和研究领域的扩大化,近 40 年来知识分子研究吸引了徐复观、钱理群、郑也夫、饶定柯、赵宝熙、许纪霖、陶东风、陈思和、杨凤城、陈占彪等不同学科领域众多专家学者加入,并对此作了较为深入的思考。而对于知识分子精神研究,国内出版的著作中较有代表性的有徐复观的《中国知识分子精神》、陶东风主编的《知识分子与社会转型》、郑也夫的《知识分子研究》、赵宝煦的《知识分子与社会发展》、林贤治的《五四之魂:中国知识分子精神史》、许纪霖的《中国知识分子十论》《公共空间中的知识分子》和《20 世纪中国知识分子史论》、徐贲的《颓废与沉默:透视犬儒文化》、高力克的《五四的思想世界》、原方的《知识分子论》、何晓明《知识分子与中国现代化》、陈占彪的《五四知识分子的淑世意识》、张荣华的《时代的中坚——我国现阶段的知识分子问

题研究》、周岩的《百年梦幻——中国近代知识分子的心灵历程》等。相关期刊论文也较为丰富。比如，陶东风、陈思和等较早关注到随着市场经济的兴起，知识分子渐趋边缘化，出现了精神上的焦虑和心态上的异化；许纪霖针对知识分子话题的研究起步较早，对近代知识分子的双重人格、士大夫意识等进行了富有意义的探究；葛荃、孙立群等学者对士人精神内涵及其当代价值作了深入的阐述。

综合国内知识分子精神的相关研究，主要涉及以下几个方面：

1. 不同时期知识分子精神内涵

第一，古代士人精神内涵。学界对中国传统知识分子（"士人"）和士人精神的研究成果颇多。相较来说，国内较早对中国古代知识分子研究的专著是《士人与社会》（先秦卷），作者刘泽华对士人的形成、发展和精神风貌作了详细的论述，论述了士人以道义为己任，具有相对独立的人格等精神。① 近年来，学界对于士人精神的研究越来越深入，理论成果也层出不穷。温克勤将士大夫精神归纳为事君以忠、忧国忧民、从容进退、穷达有守、刚直不阿、清正廉洁等，他认为士大夫精神不仅具有丰富的内涵，还有许多任何时代都应该继承和发扬的积极价值。② 宣朝庆、冯润兵从积极行动理论入手，认为士人精神蕴含的积极行动文化包括德性论和忧患意识。③ 马胜凯、陈阳春从社会责任感和道德自守两方面综合考察了古人的士人精神。在他们看来，古代的士人都有着家国天下的忧患意识，他们积极入世，追求人生的价值和精神的升华。此外，他们还

---

① 刘泽华等：《士人与社会》（先秦篇），天津人民出版社 1988 年版。
② 温克勤：《略谈士德与士大夫精神》，《伦理学研究》2012 年第 1 期。
③ 宣朝庆、冯润兵：《乡建传统中的积极行动文化：士人精神与中国式现代化》，《广西民族大学学报（哲学社会科学版）》2024 年第 2 期。

十分注重自我修养,秉持高尚的道德操守。① 孙立群高度赞扬士人具有"天下兴亡,匹夫有责"的强烈历史使命感,指出正是这样的使命感让他们始终对国家和社会都保持深切关怀。② 葛荃认为士人精神的主体即是"内圣外王"。③

第二,近代知识分子精神内涵。基于近代社会变迁和知识分子精神风貌的变化,研究对五四和近代知识分子精神的文章较多。如陈占彪认为,随着清代帝制和"四民社会"的逐步解体,以及中西文化的交汇与冲突,传统知识分子("士")开始了向现代知识分子转型的进程。虽然现代知识分子的知识结构、教育理念、道德价值发生了较大变化,但是他们也一脉相承了士人的担当意识以及忧国忧民的精神。④ 黄庆林也指出,尽管近代社会的现实造成一些知识分子心灵的压抑和文化的失落,使一些人信仰破灭、浑浑噩噩,但绝大多数知识分子仍坚守着人文关怀以及捍卫着不忘初心、担当为民的精神品格,为国家、民族的发展变革奋斗不止。⑤ 周淑真、孙润南以王光祈政治社会思想为例,认为近代中国知识分子炽热的家国情怀和坚韧不拔的奋斗精神值得后人敬佩和纪念。⑥ 段华明认为,忧患意识贯穿近代知识分子精神始终,尽管这一时期的知识分子精神有着浓郁的悲壮色彩,却也强力地推动了当时的变革进步。⑦ 此外,还有许多学者通过对五四知识分子的精神品格研究,集

① 马胜凯、陈阳春:《中国古人的士人精神与现代青年人格的构建》,《理论界》2010 年第 1 期。
② 孙立群:《古代士人的精神传统》,《人民论坛》2008 年第 5 期。
③ 葛荃:《论中国传统"士人精神"的现代转换》,《华侨大学学报(哲学社会科学版)》2001 年第 2 期。
④ 陈占彪:《五四知识分子的淑世意识》,商务印书馆 2010 年版。
⑤ 黄庆林:《近代知识分子的文化失落心态》,《山西师大学报(社会科学版)》2005 年第 4 版。
⑥ 周淑真、孙润南:《近代知识分子思想的"过渡性"——以王光祈政治社会思想为例》,《中国人民大学学报》2019 年第 5 期。
⑦ 段华明:《近代知识分子的忧患意识》,《甘肃社会科学》1999 年第 5 期。

中展现了近代知识分子的精神内涵。史向军、易鹏指出,"忧国忧民,济世报国的高尚情怀;自强弘毅,刚健有为的品性追求;志气清坚的崇高气节;生生日新,革新求变的创新品质;独立思考,理性争辩的学术节操等是这一群体的品格特质"①。夏志远、李佩鑫认为,近代知识分子一方面与传统士绅在"学而优则仕"的政治依附和"忧国忧民"的家国情怀上有着无法割断的"历史延续性",另一方面又通过知识结构、身份地位,以及实践方法等路径进行创造性突围,最终形成集"介入旁观者、致用知识担当者及民族再造者"等角色为一身的新精英群体。② 季桂起论述了科学、民主精神是近代知识分子具有现代性人格素养的重要因素。③ 胡槐则认为五四新文化运动中,知识分子最为突出的精神即为批判精神。④

第三,当代知识分子精神内涵。学界大多数学者认为,当代知识分子精神既有与传统的士人精神、近代知识分子精神一脉相承的地方,也有随着时代发展增添的新内涵。比如,许纪霖认为现代意义上的知识分子具有独立的身份,凭借着知识与精神的力量,对社会表现出强烈的关怀和积极的参与意识。⑤ 陈占彪提出,现代知识分子要做价值的示范者、社会的批判者和道德的示范者。他们既要担负起求知识和追求真理的责任,也要关怀社会,反思自身,加强道德修养。⑥ 汝绪华论述了公共知识分子的精神内涵,指出"公共知识分子精神包括三方面要素:一是

① 史向军,易鹏:《论五四知识分子的精神品格及其当代价值》,《学术论坛》2012 年第 11 期。
② 夏志远,李佩鑫:《传续与突围:近代知识分子身份重构的双重理路——基于定县实验的个案考察》,《内蒙古师范大学学报(哲学社会科学版)》2023 年第 2 期。
③ 季桂起:《科学、民主精神与近代知识分子文化人格转型》,《济南大学学报(社会科学版)》2011 年第 3 期。
④ 胡槐:《近代中国知识分子的批判精神》,《山西高等学校社会科学学报》2008 年第 3 期。
⑤ 许纪霖:《中国知识分子十论》,复旦大学出版社 2008 年版。
⑥ 陈占彪:《论知识分子的身份担当》,《学术界》2006 年第 6 期。

知识分子的心灵必须有独立精神和原创能力,他必须为观念而追求观念。二是知识分子必须是他所在的社会之批评者,也是现有价值的评价者。三是知识分子还需就社会政治问题面向公众写作,具有'应用性'、'当代性'和'结果定位'"①。李梦云指出"知识分子不仅致力于自身专业工作,还热衷于社会公共管理事务,深切关怀国家、社会公共利害之事,依据公平与正义、自由与理性等人类基本价值来批判社会上种种不合理现象"②。中国特色社会主义进入新时代后,习近平总书记在知识分子、劳动模范、青年代表座谈会上的讲话上提出,当代知识分子要始终秉承求真务实的精神,既要有勇立潮头、引领创新的品格,也要有天下为公、担当道义的情怀,这样才能为建设国家、服务社会、报效人民作出更大的贡献。③ 这一重要论述,为广大学者进一步研究阐释新时代知识分子精神提供了基本遵循和重要指引。如宋俭指出新时代中国知识分子不仅需要使命担当意识和家国情怀,更需要"不唯上、不唯书、只唯实"的批判精神和求真精神。④ 贺浩旗、王智认为,"在社会革命持续推进、中国式现代化深入拓展的今天,知识分子要以塑造更为深刻的人民性为目标,坚持'走向工农'的本质要求,强化自我革命和自身建设,坚定人民立场,恪守求真务实,为全面建设社会主义现代化强国作出更为实际和深入的贡献。"⑤刘建军、王婷婷认为,新时代知识分子为完成时代赋予的爱国使命,要有自信昂扬、舍我其谁的担当精神,要有严谨认真、埋头苦

① 汝绪华:《论公共知识分子精神与均衡阶层话语权》,《理论导刊》2010 年第 7 期。
② 李梦云:《知识分子的精神内涵与历史演变——基于西方几种主要知识分子理论的分析》,《东岳论丛》2013 年第 3 期。
③ 习近平:《论坚持人民当家作主》,中央文献出版社 2021 年版,第 55—156 页。
④ 宋俭:《论新时代中国知识分子的精神品格》,《中央社会主义学院学报》2020 年第 3 期。
⑤ 贺浩旗,王智:《"走向工农":中国知识分子人民性的三重进阶》,《南京航空航天大学学报(社会科学版)》2025 年第 1 期。

干的科学态度,要有创新发展、独占鳌头的领先能力。① 朱永新认为"新时代知识分子应该具备建设性的批评方式和能力;也应该具有知行合一精神,成为行动着的思想者和思想着的行动者;同时,还应该树立创新精神,不断自我提升"②。

2. 知识分子精神的当代价值

总的来看,学界关于这一话题研究集中在士人精神或五四精神对当代社会价值观建设、青年人格修养、责任担当的价值等方面。

第一,士人精神的当代价值。张钟声认为,新时代的领导干部可从士大夫精神中汲取营养,从"士志于道"与坚定理想信念、保持忧患意识与明确责任担当、求真求是与清廉守正等方面下功夫提升自我。③ 王雅丽提出,以士人精神为核心的儒家文化传统能提高公民的社会参与和责任意识,增强他们的人格自主与独立意识,还能保持公民的制衡和批判意识④。李梦云认为,我们要继承士人的君子精神、审美理念和生活艺术,从而建设好和谐、美丽的现代化国家,促进人的全面发展⑤。葛荃对古代知识阶层"以天下为己任"的精神境界高度赞扬,提出当代知识分子构筑"现代士人精神"需要拓宽视界与胸怀、继承先人的社会责任感、回报社会、增进现代意识与平民情怀⑥。此外,具有代表性的成果还有马胜凯等人的《中国古人的士人精神与现代青年人格的构建》、周永仙的《古代士大夫出仕情结的现代意义》、黄文杰的《书香月湖江南士人的精

① 刘建军,王婷婷:《科学报国:新时代知识分子的爱国使命》,《北京工业大学学报(社会科学版)》2021 年第 2 期。
② 朱永新:《新时代知识分子精神》,《求是》2017 年第 7 期。
③ 张钟声:《士大夫精神及其对新时代领导干部的启示》,《领导科学》2022 年第 7 期。
④ 王雅丽:《儒家士人精神与当代公民社会建设》,《河北学刊》2008 年第 4 期。
⑤ 李梦云:《士人的优雅及其当代意义》,《广东社会科学》2013 年第 5 期。
⑥ 葛荃:《追寻"现代士人精神"——"士以天下为己任"刍议》,《上海行政学院学报》2015 年第 1 期。

神构建与历史流变》、李素英《先秦士人精神形塑研究》、葛莶的《论中国传统"士人精神"的现代转换》等。

第二,五四知识分子精神的当代价值。五四精神一直以来都是学界研究的热点,历久弥新。史向军、易鹏指出,五四知识分子的精神具有激励价值、创新价值、育人价值与导向价值,能够为中国特色社会主义现代化建设不断向前发展提供价值导向与精神动力。[①] 陈丹指出,"五四运动在精神层面所表现的担当民族大任的历史自觉、进行社会革命的斗争品质、勇于奋斗牺牲的精神气概、敢于开拓新局的创新勇气等精神气质,奠定了中国共产党前进发展的精神方向"[②]。宋雨洋认为,"五四精神有着深厚的历史底蕴与永恒的时代价值,其本质内涵随着中国的发展进程不断得到创新与升华,并奠定了新时代社会主义核心价值观建设的思想基础,为一代代中国青年投身中国特色社会主义建设伟大实践提供强大的精神指导"[③]。冯虞章认为,"五四运动是中华民族伟大复兴的历史起点,青年知识分子要在党的领导下为革命事业和人民利益永久奋斗"[④]。石国亮提出,五四精神中所展现的创新精神在当代中国是一笔难得的精神财富。[⑤] 此外,涉及这方面的代表研究成果还有田克勤的《五四精神及其当代价值》、许纪霖的《前浪后浪:近代中国知识分子的精神世界》、冯笑的《重拾"五四"精神 重现当代中国知识分子价值》、孙擎的《五四时期新型知识分子精神内涵及其对提振中华文化自信的当代价值》等。

———————————————

① 史向军,易鹏:《论五四知识分子的精神品格及其当代价值》,《学术论坛》2012 年第 11 期
② 陈丹:《五四运动与中国共产党建党的精神方向》,《广西社会科学》2021 年第 8 期。
③ 宋雨洋:《浅析新时代五四精神及其当代价值》,《现代交际》2020 年第 18 期。
④ 冯虞章:《五四运动是中华民族伟大复兴的历史起点——学习毛泽东关于五四运动相关问题的论述》,《马克思主义研究》2019 年第 9 期。
⑤ 石国亮:《五四青年的创新精神及其当代价值》,《中国青年政治学院学报》2009 年第 3 期。

3. 关于当代知识分子精神生态研究

就国内来说,随着市场经济和消费社会的确立,知识分子的角色、地位、作用发生了很大的变化,知识分子不再是"立法者",而是"阐释者"。这一转变带来的知识分子精神上各种困境、焦虑、不安与迷失,成为许多学者研究的课题。

第一,当代知识分子精神困境。学界不少学者梳理了造成当代知识分子精神困境的相关原因之后,也深入地剖析了困境的具体表现,即主要集中在知识分子边缘化、批判性衰落、公共话语权威性丧失、德行人格缺失等方面。如王峰指出,知识分子经由自己发明的数字媒介反而被"边缘化",影响力受到极大削弱。① 徐艳认为,经济中心化和大众趣味的转向以及知识领域专业化的趋势造成知识分子公共性衰落②。许纪霖总结了 90 年代之后知识分子面临的三个挑战:知识分子公共性的丧失、被边缘化以及合法性被彻底动摇。③ 郭冰茹指出,在工具理性和技术主义至上的社会语境中,知识分子不断遭遇主体性和身份认同的种种精神困境。④ 段江概括了当代知识分子存在着文化底蕴缺乏、公共话语权威性丧失、政治意识淡化、德行人格缺失以及边缘化等五个方面的困境。⑤ 此外,涉及这方面的代表性研究成果还有黄万盛的《知识分子困境与公共性危机》、王玉春等人的《边缘化"危机"与边缘化"意识"——论"五四"参照系中当代知识分子的"边缘化"》、陈占彪的《论当代知识分子

① 王峰:《弥散:数字日常下的公共知识分子》,《广州大学学报(社会科学版)》2023 第 5 期。
② 徐艳:《重建当代知识分子的公共性》,《广西民族大学学报(哲学社会科学版)》2008 年第 12 期。
③ 许纪霖:《中国知识分子十论》,复旦大学出版社 2008 年版,第 16 页。
④ 郭冰茹:《看客、演说家与知识分子的精神困境——读〈我的岁月静好〉》,《南方文坛》2023 年第 3 期。
⑤ 段江:《中国当代知识分子的生存困境浅析》,《玉溪师范学院学报》2005 年第 5 期。

的批评者角色》、袁海军的《知识经济时代的来临与人文知识分子的边缘化》等。

第二,当代知识分子的精神焦虑。从知识分子在社会转型中所表现的深层的现代化焦虑、角色困惑、精神焦虑入手,进而说明当代知识分子精神生态的文章也较多。如杨春时认为,传统知识分子始终将国家、家族、儒道作为自身存在的根基,从而"修身齐家、内圣外王"。然而随着现代化的冲击,传统的根基都被摧毁,知识分子安身立命的根本丢失,他们在自我认同上出现危机,成为"政治、社会、文化的流民",由此产生了精神上的现代化焦虑。① 钟君深入分析了知识分子作为社会良知的地位,以及浪漫主义精神决定了他们对社会不良现象的关切与无奈,最后对化解知识分子的焦虑提出了相应的对策。② 阎秋霞阐释了在市场经济时代到来后,当代知识分子由于精神颓废、焦虑、迷茫而成为被疏离的社会边缘人。③ 顾楚丹、罗峰认为,经济领域的转型降低了青年知识分子精神文化生活的地位,社会领域的转型造成了青年知识分子的文化孤立,文化话语权转移使知识分子意义感缺失,以此为基础提出了提升青年知识分子精神文化生活的相关对策。④ 曹志磊、成良斌等人认为,受文化消费主义误导,部分青年知识分子的精神文化生活陷入困境,表现为理想信念走向虚无、价值追求逐渐扭曲、审美生活日渐庸俗、娱乐生活趋于空虚。对此,应通过相关破解之道进一步推动青年知识分子精神文化生活有序、高质、向好发展。⑤

<hr />

① 杨春时:《中国知识分子的现代寻根》,《吉首大学学报(社会科学版)》2001 年第 4 期。
② 钟君:《知识分子眼中的社会之"霾"与深层焦虑》,《人民论坛》2014 年第 4 期。
③ 阎秋霞:《"重返八十年代"与知识分子的精神焦虑》,《文艺争鸣》2010 年第 7 期。
④ 顾楚丹,罗峰:《青年知识分子精神文化生活的困境与出路》,《当代青年研究》2014 年第 1 期。
⑤ 曹志磊,成良斌,杨雪英:《困境与破解:文化消费主义影响下的青年精神文化生活审视》,《理论导刊》2022 年第 4 期。

4. 关于知识分子精神追求研究

学界不少学者认为,重建知识分子的公共性、呼唤批判性思维、责任担当的回归、重塑道德人格等举措,是实现当代知识分子精神自救的重要出路。

第一,知识分子公共性的重建。总的来看,对于这方面的考察分析是较为突出的,研究成果较多。如乔元正希望当代知识分子要恪守知识分子的职责、守住自己的精神家园以及发扬自由独立的批判精神。① 周宣丰认为"探寻知识分子的批评性话语,点燃大众的政治参与热情,现代性进程中某些问题才有望予以解决"②。张宝明认为批判性、前瞻性与公共性是"新青年派"知识群体的三大精神品格。③ 周晔、何畔从公共性视域的角度考论了乡村振兴中乡村知识分子的新乡贤角色,实现乡村知识分子公共精神的复归与重塑,需要在保持专业性与公共性张力、拓宽公共参与空间、形塑乡村知识分子公共精神、创设外部支持环境等方面相关主体勠力作为。④ 徐艳指出,"知识分子只有重返公共领域,重建其公共性,担当起应有的责任和使命,才能实现精神自救",进而论述了知识分子应该坚持批判的立场,保持自己的"人间情怀"以及从专业走向公共⑤。许纪霖也对重建公共性的可能以及实现方式提出了自己的见解⑥。涉及

---

① 乔元正:《知识分子批判精神的历史考察及当代启示》,《湖南师范大学教育科学学报》2014年第3期。
② 周宣丰:《批判性知识分子的召唤》,《前沿》2012年第19期。
③ 张宝明:《批判性、前瞻性与公共性:"新青年派"知识群体的精神品格》,《史学月刊》2015第11期。
④ 周晔,何畔:《乡村振兴中乡村教师的新乡贤角色——公共性视域的考论》,《教育研究》,2023年第4期。
⑤ 徐艳:《重建当代知识分子的公共性》,《广西民族大学学报(哲学社会科学版)》2008年第12期。
⑥ 许纪霖:《中国知识分子十论》,复旦大学出版社2008年版。

这方面的研究成果还有陈占彪的《当代知识分子的批判性危机及其转向》、朱妍的《民初皖籍知识分子与公共文化领域的建构》、程东峰的《论知识分子的批判精神》等。

第二,知识分子的责任担当与价值选择。李梦云认为,新时代广大知识分子要勇担道义,兼济天下;勇担使命,爱国奉献;勇立潮头,引领创新,从而立足新时代,建功立业新时代①。何利娜指出,知识分子应回归贡献社会的角色功能,实现其真正"为公众"的社会责任。②许润丽认为,"在社会急剧转型的关键时期,知识分子理应承担一定的社会责任,主要表现在:一是关注社会、关注民生;二是先知先觉、敢讲真话;三是追求民主、参政议政"③。刘翠指出,知识分子应该自觉将专业理想与社会理想结合起来,从而实现新的价值选择和价值追求④。叶超认为,知识分子需要深入理解时代、社会与自身的关系,知行合一与身体力行才是知识分子的精神。⑤此外,还有一些学者也认识到知识分子需要加强对道德人格的培养与重塑。涉及的代表性成果有范竹增的《社会转型与知识分子的人格》、虞斌龙的《中国当代知识分子道德人格塑造》、李梦云的《中国梦背景下知识分子精神的建构》等。

(二)知识分子精神研究的国际视野

在西方,知识分子研究历史悠久,著作宏富。关于知识分子精神研究,葛兰西的《狱中札记》、哈贝马斯的《再论理论与实践的关系》、马尔库塞的《单向度的人》、班达的《知识分子的背叛》、萨义德的《知识分子论》、

---

① 李梦云:《知识分子要在新时代建功立业》,《人民日报》2018 年 9 月 21 日第 7 版。
② 何利娜:《论知识分子的角色功能》,《教育评论》2022 年第 7 期。
③ 许润丽:《知识分子的使命和社会责任》,《中共太原市委党校学报》2008 年第 4 期。
④ 刘翠:《转型期中国知识分子的价值选择》,《学术交流》2002 年第 6 期。
⑤ 叶超:《时代、社会与真正的知识分子——兼论许倬云先生的思想及其影响》,《热带地理》2022 第 8 期。

布迪厄的《学术人》、鲍曼的《立法者与阐释者：论现代性、后现代性与知识分子》、雅各比的《最后的知识分子》等诸多著作都有所涉猎。与此同时，列文森的《儒教中国及其现代命运》、史华慈的《思想的跨度与张力：中国思想史论集》、周策纵的《五四运动：现代中国的思想革命》、佐藤慎一的《近代中国的知识分子与文明》、德利克的《中国革命中的无政府主义》、弗斯的《可以触摸的民国：现实政治》、林毓生的《中国意识的危机》等著作中均有对中国社会和中国知识分子的相关内容探讨，形成了一批较有价值的研究成果。总的来看，主要集中于以下几个部分：

1. 知识分子精神内涵和践行路径的研究

西方社会认为，知识分子是社会的良知，西方许多学者都对知识分子所具有的批判、公共关怀、独立等精神作了深入研究。霍克海默认为，批判性是知识分子的本质特征。[1] 在刘易斯·科塞看来，知识分子具有强大的怀疑精神，努力追求更高更博大的真理来批判现实世界的弊端。[2] 萨义德指出，知识分子"是独立而勇敢的，能坚守真理和正义，坚持价值的普遍性，具有批评和反抗精神，是能关注现实，具有'为公众'的情怀"[3]。哈贝马斯也认为，知识分子应该具有对公共事务的责任感，应该要用自己的专业知识去解决现实问题。雷蒙·阿隆认为知识分子是"追求真理的战士"，他们要通过技术批判、道德批判、意识形态及历史批判来描绘一个全新社会的蓝图，完成自己的使命。[4] 这些研究既有对知识分子精神内涵的诠释，也有对知识分子如何践行的说明，但其可行性

---

① ［德］马克斯·霍克海默，西奥多·阿道尔诺：《批判理论》，重庆出版社1989年版。
② ［美］刘易斯·科塞：《理念人：一项社会学的考察》，郭方等译，中央编译出版社2004年版。
③ 转引李梦云：《知识分子的精神内涵与历史演变——基于西方几种主要知识分子理论的分析》，《东岳论丛》2013年第3期。
④ ［法］雷蒙·德隆：《知识分子的鸦片》，吕一民，顾杭译，译林出版社2012年版。

还需要进一步推敲。

2. 知识分子精神丧失的批判性研究

不止在国内学界，知识分子的公共性衰落、角色困惑、批判精神缺失在西方学术界也是关注的热点和重点。如班达直言不讳地指出："知识分子完全背叛了自己的使命，而介入狭隘的民族、政治、权力与利益的争端中。"①雅各比指出，老派的知识分子已被大学教授和高科技专家取代，最后的知识分子已经走入历史。保罗·约翰逊认为，"知识分子的天职是保持独立的人格，做社会的良心和监督者，而现实中知识分子为了个人的利益，大都投靠于政治集团或商业集团，对既定的社会秩序丧失了批判的锋芒"②。弗兰克·富里迪指出，在"反精英主义"的旗帜下，文化媚俗化以及庸人主义思潮泛滥，知识分子被贬值甚至难觅踪迹③。巴斯卡尔·博尼法斯则直接用犀利的语言和确凿的事实抨击法国知识分子的造假行为，指控其为一种新的"文人的背叛"④。

3. 关于中国知识分子精神的研究

作为海外中国学研究的一部分，西方学界对中国近现代知识分子特别是五四运动时期知识分子所展现的精神风貌、思维意识有着较为浓厚的兴趣，形成了一批较有价值的研究成果。如周策纵的《五四运动：现代中国的思想革命》，作为西方第一本全面论述五四运动的专著，深刻阐释了五四时期新式知识分子的社会功能和历史命运；⑤舒衡哲指出五四知

---

① ［法］朱利安·班达：《知识分子的背叛》，佘碧平译，上海人民出版社 2017 年版。
② ［英］保罗·约翰逊：《知识分子》，杨正润译，江苏人民出版社 1999 年版。
③ ［英］弗兰克·富里迪：《知识分子都到哪里去了》，戴从容译，江苏人民出版社 2005 年版。
④ ［法］巴斯卡尔·博尼法斯：《造假的知识分子——谎言专家们的媒体胜利》，河清译，商务印书馆 2013 年版。
⑤ ［美］周策纵：《五四运动：现代中国的思想革命》，周子平译，江苏人民出版社 1999 年版。

识分子强调运用理性批判传统；①艾恺认为梁漱溟为人处世大有孔孟之风，保持了儒者的传统和骨气；②佐藤慎一深刻分析了近代中国知识分子对世界认识的转换过程，以及他们各具特色的心路历程。③ 此外，具有代表性的成果还有史华慈的《五四及五四之后的思想史主题》、微拉·施瓦支的《中国的启蒙运动：知识分子与五四遗产》等。

（三）国内外知识分子精神研究的审视与省思

通过对国内外学者研究知识分子精神相关文献的回顾与梳理，可以发现目前国内关于知识分子精神的研究主要集中在精神内涵、当代价值、精神生态和精神追求等方面。在知识分子精神内涵的研究上，学界对古代士人精神、五四精神、当代知识分子精神等不同时期的知识分子精神进行了探讨研究；在当代价值研究上，主要集中在士人精神或五四精神对现代社会价值观念、行为方式、人格修养构建的意义；在知识分子精神生态研究上，大多对造成当前知识分子所面临的精神困境的原因和具体表现加以论述。此外，还有一些学者研究了知识分子的精神追求。而国外学者对知识分子精神的研究主要集中在知识分子精神内涵和践行路径、知识分子精神丧失的批判性研究，20 世纪 80 年代之后，针对中国知识分子群体的研究成果逐步增多。在梳理上述文献资料的同时，将当前相关研究中的不足及可能研究方向总结如下：

第一，目前思想理论界对知识分子精神的探讨多集中于核心要义、特征、实现路径与当代价值等理论思辨层面，实证分析较少。纯粹的理论研究不足以证明研究的科学性，不足以揭示事物原貌与本质，不足以

---

① ［美］舒衡哲：《中国启蒙运动——知识分子与五四遗产》，刘京建译，新星出版社 2007 年版。
② ［美］艾恺：《最后的儒家：梁漱溟与中国现代化的两难》，王宗译，江苏人民出版社 2011 年版。
③ ［日］佐藤慎一：《近代中国的知识分子与文明》，刘岳兵译，江苏人民出版社 2006 年版。

指导实践,更不足以为今后的研究提供方法论指导。只有将思辨研究与实证研究相结合,才能揭示知识分子精神的本质与发展规律。因此,必须改变以往单一的研究方法,处理好思辨研究与实证研究、质的研究与量的研究的关系,从而为新时代中国知识分子精神的研究注入新的生机与活力。

第二,目前国内关于知识分子精神的研究主要集中在不同时期知识分子精神内涵、转型期知识分子所面临的各种困境与精神焦虑,还有部分涉及知识分子的精神追求等零散维度层面,但对中国知识分子精神整体演变历程、当代启示和系统建构研究的论述相对较少,缺乏全面性和深刻性。

第三,国外研究主要集中于知识分子精神的抽象层面。西方许多学者都痛感当今时代知识分子精神的缺失,并激烈批判,却鲜有对当今时代知识分子精神建构提出有效行动对策。在激烈批判之后,如何进行新的理论建构让知识分子精神尽快回归并切实发挥作用,还需要深入研究。

总的来看,新世纪以来学界众多学者对知识分子和整个社会进行双重反思,表现出对近代知识分子以及20世纪80年代知识分子的历史重新追忆和对理想、责任、精英、启蒙、批判等导向性词语的再次"憧憬"和"向往"。站在实现中华民族伟大复兴中国梦的高度,学界呼吁广大知识分子要积极弘扬知识分子精神,想国家之所想、急国家之所急,主动担当、积极作为,建功立业新时代。

本研究运用历史和逻辑统一的方法,使得研究成果有很强的完整性、理论性、逻辑性和实用性。与此同时,本研究在研究方法上作了新的尝试,运用网络问卷调查的形式对当前知识分子群体的现实境遇和思想状况进行分析,探讨新时代知识分子精神建构的主要内容和现实路径,使得研究成果具有现实的可操作性。

四、从根源出发:知识分子精神的概念追溯与演进

本研究主要涉及两个核心概念,一个是"知识分子",另一个是"知识分子精神"。知识分子问题是学术界研究的热点,对知识分子的定义也相当多,但千差万别、各有侧重。而知识分子精神的概念,众多学者也从不同视角作了解读。作为本文的核心概念,知识分子和知识分子精神都需要明确且清晰的定义。

(一) 何为知识分子

郑也夫说:"一个概念被千百人亿万次地使用,并不说明这一概念已经具备了明确、公认的定义。"[①]知识分子的概念即是如此。知识分子问题是一个复杂而让人纠结的问题,概念的理解也比较多样化,不同的人凭借不同的知识背景或站在不同角度会对它有不一样的理解,学术界对此尚未形成统一的说法。

1. "知识分子"词源考察

"知识分子"是一个外来词,出自近代欧洲。在词源上,学界普遍认为"知识分子"有两个源头:一个是 intelligentsia,一个是 intellectual。Intelligentsia 由俄文 интеллигенция(知识阶层)转化而来,出现于 19 世纪60 年代,主要指沙皇时期从西欧留学回来的一批俄国人。因为深受西欧社会思想文化的影响,他们不满当时俄国的专制统治和落后的社会生活方式,"产生了一种对现行秩序的强烈的疏离感和背叛意识"[②]。他们以群

---

① 郑也夫:《知识分子的定义》,《北京社会科学》1997 年第 3 期。
② 许纪霖:《中国知识分子十论》,复旦大学出版社 2008 年版,第 3 页。

体的形式出现,倾向于把政治问题和社会问题看作道德问题。他们关心国家和社会事务,具有很强的责任感和使命感,以其对现实的批判精神著称,经常被称为"批判性的知识群体",也被称为"知识阶层"。Intellectual则出现在 19 世纪末的法国,起源于"德雷福斯事件"。法国军官德雷福斯1894 年底被指控向德国出卖了军事情报,由于是犹太人,在证据不足的情况下仍被法国军事法庭以"间谍罪"和"叛国罪"判处终身监禁。从公平正义的立场出发,以左拉和克里蒙梭为代表的一批文人学者极力为德雷福斯辩护。事实证明,这确实是一起错案,军方和政府却为了掩盖错误以保全其名誉而拒绝重审此案。围绕这一事件,一批能够超越自身专业领域并为正义和良知而奋斗的学者,对现存政治权力和社会秩序发出了批判的声音,这批人后来被他们的敌对者称为"知识分子"。"德雷福斯事件"使"知识分子"一词广为流传。从此法国的"知识分子"一词成了专门描述那些受过较好的教育但又与传统和秩序相悖之人。这群人批判政治,追求公平、正义和真理,带有波西米亚圣(Messianic Bohemians)式的精神气质,经常在咖啡馆中高谈阔论,以天下为己任。

作为"知识分子"概念的两个源头,无论是俄式的"Intelligentsia"还是法式的"Intellectual",虽然他们各有其历史渊源,但在强调知识分子的社会批判性以及社会关怀的价值理念上却是一致的。在西方,知识分子被认为是社会的良心,他们不仅要致力于自身专业工作,还热衷于社会公共管理事务,深切关怀国家、社会公共利害之事,依据公平与正义、自由与理性等人类基本价值来批判社会上种种不合理的现象。这种知识分子内涵的界定所体现出来的知识分子精神不断积淀并传承下来,成为西方知识分子观念中一个重要特点。

2. 西方学者对知识分子的界定

随着"知识分子"作为一个研究对象被广泛关注和深入讨论,西方学界对"知识分子"概念的界定呈现多样化态势,各位学者都根据自己的理解来界定知识分子。在西方比较有影响力关于知识分子的界定如下:

席尔斯认为,知识分子是在社会中频繁地运用一般抽象符号去表达其对人生、社会、自然和宇宙理解的人。

安东尼奥·葛兰西把知识分子分为传统知识分子和有机知识分子。前者指没有依附关系的能保持着相对稳定性和独立性的知识分子,后者指那些成为某个阶级或利益集团有机体的组成部分并且乐于充当其"代言人"的知识分子。①

艾尔文·古尔德纳认为,知识分子已逐渐演变成一个新阶级,他们通过接受高等教育将历史和集体所创造的文化据为己有、变成资本,并从中牟利。②

皮埃尔·布尔迪厄认为,知识分子是一批掌握了文化象征资本的人,是文化的生产者,是统治者中的被统治者。③

哈耶克指出,知识分子是在决定大众观点与社会舆论方面起主导和决定作用远胜于专家和创造家的思想家。但是他在贬义上理解知识分子为"倒卖观念的二道贩子"④。

朱利安·班达认为,知识分子是一小群才智出众、道德高超的哲学王,他们集中于超越的价值和普遍适用于所有国家和民族的价值思考,

① [意]安东尼奥·葛兰西:《狱中札记》,曹雷雨、姜丽、张跣译,中国社会科学出版社 2000 年版,第 4 页。

② [美]艾尔文·古尔德纳:《新阶级与知识分子的未来》,杜维真等译,人民文学出版社 2001 年版。

③ Bourdieu P. The corporatism of the universal: the role of intellectuals in the modern World. *Telos* (1989), PP. 81:99-110.

④ [英]哈耶克,[美]诺齐克等:《知识分子为什么反对市场》,秋风编,吉林人民出版社 2011 年版。

构成人类的良心。①

卡尔·曼海姆认为,只有那些受过教育并在教育过程中其内在素质获得"质的飞跃"的人,才能被称为知识分子,他们在求知的过程中了解相互冲突的观点,所以能超然地观察社会,掌握整个情况,其最重要的特征就是自由漂浮和非依附性。②

刘易斯·科塞将知识分子定义为:永远对现状不满意的人,他们是为思想而活,而不是靠思想生活的群体,是理念的守护者③。

雷蒙·阿隆认为知识分子是"追求真理的战士"。他们通过技术批判、道德批判、意识形态及历史批判来描绘一个全新的社会蓝图,完成自己的使命。④

爱德华·W.萨义德认为知识分子是局外人、业余者和搅扰现状的人,"是具有能力'向(to)'公众以及'为(for)'公众来代表、具现、表明观点、态度、哲学或意见的个人"⑤。

弗兰克·富里迪认为"定义知识分子的,不是他们做什么工作,而是他们的行为方式、他们看待自己的方式,以及他们所维护的价值"⑥。

……

《简明不列颠百科全书》将知识分子界定为:"西方人常常称知识分

---

① 〔法〕朱利安·班达:《知识分子的背叛》,佘碧平译,上海人民出版社 2017 年版。
② 〔德〕卡尔·曼海姆:《意识形态与乌托邦》,黎鸣、李书崇译,译林出版社 2016 年版。
③ 〔美〕刘易斯·科塞:《理念人:一项社会学的考察》,郭方等译,中央编译出版社 2004 年版,第 1—3 页。
④ 〔法〕雷蒙·德隆:《知识分子的鸦片》,吕一民、顾杭译,译林出版社 2005 年版,第 218—219 页。
⑤ 〔美〕爱德华·W.萨义德:《知识分子论》,单德兴译,生活·读书·新知三联书店 2002 年版,第 16 页。
⑥ 〔英〕弗兰克·富里迪:《知识分子都到哪里去了》,戴从容译,江苏人民出版社 2005 年版,第 29 页。

子为'社会的良心',认为他们是人类基本价值(如理性、自由、公平等)的维护者。知识分子一方面根据这些基本价值来批判社会上一切不合理的现象。另一方面则努力推动这些价值的充分实现……这种含义的'知识分子'首先也必须是以某种知识技能为专业的人……但是如果他的全部兴趣始终限于职业范围之内,那么他仍然没有具备'知识分子'的充分条件。根据西方学术界的一般理解,所谓'知识分子'除献身专业工作以外,同时还必须深切地关怀着国家、社会乃至世界上一切有关公共利害之事,而且这种关怀又必须是超越个人(包括个人所属的小团体)的私利之上的。"[①]这种定义反映了知识分子概念在西方形成时的特定历史条件和社会意义。

综上所述,西方学者对于知识分子的界定或是从事实层面,或是从价值层面。可以看出,他们并不是从一个严格概念的意义上来界定知识分子。但无论如何界定,他们都无一例外地强调知识分子的作用以及对社会的巨大影响。与此同时,在当今体制化和专业化的背景下,知识分子越来越趋于保守,他们在逐渐丧失其批判性及超越性的公共良知,丧失对公共社会问题的深刻关怀。知识分子精神的消殒,使人们更加怀念传统的知识分子,同时传统知识分子的精神也显得更加珍贵。可以看出,在这样的背景下,西方学界在界定知识分子时更加趋向精神价值层面。

3. 中国学者对知识分子的界定

知识分子是一个历史的文化的范畴,作为一个社会阶层,它是在人类发展的一定历史阶段和一定的文化条件下产生的。在我国特定的历史文化背景和政治语境中,知识分子除了一般理论上的界说外,还有特

---

① 《简明不列颠百科全书》第9卷,中国大百科全书出版社1986年版,第423页。

定的操作性界定。①

据考证,在我国最早使用"知识分子"一词的是一位署名为无懈的作者。他在1920年11月出版的《共产党》第一期《俄国共产政府成立三周年纪念》中首次使用了该词。五四时期,尽管知识分子已作为一个独立的社会群体出现,但是此时这一群体的称谓并未固定为"知识分子",而是"知识阶级""智识者"与"知识分子"等名称杂用。1925年,在中国共青团第三次全国代表大会通过《宣传及煽动决议案》中,"知识分子"一词被再次使用。后来在共产党苏区及其文件文献中,逐渐将"知识分子"的称谓固定下来,并取代了其他叫法,"知识分子"一词逐渐被人们熟知。

目前国内对于"知识分子"概念的界定尚没有统一的认识,但在不胜枚举的知识分子概念中,有两种界定方式较为突出。一是从事实层面,二是从价值层面。

事实层面的界定关注的是"知识分子是什么",如接受过一定的教育、掌握一定的知识、脑力劳动者及职业的具体表现等。如,辞海中对知识分子的界定是"有一定文化科学知识的脑力劳动者。如科技工作者、文艺工作者、教师、医生、编辑、记者等"②。《现代汉语词典》(2002年第3版增补本)中对知识分子的定义是"具有较高文化水平、从事脑力劳动的人。如科学工作者、教师、医生、记者、工程师等"③。《中国大百科全书》(简明版第11卷)对知识分子定义是"具有较高文化程度,掌握较多科学技术知识,以创造、积累、传播文化科技知识为专业的,主要从事脑力劳动的人"。具体来说,我国很长一段时间内是把具有中专以上学历

---

① 张爽:《现代化背景下的中国知识分子研究》,博士学位论文,黑龙江大学,2008年。
② 辞海编辑委员会:《辞海》(1999年版缩印本),上海辞书出版社2000年版。
③ 《现代汉语词典》,商务印书馆1983年版,第1481页。

并主要从事脑力劳动的人划定为知识分子,到 90 年代后,随着受高等教育人数的增多,界定知识分子的学历要求提高到大专学历。

中国学者有相当一部分也从这个层面上来理解知识分子,如贾春增将知识分子定义为,"知识分子是指受过中等专科或大专以上的学历教育,并在相应部门从事教学、科学研究,文艺工作或技术开发,并具有相应的专业技术系列职称的脑力劳动者"[1]。杨凤城从广义和狭义两个维度来界定知识分子,他认为"广义的知识分子是经过系统知识培训的脑力劳动者,而狭义的知识分子是指传播或创造人类精神文化的人"[2]。郑也夫则从理论和操作两方面定义知识分子。其理论定义是:"知识分子是这样一些人,他们在其社会生活中,在其工作、交往和表达时,比其社会中多数成员更频繁地使用符号象征体系和'一般性'的概念、范畴,即运用一种特殊的'语言'。"其操作定义是:"现今的知识分子是受过高等教育(大学、大专)以及具有同等学力的人。"[3]

而价值层面的界定更关注"知识分子应是什么"。在西方知识分子理论的影响下,认为知识分子应该是具有创新精神的人,强调知识分子的社会作用,知识分子是社会的"良识分子",因为他们具有专业的知识和能力并能对社会现实进行理性批判。不同于"学历加职业"的外在标准模式,强调知识分子在社会文化和道德方面的特殊功能,指出知识分子是社会理性阶层和具有社会良知的积极作用。如许纪霖认为,"现代意义的知识分子也就是指那些以独立的身份、借助知识和精神的力量,对社会表现出强烈的关怀,体现出一种公共良知,有社会参与意识的一群文化人。这是知识分子词源学上的原意。在这个意义上,知识分子与

---

① 贾春增编:《知识分子与中国社会变革》,华文出版社 1996 年版,第 243 页。
② 杨凤城:《中国共产党的知识分子理论与政策研究》,中共党史出版社 2005 年版,第 6 页。
③ 郑也夫:《知识分子的定义》,《北京社会科学》1997 年第 3 期。

一般的技术专家、技术部门的管理者以及职业性学者很不相同"①。王增进概括的"三 I"定义指出:"知识分子是指智力(intelligence)水平较高、对自然或社会问题怀有一贯而浓厚的探索兴趣(interest)并有所创新(innovation)的人。"②萧功秦把知识分子定义为"观念人",指出"他们受过长期和专业的人文教育,他们习惯通过抽象概念来思考社会问题,同时他们拥有比一般人更多的人文知识与各种信息来源,因而他们对社会问题与弊端更为敏感,而且具有为理念而献身的行动倾向"③。尤西林指出,"知识分子是具有世界意义的阐释者和守护者"④。王明强认为,"'知识分子'作为社会一个独特的群体,有着自己独立的特性和品格,人格的独立和思想的自由正是知识分子的第一品性"⑤。

上述两种界定都是一定历史条件下特定思维方式的产物,从价值层面界定知识分子,这与西方知识分子研究的主流更为接近。随着精神领域存在的问题日益突出,以及知识分子精神的迷失,这让学界日益意识到知识分子精神价值层面的意义,目前中国学者对知识分子的界定也正在逐渐从事实层面转向价值层面。

4. 本研究对于知识分子的界定

本研究从整个时代背景出发,结合中国知识分子特有的语境,吸收西方知识分子理论中为我所用的部分,更多地从价值层面对知识分子予以界定。

总体说来,笔者认为知识分子应具有两个方面的基本特征。一是知

---

① 许纪霖:《中国知识分子十论》,复旦大学出版社 2008 年版,第 4 页。
② 王增进:《后现代与知识分子社会位置》,中国社会科学出版社 2003 年版。
③ 萧功秦:《知识分子与观念人》,天津人民出版社 2002 年版。
④ 尤西林:《阐释并守护世界意义的人——人文知识分子的起源及其使命》,华东师范大学出版社 2017 年版。
⑤ 王明强:《知识分子的身份界定与群体性建构》,《理论界》2009 年第 5 期。

识性。作为知识分子的首要条件就是他们拥有一定的知识和思想,并以此在社会生活中发挥其特殊的作用。他们是思想文化的传承者、传播者和创造者。二是公共性。知识分子不仅通过专业知识对社会和政治事务进行批判性思考,还积极参与公共事务,以推进社会的进步和变革;他们秉持着对人类命运的终极关怀,坚守社会良知,具有强烈的公共情怀和使命意识。

为了更好地引起大家的共鸣,在坚持知识分子两个基本特征的原则下,本研究拟在具体应用中采用一种开放式的态度来界定知识分子,即具备一定的知识性和批判性,能够超越个人和小团体的私利,秉持社会良知和人类的公理与正义对公共事务予以真诚的关注,即为知识分子。在教育总体水平不断提高的当今中国,具备知识性条件的人越来越多,知识分子的增多也就具备了基础和可能。因此,对于现在中国部分知识分子精神缺失的现象,需要批判分析,并激发出知识分子的责任感和使命感,以更好解决当前部分中国人精神的迷失及知识分子缺位的问题。

(二) 何为知识分子精神

精神,作为一个汉语词语,描述的是有智动物特别是人类的内在现象。对精神的基本解释一般有两种。一种是指人的情感、意志等生命体征和一般心理状态,如精神面貌、精神错乱、精神负担。《吕氏春秋·尽数》记载:"圣人察阴阳之宜,辨万物之利,以便生,故精神安乎形,而年寿得长焉。"意思是人的精气、元神不外驰,能与形体协调相安,寿命就能长久。这里的精神指的就是人的生命体征。司马迁《史记·太史公自序》记载:"道家使人精神专一,动合无形,赡足万物。"意思就是道家教人会聚精神,专用为一,举动合乎无形,充足与万物一体。这里的精神指人的心理状态。另一种是指宗旨、主要的意义,如领会文件的精神。除以上两种基本释义,精神还有丰富的解释。比如指一种理念,王安石《读史》

诗:"糟粕所传非粹美,丹青难写是精神",意思是再好的书画技艺也难以描摹出内心的品格和精神;又比如指精力活力,形容人或物有生气;还有指神情意态、风采神韵等。

精神,作为一个哲学术语,是人脑高度组织起来的产物,即人们在改造世界的社会实践活动中通过人脑产生的观念、思想上的成果。在哲学上精神并非内生的,而是由外而内的。外界的事物通过人的感觉、知觉和意识等进入人的体内,便成了人的精神,即人的精神来自人对其对象的感觉、知觉和意识等的体验和考量。按黑格尔哲学,人的精神包含人的情感、意志等生命体征和自我意识。

作为一种"精神",知识分子精神表露的形式可能是理性认识,或是理想信念,也可能是某些行为选择。"精神是重要的,尤其对于知识分子。"①要揭示知识分子精神的真义尚需从知识分子的词源入手。纵观西方知识分子理论的发展历程,从班达站在超越性价值高度提出"知识分子哲学王"理论,到葛兰西在狱中创作的有机知识分子学说②,到古尔德纳"知识分子新阶级"理论③,再到萨义德"业余知识分子"理论④,虽然侧重点各有不同,但从对知识分子内涵界定中都体现出了知识分子的精神追求与道德操守。在班达眼里,知识分子是具有象征性的人物,他们坚守正义与道德,承担责任与使命。葛兰西理解的有机知识分子肩负着社会变革使命。古尔德纳认为,作为文化资本占有者的知识分子新阶级对社会整体负有责任心,能为人类的发展进步做出巨大的贡献。萨义德界定的知识分子,其实是一种态度、一种品质,更是一种精神。"萨义德

① 林贤治:《林贤治作品 04:世纪流向》,复旦大学出版社 2014 年版,第 191 页。
② [意]安东尼奥·葛兰西:《狱中札记》,曹雷雨、姜丽、张跣译,中国社会科学出版社 2000 年版。
③ [美]艾尔文·古尔德纳:《新阶级与知识分子的未来》,杜维真等译,人民文学出版社 2001 年版。
④ [美]爱德华·W.萨义德:《知识分子论》,单德兴译,生活·读书·新知三联书店 2002 年版。

对知识分子的考量里包含着对真理、正义、自由的热爱，他那种不依附权威、不献媚政治、完全以心中的原则去行动的精神，正是当代知识分子所缺失的精神品质。"①可以说，西方学界更加侧重从精神价值层面来界定知识分子，也正是这种知识分子内涵界定中体现出来的知识分子精神被一直传承下来。在中国，目前学界对知识分子的概念界定也逐渐开始侧重于价值层面。有学者认为，"知识分子精神凸显的是一种超越阶级意识、阐释终极意义、关怀社会大众的内涵"②。

富有形而上的精神活动，是知识分子的重大特征。随着人类社会从蒙昧走向文明，具有知识分子精神特质的个体或群体不曾离开历史的舞台。就中国知识分子来说，从传统的士人到近现代知识分子、再到新时代知识分子，他们无一例外地充当着时代的精神使者。古代士人秉持着"士不可以不弘毅，任重而道远"的理想，背负着"天下兴亡，匹夫有责"的责任感和使命感，践行着"修身、齐家、治国、平天下"的思想信念，成为几千年来中国知识分子理想主义的象征。而在近代风云变幻中从士转变而成的现代知识分子继承了传统士人的使命感和责任感，他们以"铁肩担道义"和"上下而求索"的社会批判与追求真理的精神，带着深沉的忧患意识，寻求救国救民的道路，谱写了中国知识分子历史上最为壮丽的篇章，其中形成的五四传统及知识分子精神至今熠熠生辉。中国进入新时代，知识分子精神与实现中华民族伟大复兴的中国梦紧密联系在一起。习近平总书记寄语广大知识分子"要坚持国家至上、民族至上、人民至上，始终胸怀大局、心有大我。要坚守正道、追求

---

① 王代莉：《知识分子的流浪和业余精神——读萨义德〈知识分子论〉》，《社会科学论坛·学术评论卷》2008 年第 8 期（上）。

② 刘亚敏：《人文知识分子："知识分子精神"的完整表达》，《华中农业大学学报（社会科学版）》2007 年第 2 期。

真理,立足我国国情,放眼观察世界,不妄自菲薄,不人云亦云。要实事求是、客观公允,重实情、看本质、建真言,多为推进党和人民事业发展献计出力"①。

不同时期知识分子精神内涵会随着时代发展而增添新的内容,本研究将从传统士人、近代知识分子、转型期知识分子和新时代知识分子的具体精神风貌来呈现。

1. 传统的士人精神

知识分子在中国古代最接近的名称是"士",但"士"并不等同于知识分子,士转变成知识分子,其中经历了一个漫长的发展过程。"士"作为中国知识分子的原型,他们在"志于道"的理想追求中坚定地承担起捍道卫道的责任和使命,在修身以成君子的人格追求中树立起为人的标杆,在旷达的人生追求中展现了古代士人对于优雅生活的追求与渴望。这些对后世的知识分子都产生了广泛而深刻的影响,也为我们今天建构新时代知识分子精神提供了丰富的文化和精神遗产资源。中国传统士人精神主要体现在以"内圣外王"为核心的价值追求和事功践行上。一方面,修身以正其心,以"目不窥园"的学习精神、"士志于道"的价值取向和"至贤至圣"的道德观念追求内圣。另一方面,以天下为己任,系"精忠报国"的爱国情怀、"天下为公"的政治品格和"为国为民"的人文关怀崇尚外王。即在对内的修身律己与对外的治世追求的统一中彰显中国传统士人精神。士人阶层因其所具备的特征而区分于其他人群。作为中国知识分子的原型,古代士人具备了一定的知识分子精神,一定程度上超越了本阶级的属性而代表了社会的良心②。

---

① 习近平:《论坚持人民当家作主》,中央文献出版社 2021 年版,第 156 页。
② 黎仁凯:《近代中国知识分子的历程与特点》,《河北大学学报》1991 年第 4 期。

2. 近代知识分子精神

近代以降,知识分子在促进传统社会向现代社会的艰难转变中,扮演了极为重要的历史角色。从识字扫盲到远赴重洋寻找救国救民的真理,从兴办报刊、学堂到轰轰烈烈的国民性批判,摆脱了传统文人"仕"与"隐"两难困境的近代知识分子,在取得了人格独立之后便义无反顾地卷入了宏大的历史变革实践。他们既做新思想新文化的传播者,也做社会变革的实践者;既大力批判社会不公正不合理之处,也具有超越个人的社会关怀。

近代知识分子处在从传统向现代的动态演变之中,既继承了中国传统士人优良的精神品质,又具备他们独特的时代性。在探索救亡图存的道路上,近代知识分子以"国耻未雪,何由成名"的忧患爱国意识、"人格独立、不平则鸣"的现实批判精神、"志气清坚、以文化人"的高尚道德操守、"勇立潮头、理性争辩"的学术创新品质力挽狂澜,抛洒热血,奠基中国大业。

3. 转型期知识分子精神

20 世纪 90 年代以后,伴随着市场经济的不断发展,人们的思想文化和价值观念都发生了前所未有的巨大变化。在这一时期,整个社会重心由政治向经济转变,价值标准和取向亦日趋多元化。在市场经济大潮的冲击及功利主义的影响下,知识分子在精神上面临了许多新的挑战,如"被迫"接受边缘化、"专才"与"全才"间的选择、受体制化与官僚化的影响、道德人格的侵蚀等。在这种复杂的社会环境影响下,价值层面的缺席、理想主义的消解、对善与美的淡漠、批判精神的弱化等成为知识分子精神式微的主要表现。

4. 新时代知识分子精神

当知识分子在专业化、体制化、官僚化的包裹之下,批判声音渐趋微弱，甚至难以发出自己独立的声音；当知识分子面对消费主义和功利主义包围，逐渐失去问题意识，学术研究的公共性和现实性日益淡化，甚至失去回应现实问题的愿望和能力；当知识分子日益奔忙，为了金钱、名誉和利益而斯文扫地；当知识分子一词不再具有道德价值，仅仅作为一个基于财富的政治性描述而饱受质疑……我们必须深深反思，"这是一切有良知，有社会责任感，追求思想独立自由的知识分子共同面临的问题"[①]。邹韬奋曾经说过，一个国家可以腐败，但这个国家的知识分子却不可以腐败，知识界的这种精神腐败是真正可怕的。面对知识分子当前的困境及精神式微的现状，重建知识分子精神成为极为紧迫的课题。

党的十八大以来，习近平总书记多次谈到知识分子的地位、作用，对知识分子提出殷切希望，为广大知识分子在新时代建功立业提供了行动指南。2018 年 7 月，中央组织部、中央宣传部决定在广大知识分子中深入开展"弘扬爱国奋斗精神、建功立业新时代"活动，涵养知识分子的家国情怀，激发其使命担当。这一活动可谓恰逢其时、意义深远，不仅是当下新时代的号角，也是各个时期中国知识分子精神的赓续传承。在今天经济全球化的时代背景下，各种社会思潮和价值观念都影响着国人的思想，我们更应该强调新时代知识分子精神的建构与弘扬。

本研究从习近平总书记关于新时代知识分子的概念、社会地位和历史使命等论述中概括新时代知识分子精神，即"在批判中创新与建设"的批判精神、"独立之精神，自由之思想"的独立人格、"内化于心，外化于行"的道德人格、"阐释终极意义，关怀社会大众"的人文精神、"天下为公，担当道义"的家国情怀和"勇立潮头、引领创新"的优良品格。

---

① 钱理群：《中国知识分子面临的共同困境》，《商务周刊》2007 年第 9 期。

第一章

中国传统士人精神的基本内涵与价值呈现

　　作为古代社会中的重要群体,士人是中华优秀传统文化的传承者和继承者,更是中华文明发展进程中不可或缺的重要推动力量。中国传统士人精神是历代传统士人的价值取向、精神品质与理想追求等凝结而成的精神成果,其主体部分在于"内圣外王",即"修身以正其心"和"以天下为己任"。时至今日,传统士人精神仍闪耀着时代光芒,成为涵养知识分子精神世界的思想源泉、推动中华民族伟大复兴的文化力量。对于传统士人精神,我们既不能因其历史局限性而全盘否定,也不能因其内涵深奥精微而不加反思地全盘接受,我们必须坚持追本溯源、立足本身、扎根本土,推动传统士人精神的创造性转化与创新性发展。

一、中国传统士人及士人精神

　　古今中外,知识分子在推动社会进步与发展的广阔舞台上,始终扮演着举足轻重的角色。然而,正如国学大家胡秋原所说:"关于中国传统学者的历史研究,多记录知识分子之成就,而往往忽略其为人。其实不知其人而论其世,亦同掠影……呜呼!虽无典型,尚有古人!我相信我民族中必有感于先哲之苦心浩气,奋然于百世之下者。为古人之知己,即所以拓国家未来之命运。"①若知识分子仅有较高的文化与专业素养，顶多只能被冠以"专业人士"的名号，而知识分子的精神品质如何，才是其能否担当"社会良心"这一身份的关键。只论知识分子之成就而罔顾其为人如何，则无法真正理解中国知识分子的精神世界。

士人精神作为传统士人的整体风貌、价值取向、道德准则与人生追求的精神结晶，是历代士人薪火相传的宝贵精神财富，更是中华优秀传统文化的重要组成部分。时至今日，士人精神不仅没有因为士人阶层整体的消亡而消逝在历史的长河中，反而仍然发挥重要作用，成为促进当代知识分子与当代中国社会全面发展的重要精神力量。重视对士人精神的基本内涵、时代价值与现代转化等相关问题的研究，一方面是为了通过展现传统士人的精神风貌，深化对传统士人精神内涵的理性认知；另一方面则是要充分发掘其当代价值，推动其传承与发展。当然，探究何为传统士人精神的问题，首先要对何为士人有清晰把握。

（一）士人的定义及其历史衍变

古代的各种精神文化都与士有密切的关联。在社会的全部精神生活中，士人理论思维居于引领的地位。中国古代知识阶层在思想、文化、政治乃至科技等诸多方面所作出的贡献是中华民族伟大精神财富，而中国古代知识阶层中出现的一大批优秀的政治家、军事家、思想家、文学家、政论家则是中华民族悠久历史长河中的璀璨明星，更是促使中国古代社会不断向前跃进的重要推手。

士人是中国古代重要的社会力量，也是举足轻重的政治力量。古代知识阶层心系国家政权，与封建王朝的统治联系紧密。古代士人在维系封建统治者及其政策的运行、推动封建国家机器的操作和运转方面都扮

---

① 胡秋原：《古代中国文化与中国知识分子》，中华书局 2010 年版，第 22 页。

演着重要角色。古语有云："得士人者得天下。"历史事实表明,封建统治者若能做到礼贤下士、任用贤才,那么封建皇权便得以巩固,统治者的言行举止也能得到约束。一般来说,这样的社会往往较为稳定,人民生活更幸福。相反,若是士人与封建统治阶级无法和谐共处,或是其作用得不到统治阶级的发掘、重视,那么这样的朝代也往往不能实现长治久安。古往今来,历朝历代政权的建立都是在战争中形成的,然而从政权的巩固乃至社会的发展来看,士子文臣则发挥着举足轻重的作用。西汉时期著名思想家陆贾曾指出:"居马上得之,宁可以马上治之乎?且汤武逆取而以顺守之,文武并用,长久之术也。"(《新语》)"马上得天下"却不能"治之",只有"文武并用",政权才能长久稳固。

那么何为"士人"呢?在当今的普遍认知中,中国古代士人往往被笼统地理解为中国古代的知识分子。当然,这只是狭义的理解。古代知识阶层组成是复杂的,士的组成也如此。仅将从事知识生产活动、生产精神产品的文人、读书人看作士人是不可取的。正如孙立群指出,由于士的成分过于复杂,不能把士同"'文人'和'知识分子'等同起来,只有一部分士属于文人或知识分子,即文士和方术士。他们主要靠精神产品和智力与社会进行交换,是士的核心部分,正是在这个意义上,士才可以被称为知识分子"[1]。

有关于"士",《说文解字》如是记载:"士,事也。数始于一,终于十。"指出"士"善于由一推及十,具备较强的思辨能力。孔子曰:"推十合一为士。"(《说文·士》)《白虎通义》中有云:"士者,事也,任事之称也。"故《传》曰:"通古今,辩然否,谓之士。"清段玉裁注曰:"引申之,凡能事其事

---

① 孙立群:《中国古代知识分子研究的可喜成果》,《中国社会与科学》1989 年第 5 期。

者称士。"①但任事之说过于笼统,范围涵盖太广,于是任事职能也就有了文武之分。

而关于士的起源,顾颉刚曾作了这样的解释:

> 吾国古代之士,皆武士也。士为低级之贵族,居于国中(即都城中)有统驭平民之权利,亦有执干戈以卫社稷之义务,故谓之"国士"以示其地位之高。……谓之"君子"与"都君子"者犹曰'国士',所以表示其贵族之身份,为当时一般人所仰望者也。
>
> ……
>
> 儒家以孔子为宗主,今试就孔子家庭及其门弟子言之……足见其时士皆有勇,国有戎事则奋身而起,不避危难,文、武人才初未尝界而为二也。
>
> 自孔子殁,门弟子辗转相传,渐倾向于内心之修养而不以习武事为急,浸假而羞言戎兵,浸假而惟尚外友。……以与春秋之士较视,画然自成一格局,是可以觇士风之丕变矣。
>
> ……
>
> 讲内心之修养者不能以其修养解决生计,故大部分人皆趋重于知识、能力之获得,盖战国时有才之平民皆得自呈其能于列国君、相,知识既丰,更加以无碍之辩才,则白衣可以立取公卿。公卿纵难得,显者之门客则必可期也……宁越不务农,苏秦不务工、商,而惟以读书为专业,揣摩为手腕,取尊荣为目标,有此等人出,其名曰"士",与昔人同;其事在口舌,与首人异,于是武士乃蜕化而为文士。
>
> ……

---

① 段玉裁:《说文解字》,中华书局 2013 年版,第 78 页。

儒侠对立,若分泾、渭,自战国以迄西汉殆历五百年。……及汉代统一既久,政府之力日强,儒者久已尽其润色鸿业之任务,而游侠犹不驯难制,则惟有执而戮之耳,故景帝诛周庸,武帝族郭解,而侠遂衰;举贤良,立博士,而儒益盛。……范晔作史,不传游侠,知东汉而后遂无闻矣。[①]

在这里顾颉刚详细描述了"士"的起源和演进。最初的武士在经过春秋、战国剧烈变动和冲突后,逐渐演变为文士与武士并举。天下定于一统后,武士的社会作用逐渐淡化,因其难以驯服,遭到西汉政府大规模的镇压。东汉后,武士逐渐从人们的视野中消失,文士也就是"儒生"逐渐成为驾驭社会的核心力量。

孔子以后,士人的情况有了深刻变化,"士人""君子"一类词语的身份意味逐渐淡薄,到战国时期,只要具有一德一艺的人均可称"士",知识群体应运而生。游士渐多,士无定主,各诸侯国也日渐重视士的作用。如"桓公为游士八十人,奉以车马衣裘,多其资币,使周游四方以号召天下之贤士,而战国之君遂以士为轻重"(《国语·齐语》)。"所任国重,所去国轻",士的才干和声望被人们仰慕并从风而服。士人也凭其才能与学识,逐渐形成了士阶层自立自强、独立人格的优良传统,树立了极为坚定和强大的信心和信念,他们的行动为战国时期的历史增添了不少亮色。

先秦时期,士作为一个阶层得以出现,他们虽不能与后来的知识分子画上等号,但不得不承认其在社会经济地位、政治影响、精神追求上都已具备知识分子的基本特点,特别是当时社会各界对士的特定认知和士

---

① 顾颉刚:《史林杂识初编》,中华书局 1963 年版,第 85—91 页。

的自我感知而逐渐形成的思想价值观念、文化传统积淀对当代知识分子的思想观念、价值倾向、人生追求都有极其深刻的影响，也在一定程度上为中华民族社会文化心理的形成与发展奠定坚实基础。

除此以外，关于士的起源，《左传》有载："卿置侧室，大夫有贰宗，士有隶子弟。"《国语·晋语》有载："公食贡，大夫食邑，士食田，庶人食力，工商食官。"所谓"士食田"，也就是说，士人享有禄田，是有恒产的社会群体，其社会地位高于一般平民。这从侧面说明，古代士人是以封建社会中等级地位较低的贵族成员身份在历史上出现的，其位置处于大夫之下，庶人之上。

最早时期的士人本是古代贵族阶级中地位较低的人群，与普通庶民相距不远，联系较为紧密。因此，春秋战国以后出现士人流落为平民，或是平民晋升为士人的现象，就不足为奇了。随着先秦时期的"礼崩乐坏"，到秦王朝统一后封建专制制度的确立，士阶层逐渐从贵族阶级流落为平民，成为四民之首。《管子·问》记载："人之开田而耕者几何家？士之身耕者几何家？""士之有田而不耕者几何人？身何？""贫士之受责于大夫者几何人？"从以上举出的几条例句来看，士人中有田地而"不耕者"已是寥寥无几，此时的士人已经亲自耕田劳作，甚至已然沦落到了贫困不已、不得不向人借债的地步了。显然，士人已经丧失了贵族的社会地位，物质生活条件也不复从前，甚至已经与普通庶民别无二致。此外，《管子·小匡》也有过类似记载："士农工商四民者，国之石民也"，指出士、农、工、商是国家民众的四种组成，管仲建议恢复"昔圣王"之时让士、农、工、商分区居住的制度。这也说明，在齐桓公时期，士已经成为和农、工、商并列的"四民"。

但是，即便是从贵族沦为平民，古代士人仍被看作社会中的俊杰、平民中的翘楚，始终得到高度的评价与赞扬。与普通庶民相较，士人地位更高一等。明末清初著名思想家顾炎武就曾指出："士、农、工、商谓之四民，其说始于管子。三代之时，民之秀者乃收乡序，升之司徒而谓之士。固千百中不得一焉。"（《日知录·士何事》）此外，《淮南子·齐俗训》也有记载，"是以人不兼官，官不兼事，士农工商，乡别州异，是故农与农言力，士与士言行，工与工言巧，商与商言数"。《淮南子》对四民各司其职做出了划分。作为四民之首的士人，身负"言行"之重任，在国家治理、社会发展与人民幸福等方面责任重大。总体而言，中国古代的士可分为文士与武士，其中尤以文士为多。文士又逐渐分化为文人、士大夫和商人等诸多身份，成为古代中国社会最活跃的因素之一。

上文说士在中国古代封建社会结构中占据着首要位置，"士、农、工、商"的排序充分证明这一点。"儒者在本朝则美政，在下位则美俗。"（《荀子·儒效》）荀子的这一论断道出士人对政治的影响及社会文化作用的发挥。在中国历史上比较安定的时期，士人主要承担社会政治稳定和文化发展的重任。在黑暗或混乱时期，士人则主要承担政治和社会批判的任务。通过科举等选才制度，士人可以通过科举之类的制度成功跻身于官僚集团，实现"学而优则仕"。事实上，封建社会的整个官僚系统也都由士人进行操纵。在民间社会，士人在当地社会阶层中属于领导阶层，他们广泛建设宗族、学校、会馆、乡约等社会组织。因此，在社会大众的心里，士人是读书明理的人，他们所接受的系统的儒家道德和知识训练使他们成为治理国家和领导社会的最理想人才。

纵观传统士人自产生直至消亡的悠久历史，关于士人与士人精神的联系，我们不难得出以下重要结论：一方面，士人精神及其基本内涵的构成在很大程度上取决于传统士人所扮演的社会角色与所承担的社会责任，离不开士人所处的文化环境与时代背景，这是士人精神基本内涵形成的现实基础。另一方面，士人建功立业本身离不开崇高精神的引领，正是在士人精神的引领下，士人的理想与责任担当得以有机统一。

（二）中国传统士人精神的基本内涵

自士阶层出现以来，他们就以积极的政治参与意识与高度的社会责任感，担负起国家社会之重任；以深切的社会关怀与高尚的道德操守，为天下黎民苍生谋求福祉；以深厚的文化底蕴与严谨的治学态度，筑起中华民族优秀传统文化的城墙。千百年来，无数的士子文人活跃在各个时期的历史舞台上，为社会的各方面事业的发展作出了杰出贡献。而士人精神深深地烙印在士人的心中，被世世代代的中华儿女传承下来，成为中华民族独特而宝贵的精神财富。

论及士人精神的基本内涵，我们可以在历来对古代士人的研究中得到启示。例如，资中筠先生指出，中国古代士人的主流精神主要体现在两个方面：一方面是他们深植的"家国情怀"，主要表现为"以天下为己任"与"忧国忧民"这两个特点；另一方面是他们极为重视名节与骨气，面对仕途的挫折与不顺，往往选择毅然抽身，归隐于山林之间，放纵身心于自然，展现出一种超脱世俗的态度。他们宁愿选择清贫的世外生活，也不愿让自己的身心受到丝毫的委屈，始终坚守并维护着自己独特的文化人格与精神独立。[①] 王雅琴提出，"士"的精神核心是以天下为己任，敢冒天下之大不韪，这也是"士"的政治人格。[②] 可见，中国知识群体历来之精神，早已突破个体人格之界限，上升到国家、民族的高度。一个国家知识分子整体的精神状态，也就成了一个国家生命力兴盛与否的检验标准。中国传统文化之精华在于传统知识群体之坚定精神追求。中华文化之血脉得以传承，在于历代知识群体不忘先辈遗志，以承袭先贤志业

---

① 资中筠：《士人风骨》，广西师范大学出版社 2011 年版，第 4 页。
② 王雅琴：《中国古代知识分子的政治参与意识》，《晋中学院学报》2014 年第 1 期。

自在。唯有精神血脉的传承,方能令普罗大众虽"不识一字",却能够在文化的熏陶和影响下,保持人格的独立与道德的清白。现代知识分子之精神得以形成,正是继承中国历来士人之精神传统,并在此基础上不断发展和弘扬的结果。

整体看来,古代士人的精神追求主要表现为两方面,即对内的修身律己与对外的治世追求的统一。如果说古代士人的精神内涵体现在诸多的具体方面,无法以一言蔽之,那么论及古代士人精神内涵,则可以用"内圣外王"一词来概括。"内圣外王"这一概念出自庄子,其完整论述为:"是故内圣外王之道,暗而不明,郁而不发,天下之人,各为其所欲焉,以自为方。"(《庄子·天下》)对于"内圣"与"外王"的解释,冯友兰指出,内圣,是说内心致力于心灵的修养;外王,是说在社会活动中好似君王。这不是说他必须是一国的政府首脑,从实际看,圣人往往不可能成为政治首脑。"'内圣外王'是说,政治领袖应当具有高尚的心灵。至于有这样的心灵的人是否就成为政治领袖,那无关紧要。"[1]可见,"内圣"与"外王"用来分别对应古代士人精神追求的两个方面,恰如其分。

"内圣外王"的思想最早由道家提出,却也颇受儒家的青睐,被认为是士人理想追求与为政治世的最高境界,受到历朝历代传统士人的推崇。明朝的李贽曾言:"真正学问,真正经济,内圣外王,具备此书。"(《四书评·大学》)认为儒家经典《大学》是"真正学问"之所在,是指教士人达到"内圣外王"的经典。文中提出,士人"修身、齐家、治国、平天下"是实现"内圣外王"的重要任务。其中有载"格物""致知""诚意""正心""修身""齐家""治国""平天下"被称为八目。八目之中的"修身"是根本所在,前四目是"修身"的方法,而后四目是"修身"的目的,"平天下"则是

---

① 冯友兰:《中国哲学简史》,译林出版社 2018 年版,第 8 页。

"修身"最重要的终极目的。"修齐治平"的理想抱负既是儒家思想的重中之重,也是千百年来士人恒定的人生理想,是士人共同的价值取向,也是士人"内圣外王"之精神的绝佳体现。

二、中国传统士人精神的具体呈现

传承至今的中国传统士人精神博大精深,然而,若我们的探讨仅囿于对其基本内涵进行抽象阐释,而忽视这些精神特质在现实生活中的具体呈现,抑或未能从文化发展的宏观视角审视其历史渊源与演进脉络,那么对传统士人精神深刻意蕴的领悟,势必难以触及灵魂、最终流于表面。胡秋原曾指出:"为了说明中国文化与学者之精神,不能不谈学术源流,如是又不得不谈政教沿革,而甚至于不能不谈谈中外文化因缘。"①因此,从文化的高度全方位展现传统士人精神的深刻内涵,是突显传统士人精神价值意蕴的必要前提。

(一)内圣——士人修身以正其心

古代士人重视修身,提倡修身正行,追求"内圣",他们向往的人生目标是入仕为官,辅佐明君,实现"外王"。这是他们遵循道德修为、重视学识的缘由。士人追求美好的德行与习惯,日常思索自己的言行举止是否得当。曾子曰:"吾日三省吾身,为人谋而不忠乎? 与朋友交而不信乎? 传不习乎?"(《论语十则》)既然不能"生而知之"为圣人,却仍然可以"学而知之"做贤才,在道德上致力于做"圣人之徒"。

1."目不窥园"的学习精神

古代士人构成复杂、身份多样,但不论是居庙堂之高的士大夫,还是

---

① 胡秋原:《古代中国文化与中国知识分子〈序〉》,中华书局 2010 年版,第 19 页。

处江湖之远的文人雅客,首先必然是受过一定教育、有一定知识文化素养和文学底蕴的。因此,重视知识文化的学习、重视文化素养的提高等便理所当然成为士人首要且必要的修为,"发奋识遍天下字,立志读尽人间书"也就成为士人实现"内圣"的首要任务。作为古代的读书人,士人具备一定的文化基础。无论是权倾朝野的士大夫,还是作为官僚衙门的谋士,抑或是教书育人的先生,士所从事的文职类的脑力劳动,都需要他们不断地学习和积累。作为想通过科举取士跻身政坛的寒门弟子则更需博览群书,使自己知识渊博、才华横溢,才可能在激烈的竞争中脱颖而出。因此,他们相对于一般人,知识储备更加丰富,并能走入中华文化的深处以掌握其核心要素。基于其知识的深层性和广涵性,他们具备比常人更深邃的思维能力,能更深刻地认识问题和解决问题,把这些问题上升为普遍性的理论问题,并借助自己的学识和能力,建构理论、形成学术、传播于世,使自己成为文化的创造者和传播者。

　　传统士人好学、重求知,并且认为一切皆可作为认识对象,几乎不对学习的对象设置禁区。早在战国时期,士人阶层就表现出流动自由、职业选择自由和思想自由的特点,成为战国最活跃的阶层,其思想自由主要表现在:一方面,一切客体都可以作为认识对象,在此以前的认识禁区——上帝、上天和诸神都在认识中;另一方面,在认识对象前认识主体平等。思想的解放和认识的无禁区,不论对于推动学术研究发展,还是开发人的潜能智力都具有不可估量的意义①。正因如此,士人认识到知识海洋的宽阔无垠,治学立问的征途没有止境,从而将坚持不懈学习视为终生的重任。明朝名士张岱有言:"学海无边,书囊无底。世间书怎读得尽。"(《小序》)清代著名散文家刘开曾言:"理无专在,而学无止境也,

---

① 　孙立群:《中国古代知识分子研究的可喜成果》,《中国社会与科学》1989 年第 5 期。

然则问可少耶。"（《问说》）学习是没有止境的，多"问"更必不可少。

传统士人重视学习，但绝不以纯粹知识数量多少来评判士人学习境界的高低。读万卷书固然值得称颂，学富五车固然值得尊敬，但对于有限的生命而言，认知对象是无穷无尽的，学海也是无边无际的，妄想凭借有限的生命穷尽世间无穷的真理是不切实际的。所以，士人的学习，不仅是有方向、有目的、有内容的学习，同时也是有思考、有辨别、有批判且讲方法的学习。孔子曰："学而不思则罔，思而不学则殆。"（《论语·为政》）可见，学习知识与善于思考同等重要，缺一不可。子夏曰："博学而笃志，切问而近思，仁在其中矣。"（《论语·子张》）他认为读书人不仅要博览群书，而且要坚守自己的志向，多提问、多思考，这才是符合仁德的做法。庄子也曾有言："吾生也有涯，而知也无涯。以有涯随无涯，殆已！已而为知者，殆而已矣！"（《庄子·养生主第三》）庄子此言强调了士人在学习时学会独立思考的重要性。对于读书人而言，知识并非简单地"多多益善"，学会鉴别知识是否有悖于"道"更为重要。

传统士人深感治学问道之艰辛，深知唯有"书山有路勤为径，学海无涯苦作舟"才算守住读书人之本分。纵观古代拥有高度学术造诣的名士，之所以能达到普通士人无法达到的境界，凭借的正是其艰苦奋斗的学习精神。西汉名臣匡衡以学识渊博著称。他出身贫寒，但仍重视教育、坚持读书。史书对此曾有记载："勤学而无烛，邻舍有烛而不逮。衡乃穿壁引其光，以书映光而读之。"（《西京杂记·卷二》）唐宋八大家之一的欧阳修同样以勤学苦读的品质流芳千古，正是由于他"以至昼夜忘寝食，惟读书是务"，才足以达到"自幼所作诗赋文字，下笔已如成人"的境界。晚清名士曾国藩重视学习，且尤其重视读书，提出"学问之道无穷，而总以有恒为主"的方法。可见，在传统士人看来，不论是读书学习，还是治学立问，要达到"闻道者必真知而笃信之"（《曾国藩全集·日记一》）

的境界,粗枝大叶和囫囵吞枣是万万不可取的。只有坚持悬梁刺股的坚毅品质,保持闻鸡起舞的学习习惯,发扬囊萤夜读的治学风尚,以至于达到手不释卷的程度,方能学而有所成,得道而真知。

传统士人重视提升自身知识文化素养,又远不止步于此。他们深谙"读万卷书不如行万里路"之真谛,将读书学习的积累与广泛的社会实践紧密结合,赋予这一人生使命以极高的实践价值。士人们讲究真知实干、知行合一,以一身学识造福苍生社稷,服务君主,教化百姓,改变社会,最终实现"平天下"的远大理想。"君子之为学,以明道也,以救世也。徒以诗文而已,所谓雕虫篆刻,亦何益哉!"(《亭林文集》)在顾炎武看来,君子之所以治学、修身,其目的在于以自身学识"救世",而作诗、写文等活动,在他看来都只不过是于现实毫无裨益的雕虫小技。同为明清时期思想家的黄宗羲指出:"事功而不出于道,则机智用事而流于伪,道不能达之事功,论其学则有,适于用则无。讲一身之行为则似是,救国家之急难则非也,岂真儒哉!"(《黄梨洲文集》)他认为学道与事功缺一不可,互为前提,如不能以"一身之行为"达到"救国家之急难"的目标,则算不上真儒士。可以说,"经世致用"是古代士人的共同写照。

与西方古代知识分子不同,中国古代士阶层自出现始就普遍以改变世界为人生理想,抱有"入世"情怀。古代士人大多将"利天下为之"的宏图大业作为个人的人生理想。学界普遍认为,中国古代向来不存在纯粹的"隐逸"思想,即便有陶渊明、谢灵运这样寄情山水、归隐田园的文人雅士,即便他们也曾写下不少以表达厌恶官场险恶、乐于游荡在山水之间为中心思想的文学作品。但事实上,古代士人的"隐逸""出世"思想不仅不可能成为主流,且都包含着不得已而为之的无奈之情。若非受到不公对待,个人抱负得不到实现,他们绝不会将归隐山林作为人生理想。正是中国古代士人的"入世"情结与"经世致用"之观念,促使历代士人关怀国家社会，积极参与政治生活。

2. "士志于道"的价值取向

"士志于道"的价值取向是士人精神在内圣方面的又一具体体现。"道"是士的终身追求，士以天下兴衰为己任。历史上，无论儒家还是道家，都着眼于人世间。他们对人世的关注，主要就是用一种超越的"道"来批判现实世界。① "士志于道"指士阶层立志于道的追求、践履、维护和弘扬，集中表现了士阶层整体的理想信念和价值取向。古代士人在治学、从政的生涯中必须面临的一个原则问题，就是在"道"与"势"之间该如何自处。所谓"道"，既是自然之道，也是人伦之道。自然之道，即为天道，指万物运行所遵循的规律。而人伦之道是各家思想中所认可、提倡并且奉为准则的原则与规范，是各个思想流派在面对社会秩序的建立、人与人之间关系的处理等问题时所给出的信条。所谓"势"，则主要指的是统治者的权力与权势。可以说，"道"与"势"的关系既相互排斥，又相辅相成，而二者的博弈与较量，也贯通中国古代封建社会的全部过程。一方面，从理论上来说，"道"尊于"势"，"势"应该从属于"道"；另一方面，从历史实际的层面出发，古代封建社会中，君主为天下至尊，权势至高无上。士人追求"道"，将其作为人生根本的理想追求。可与此同时，他们又必须服从统治、维护统治阶级利益。因为他们的生死荣辱牢牢掌握在统治者手中，不得不受制于"势"。如何在"道"与"势"之间做出平衡，成为历来士子文人面临的难题。

自先秦以来，古代士人便广泛地将自我定位为"道"之传承者与实践者，将社会责任与国家兴衰视为己之重任，以此作为约束自己的要求，这构成古代士人以"道"自认的精神风貌与"士志于道"的文化传统。春秋

---

① 王雅琴：《中国古代知识分子的政治参与意识》，《晋中学院学报》2014 年第 31 期。

战国时期迎来中国历史上一次巨大的时代变革。一方面,周王朝封建礼教的规章制度遭到极大的破坏,推动了社会各阶级的人口流动。贵族阶级的人群向下流动到庶民阶级,而庶民阶级的人群有机会晋升到贵族阶级中地位较低的层级——士阶层。此时士人阶层的人数突飞猛进。另一方面,"礼崩乐坏"、王官之学被诸子百家的思想替代,中国迎来"百家争鸣"的文化繁荣时期。正是在这一时期,"士志于道"的理想追求得以发扬光大。

作为士人,必须超脱个人利害得失,要心系天下,以天下为己任。提倡"士志于道",当以儒家为先。儒家学派的出现,恰逢传统士人兴起的历史时期,其思想观念对士人精神世界建构的影响和作用不容小觑。儒家学派认为,士人的价值取向须以"道"为根据。孔子在《论语·泰伯》中指出:"笃信善学,守死善道。危邦不入,乱邦不居。天下有道则见,无道则隐。邦有道,贫且贱,耻也;邦无道,富且贵,耻也。"同样是在这一篇中,孔子学生曾参也表达了自己对"士志于道"的理解:

> 士不可以不弘毅,任重而道远。仁以为己任,不亦重乎?死而后已,不亦远乎?(《论语》)

较之于孔子,曾参的这一言论将"士志于道"提到更高层次,成为历代知识分子所信奉的宗旨。曾参指出,作为君子,要有博大宽广的胸襟,因为他责任重大且路途遥远。要将实现"仁"作为自身的责任,至死都要为其奋斗。儒家学派另一代表人物孟子也数次对"士志于道"提出过自己的见解。"天下有道,以道殉身;天下无道,以身殉道。未闻以道殉乎人者也。"(《孟子·尽心章句上·第四十二节》)除了强调士人之道重于生命的思想,孟子还创造性地发展了"士志于道"的思想,强调士人之道以惠及于民、兼济天下为要求。他在《孟子·尽心》一篇中写道：

> 故士穷不失义，达不离道。穷不失义，故士得己焉；达不离道，故民不失望焉。古之人，得志，泽加于民；不得志，修身见于世。穷则独善其身，达则兼济天下。

孔子的学生子路更是将"士志于道"贯彻始终，甚至不惜为此献出生命，以身殉道。对于子路之死，《左传》有载："大子闻之惧，下石乞、盂黡敌子路。以戈击之，断缨。子路曰：'君子死，冠不免。'结缨而死。"子路之死带有极强的悲剧色彩，对于死亡，他并非毫无选择的权利，然而为了捍卫心中的"道"，他毅然决然地选择面对死亡，用生命践行理想。

显然，早期儒士对"士志于道"的认知颇具理想主义色彩，对士人自身的修为提出了极高的要求，甚至推崇以身殉道。虽然有些不切实际，但不可否认，其"得道""济世"的精神早已成为士阶层普遍追求的价值信仰，并为后世士人继承发扬。北宋时期的著名文学家范仲淹就曾在《登岳阳楼记》中写道：

> 嗟夫！予尝求古仁人之心，或异二者之为。何哉？不以物喜，不以己悲；居庙堂之高则忧其民；处江湖之远则忧其君，是进亦忧，退亦忧。然则何时而乐耶？其必曰：'先天下之忧而忧，后天下之乐而乐'乎。噫！微斯人，吾谁与归？

在这篇传世佳作中，范仲淹充分表达了对"古仁人之心"的高度赞誉、对天下黎民百姓的深切关怀、对君主是否圣明的担忧，他以"先天下忧""后天下乐"的崇高理念，生动诠释了"士志于道"这一古代封建社会士人精神的最高境界。事实上,传统士人的价值观无外乎"士志于道"四字,他们关怀天下苍生,心系黎民百姓,渴求圣明之君,希望通过自己认可的"道"来达到教化、救世的人生理想。

3. "至贤至圣"的道德诉求

古代士人十分注重道德修养,强调"士有百行,以德为先"。孔子推崇"智""仁""勇"完美结合的"谦谦君子";孟子从人性善的角度出发,认为人人皆可为尧舜,关键是要激发、养护、发挥与生俱来的"仁义礼智"等"善端";荀子从人性恶的角度出发,认为美德并非先天地入驻人的灵魂,而要靠后天的自我修养,因此要努力追求仁义、不断提升道德素养,以实现君子人格。《大学》中有云:"古之欲明明德于天下者,先治其国;欲治其国者,先齐其家;欲齐其家者,先修其身;先修其身,先正其心。"正是这种深植于心的强烈道德自觉,促使传统士人将格物致知、正心诚意的修身之道,视为为人处世、安身立命的坚实基石。他们以此为基础,迈向治国平天下的宏伟征途,不仅致力于个人的品德修养,更在行动中自觉彰显气节与操守,坚定不移地维护正义与公理。在这一过程中,传统士人自视为中华"道统"的坚定维护者与忠诚守卫者,他们肩扛道义,心系苍生,以实际行动诠释士人精神的崇高与伟大。

士人认为,要想实现"修齐治平""以道治下"的宏伟抱负,前提是做到"修身"。"修身"不仅表现为士人重视自身学识,更在于重视个人道德品质的锤炼,以及社会整体道德素质的培育。传统士人往往具备道德自律意识,自觉将道德修为作为天然使命。他们的可贵之处远不止是体现在他们对"修己"这一事务本身的重视,而是将"修己"同"治国平天下"的宏伟功业相结合,以高度的社会责任感与深切的人文关怀督促自身与他人德行的培养。士子文人的"修己"往往不局限于"修己以敬",而是在于"修己以安人",甚至是"修己以安天下",从关注个人成长提升到关怀天下发展的高度。而能否实现"修身",特别是能否达到"慎独"的崇高道德境界,就全在于个人自觉。离开了道德主体高度的自觉性,离开了道德主体高度的道德实践,普通士人往往无法成为真正的君子,更无可能实现"治国""平天下"的目的。

中国传统文化极其注重道德修养,各大思想流派均提出各具特色的道德修养理论与见解,而儒家在此方面尤为突出,其深邃的思想体系对后世产生深远影响。在修身正心、提高道德素质方面,儒家可作表率。《论语·学而》一篇记载:"子曰:弟子入则孝,出则弟,谨而信,泛爱众而亲仁。行有余力,则以为文。"孔子认为,做人的根本在于遵守品质德行的要求,其重要性甚至超过了学习的重要性。孔子的此番言论足以体现古代士人对品性、道德的重视,成为后世学人重视修身养性、追求理想人格的典范。

儒家讲究修身立德,其原因与"士志于道"的价值取向也有着分不开的关系。正如上文所述,传统士人的志向在于得"道"和尽"道"。可现实是,尽管士人志于道,却不意味着都能达"道",更不意味每一个士人都能担当得起"道"。品性道德较低的士人是绝不足以达"道"的,荀子《致士》篇就有记载:

> 无土则人不安居,无人则土不守,无道法则人不至,无君子则道不举。故土之与人也,道之与法也者,国家之本作也,君子也者,道法之总要也,不可少顷旷也。得之则治,失之则乱;得之则安,失之则危;得之则存,失之则亡。故有良法而乱者有之矣,有君子而乱者,自古及今,未尝闻也。传曰:"治生乎君子,乱生乎小人。"此之谓也。

荀子指出,有学问、有修养的儒士对于一个社会、国家而言至关重要。一国只要"有君子",就能避免出现祸端、混乱。而仅仅是有学识的士人,是不足以作为"道之法也者"的"君子"而存在的。要成为得"道"之士,士人就必须加强对自身思想道德素质修炼,锻造崇高的道德品质与精神境界。"君子"这一概念来自儒家,本意多指"君王之子",更多强调的是其政治属性。而后,"君子"一词被赋予更广泛的含义,更加强调人的品格、道德是否符合标准。儒家经典中诸如"仁者""贤者""大人""成人""圣人"等词汇,都是与"君子"相关的。"君子"这一身份概念理所当然视为高雅德行的承载者。对于什么样的士人才可堪称"君子",孔子提出"九思"的概念,认为士人要做到视思明、听思聪、色思温、貌思恭、言思忠、事思敬、疑思问、忿思难以及见得思义。自此,"君子"一词便主要用来形容德行高远、品性清廉的士子文人。

对于如何在日常生活中涵养品格、修炼身心,儒家经典著作就更不乏记载了。《论语》是儒家学派对士人的人格操守、言行举止、礼义廉耻等方面的观念与规定的重要典籍,也是当代人探索古代士人修身养性、立身行道的标准与方法的重要途径。《论语·宪问》一篇指出:"君子无终食之间违仁,造次必于是,颠沛必于是。"这是强调人需要守住仁心,即便是一顿饭的时间也不能违背仁,这是在君子的行为方面做出的规定。《论语·里仁》一篇有言:"君子喻于义,小人喻于利。"在儒家看来,这是君子在面对义利之辨时需要做出的道德抉择。在"利"与"义"之间,君子当以义为先,舍身而取义。《论语·述而》中有云:"君子坦荡荡,小人长戚戚。"君子心胸宽广,德行清白率真,在外貌、举止上也显得从容坦荡,这是儒家认为君子美好的德行外化为行的具体表现。可见,传统士人在重视道德修为这一方面,绝不是不切实际地高谈阔论,更不是虚情假意地标榜自身,而是真正将其融入生活的细微处,真正在落细落实上下功夫,时刻警醒自己,一言一行都不忘道德坚守之责任,一举一动都符合道德修为之标准，勉励自己真正完成道德自守之重任，实现道德建设之理想。

中国传统士人好抒己怀，往往借助文字表达追求高尚道德之情，以至于"追求高尚道德之情"的内容逐渐成为士人抒发个人胸怀的重要主题之一。在表达对道德修为的高度重视时，士子文人或直抒胸臆，赞颂美德；或寄情于物，借物抒情。常见意象如"岁寒三友""花中四君子"等都是士子文人作为彰显自身意志品质、表达对高洁品质的向往之情的对象物。北宋理学家周敦颐在岳麓山写下《爱莲说》，以莲花"出淤泥而不染，濯清涟而不妖"的高洁品质勉励自身。著名画家郑板桥向来爱竹，崇尚竹亭亭而立的正直品质，不仅善于画竹，更作下《七言诗》用以表明心志。宋末著名诗人郑思肖深感宋代亡国之痛，作下《寒菊》一诗，以菊花"宁可枝头抱香死，何曾吹落北风中"的坚贞不屈比拟自己，时刻警醒自己不能忘故国。传统士人对高尚道德的追求、对美好德行的恪守、对道德修为的重视，早已融入生活的方方面面，世世代代流淌在其血液之中，成为"士人精神"的重要组成部分。

传统士人的道德观念及其精髓内容，不仅深刻烙印于这一阶层的集体意识之中，成为他们矢志不渝的普遍追求，更渗透至社会的每一个角落，"飞入寻常百姓家"，与社会道德体系紧密交织，共同构筑了古代传统道德标准的重要组成部分。不论是传统士人对美好德行锲而不舍的追求精神，还是所追求的美好德行本身，都是传统士人为后世留下的不可多得的宝贵精神财富，为当代中国知识分子自我修炼和自我培养提供丰厚养料。

（二）外王——士人以天下为己任

士人以天下为先，视天下大义为终身之理想追求。西汉司马迁的"常思奋不顾身，而殉国家之急"、东汉党锢领袖陈蕃的"大丈夫处世当扫除天下,安事一室乎"、唐代爱国诗人陆游的"位卑未敢忘忧国,事定犹须待阖棺"、南宋哲学家陈亮的"除天下之患,安天下之民,皆吾之责也"、明末刘永澄的"天下之事莫非吾事""千古事莫非吾事"、清朝民族英雄林则徐的"苟利国家生死以,岂因祸福避趋之",这些豪言壮语充分体现了士阶层心忧天下的济世胸怀。

如此,士人是否以天下为己任,也成为评价个人道德品质的标准。存私心而罔顾天下的士人,则往往被后人唾弃、不齿,更是在历史上留下不好的名声。譬如,对于汉晋之际曾出现的士人结党营私、媚事外戚的不良风气,汉末文学家徐干曾评论道:"详查其为也,非欲忧国恤民,谋道讲德也,徒营己治私,求势逐利而已!……嗟乎!王教之败乃至于斯乎!"(《中论》)可见,"以天下为己任"的精神绝非只是某些爱国士人的自觉,而是烙印在古代士人心间的共同认知、共同秉持的理想信念。

1."精忠报国"的爱国情怀

古代士人在封建等级社会中的特殊地位决定了他们拥有广阔的社会视域,集"上听"与"下达"于一身。作为四民之首,他们更加贴近平民的实际生活,更好地了解底层百姓的疾苦,成为民意的代表。同时,大多士人出身寒门,加之普通民众对他们十分尊敬,也使他们对底层百姓有更深厚的感情。进入统治阶层后,士人更实际地了解政治权力之争的复杂与黑暗,以及"政统"与"道统"的相依相离。民众的疾苦、官场的黑暗使得深受道义涵养的士人形成强烈的忧患意识,他们忧己、忧民、忧国、忧政、忧天下。从"长太息以掩涕兮,哀民生之多艰",到"穷年忧黎元,叹息肠内热",士人深沉的忧患意识不断积淀。

古代士阶层的家国情怀,其中一个典型体现就是心系天下的忧患意识。忧患意识在中国古代由来已久,也是古代知识群体的典型特征之一。墨子曾经提出"七患"之说,即"国有'七患'——城池不守而治宫室,民力尽于无用之功,士者尸位禄餐,君以为圣智而不问事,信者不忠,忠者不信,国储不足赏罚不明"(《墨子·七患》)。士人以忧患为己任,将忧患意识同天下治乱相联系,视忧患意识为统治者稳坐天下的必要保证。唐太宗时期的名臣魏征提出,"思所以危则安矣,思所以乱则治矣,思所以亡则存矣"(《新唐书·列传·卷二十二》)。苏轼一生劳碌奔波,几经贬谪而"未尝忘国家忧",感叹"回首人间忧患长"。爱国士人陆游临终前尚赋《示儿诗》一首,只道是"死去原知万事空,但悲不见九州同。王师北定中原日,家祭无忘告乃翁"。其中的忧患意识,正是士人为国为民的社会责任感的充分彰显。

不仅如此,忧患意识还是中华民族文化传统中另一特性。古人常言"居安思危,思则有备,有备无患"(《左传·襄公十一年》)。古人认为,只有未雨绸缪,才能够防患于未然。纵观历史,因为统治阶级不能约束自己,处骄奢淫逸之风,皇子贪图享乐,臣子歌舞升平,百姓民不聊生,以至于王朝短命的情况,并不罕见。所以,中国传统知识群体从不鼓吹贪图享乐、好逸恶劳之风,而视艰苦奋斗、勤劳节俭为传统美德。"中国文化,一忧患之文化也。"①徐复观以此来褒扬中国传统文化中的忧患意识,甚至将忧患意识视作保证中华民族绵延数千年的优良传统。他进一步说道,"中国文化,在数千年无数之忧患中,亦仅能绵延吾族生命之存在,使不致如古巴比伦、埃及、希腊、罗马诸民族,淹没于历史巨浸之中"②,称赞中国人向来知忧患意识之重要,更能令其成为一代代相传的精神传统。此外,徐复观认为,中国传统知识群体的忧患意识就藏于日常生活中,从人与人的关系中来,因而其并非空洞,而是关乎人性本

---

① 徐复观:《中国知识分子精神》,华东师范大学出版社 2004 年版,第 61 页。
② 同上。

身的,是"有宗教之真正精神,而无宗教之隔离性质,呼唤于性情之地,感兴于人伦日用之间,使人得互相抚其疮痍,互相舒其敬爱,以消弭暴戾杀伐之气于祥和恺弟之中"①。正是因为中国知识群体自始便懂得一己之祸福不仅关系自身,更与他人、社会国家相系的深刻道理,士人才能真正以天下苍生之命运为一己之命运。对他人命运的关怀、对民族命运的忧虑、对国家的忠诚,是铭刻在中国历代知识群体骨子里的精神印记。

士人以天下为己任,其忧患意识首先表现在对自己学识与道德品质的担忧上。《论语·学而》有载:"德之不修,学之不讲,闻义不能徙,不善不能改,是吾忧也。"在孔子看来,不能修德、不做学问、不能行义与不改"不善"就是他所担忧的事。而士人对自身德行、学识的"忧患",上升到对于统治者、对国家政事、对政权兴衰关怀的高度,便是士人家国情怀的显现。晚清时期的著名湖南将领左宗棠曾留下一幅广为传颂的对联,上联:"身无半亩,心忧天下",下联:"读万卷书,神交古人"。此对联的上联尤为经典,"心忧天下"不仅成为湖湘文化的重要组成部分,更是构成湖湘精神的内核。与其说"心忧天下"是左宗棠的个人理想,不如说是士人共同的价值追求。古代的士人大多怀有一种"心忧天下"的博大情怀。但士人所忧的"天下",并非单纯指天下苍生,而是经历了从狭隘的"忧君"到宏大的"忧国"的转变。

"忧君"意识,指的是对统治阶级的维护,是士人"忠君"意识的体现。以儒家学派为例,儒家思想向来以维护统治秩序为目的,所以其思想内容颇具政治性质。既然是维护统治的王官之学,那就必然严格讲究"忠义"之礼。"忠"这一带有服从意味的概念早在先秦时期就颇受提倡。在"忠"的原则下,君臣关系当以严格的上下尊卑关系为首,臣民所思所想

---

① 徐复观:《中国知识分子精神》,华东师范大学出版社 2004 年版,第 62 页。

尤其需要考虑维护统治阶级的利益。忠君的忧患意识在孟子的一篇短文有所体现：

> 舜发于畎亩之中，傅说举于版筑之间，胶鬲举于鱼盐之中，管夷吾举于士，孙叔敖举于海，百里奚举于市。故天将降大任于是人也，必先苦其心志，劳其筋骨，饿其体肤，空乏其身，行拂乱其所为，所以动心忍性，曾益其所不能。人恒过，然后能改，困于心衡于虑而后作，征于色发于声而后喻。入则无法家拂士，出则无敌国外患者，国恒亡，然后知生于忧患而死于安乐也。（《孟子·告子》）

孟子认为，不论是舜帝这样的明君，还是孙叔敖、管夷吾这样的名士，在有机会得"道"建功之前，都曾历经磨难。人有过错而后能及时改正，内心时常忧困而后能奋起勃发，表达于声然后才能被人了解。于一国而言，若内无贤士得以辅佐朝政，外无与之匹敌的邻国且无祸患，那么这样的国家就会有覆灭的危险。一言以蔽之就是，忧愁患害足以使人生存，安逸享乐足以使人灭亡。很明显，孟子一文偏重贤士对统治阶级的重要性，以及忧患意识对国家政权稳固的重要性，这是"忧君"意识的体现。

爱护家庭，重视家庭生命延续，这是古时读书人认为"治国""平天下"的前提。"中华民族历来重视家庭。正所谓'天下之本在家'。尊老爱幼、妻贤夫安，母慈子孝、兄友弟恭，耕读传家、勤俭持家，知书达礼、遵纪守法，家和万事兴等中华民族传统家庭美德，铭记在中国人的心灵中，融入中国人的血脉中，是支撑中华民族生生不息、薪火相传的重要精神力量，是家庭文明建设的宝贵精神财富。"[①]中国传统知识群体历来有家

---

① 《习近平著作选读》(第一卷)，人民出版社 2023 年版，第 544 页。

国意识,既重视小家,也重视大国。中国传统文化讲究"忠孝节悌礼义廉耻",最重要的就是前面"忠""孝"二字,分别代表了对国家和家庭的情感。家与国从来都是不可分割的。大国是由无数的小家庭构成,而离开了大国的保护,小家的安危也无从谈及。

"忧国"意识突破对统治阶级的维护,上升到民族、国家的高度,也就是士人精忠报国、以身殉国的精神,是士人家国情怀的真正彰显。超越自我层面的忧国忧民是真正的忧患意识的体现。[1] 故晚唐著名诗人杜牧面对国家危亡,写下《泊秦淮》一诗,感叹:"商女不知亡国恨,隔江犹唱后庭花。"诸葛亮为报答刘备的知遇之恩,救汉室于倾覆之时,临危受命,出师晋国,作下《出师表》一文,痛言"出师未捷身先死,长使英雄泪满襟"。岳飞面对中原沦陷、山河破碎的景象,写下《满江红》一词,发誓"靖康耻,犹未雪。臣子恨,何时灭。驾长车,踏破贺兰山缺。壮志饥餐胡虏肉,笑谈渴饮匈奴血。待从头、收拾旧山河,朝天阙"。文天祥抗击元军失败,留下《指南录后序》一篇,发誓"生无以救国难,死犹为厉鬼以击贼,义也。赖天之灵,宗庙之福,修我戈矛,从王于师,以为前驱,雪九庙之耻,复高祖之业,所谓誓不与贼俱生,所谓鞠躬尽力,死而后已,亦义也",其"人生自古谁无死,留取丹心照汗青"的豪言壮语为后世所传颂,永远激励着后世的仁人志士。

基于家国情怀的爱国主义精神是传统士人精神中最弥足珍贵的精神传统。习近平总书记指出:"爱国主义是中华民族精神的核心。爱国主义精神深深植根于中华民族心中,是中华民族的精神基因,维系着华夏大地上各个民族的团结统一,激励着一代又一代中华儿女为祖国发展繁荣而不懈奋斗。五千多年来,中华民族之所以能够经受住无数难以想

---

[1] 刘周堂:《中国古代知识分子的人生哲学》,《江西社会科学》1993 年第 9 期。

象的风险和考验,始终保持旺盛生命力,生生不息,薪火相传,同中华民族有深厚持久的爱国主义传统是密不可分的。"①中国知识分子的爱国主义传统,是其最为崇高的精神气节。徐复观认为,"知识的成就,也可以看作一个人的人格自身的充实。知识分子的良心,既可以通过他对知识的追求而间接地表现出来,也可以通过由知识所充实的人格,而直接地表现出来。当他以热情与勇气,去追求知识之真的时候,常常忘记了国家民族这类人伦关系的界限。但当他以充实的人格来直接显露他的良心时,他的良心必然自觉地或不自觉地,归结在与自己血肉相连的国家民族之上"②。"中国历史上的知识分子……在于是把德行、人格,安放在知识的上位,并不以追求知识为唯一的目标。但真正有德行、良心的人,其良心的归结,会更明显地表现出对国家的眷恋,对乡土的眷恋之上。"③他又说:"正是在中国文化中生了根的知识分子,不论在任何巨变剧难中,也不改变对于自己民族忠贞的志节,以自己的言论、行为,标示黑暗中的方向。"④

今人有时把士人的爱国主义情怀理解为全然愚昧的忠君思想,这是极大的误解。欲论证士人爱国的精神传统,一是发乎上文论述的忧患意识,二是出于历来华夷有别之思想,三是源自大一统之文化观念。忧患意识已有论述,此处不再赘述。

关于华夷之辨与民族国家的大一统意识,有人认为,华夷之辨就是排斥外族,而中国民族国家的观念是因近代各族人民团结一心抗击西方

① 中共中央文献研究室编:《习近平关于社会主义文化建设论述摘编》,中央文献出版社 2017 年版,第 128 页。
② 徐复观:《中国知识分子精神》,华东师范大学出版社 2004 年版,第 179 页。
③ 徐复观:《中国知识分子精神》,华东师范大学出版社 2004 年版,第 181 页。
④ 徐复观:《中国知识分子精神》,华东师范大学出版社 2004 年版,第 89 页。

列强而形成。事实上，中国民族国家的观念由来已久。如胡秋原指出，周王室东迁后约九十年，齐桓公首创霸业，出现霸国。所谓霸国，实为民族国家或国民国家（Nation-State）的雏形。[①]民族国家意识一旦形成，则有去封建之倾向，中华民族大一统的观念也自然得以形成。纵观中国古代历史，基本以"治—乱—治"为大循环。中国古典文学亦曰："话说天下大势，分久必合，合久必分。周末七国分争，并入于秦。及秦灭之后，楚、汉分争，又并入于汉。汉朝自高祖斩白蛇而起义，一统天下，后来光武中兴，传至献帝，遂分为三国。"（《三国演义》第一回）虽中国古代历史时有蛮夷入侵中原，亦有如"五胡乱华"之较长分裂时期，然总以民族大一统，及蛮族得以同化为最终结果。究其原因，中国的文化传统与知识群体对于壮大中华民族的作用极为重要，胡秋原甚至说："秦汉之统一，与其说是秦王汉武之成功，不如说是孔子前后知识分子吐丝酿蜜之业绩。"[②]士人的爱国传统以民族观念为基础，因此绝不局限于"忠君"的范畴。每当蛮夷臣服于中原后，从未有亡其种族、灭其文化的做法，而是坚持儒家文化"和而不同"的主张，在兼收并蓄中达到文化融合。可以看出，古代士人的爱国主义亦非激进的民族主义。

此外，士人的家国情怀体现在以身为国的责任担当上。北宋儒学大师张载有言："为天地立心，为生民立命，为往圣继绝学，为万世开太平。"（《横渠四句》）张载认为，士人有四项必须肩负的责任，即为社会重建精神价值、为民众确立生命意义、为前圣继承已绝之学统、为万世开拓太平之基业。明末思想家顾炎武面对清军入关，写下："保国者，其君其臣肉食者谋之；保天下者，匹夫之贱与有责焉耳矣。"（《日知录·正始》）保护

---

①　胡秋原：《古代中国文化与中国知识分子》，中华书局2010年版，第81页。
②　胡秋原：《古代中国文化与中国知识分子》，中华书局2010年版，第223页。

一个朝代的政权稳固,是帝王将相和官宦臣子们的职责;但保护国家与天下,则是关乎所有人的利益,是每一个人义不容辞的责任。面对民族衰败、国家受辱的困境,晚清志士梁启超承先人之志,写下:"夫以数千年文明之中国,人民之众甲大地,而不免近于禽兽,其谁之耻欤?顾亭林曰:天下兴亡,匹夫之贱,与有责焉已耳!"(《饮冰室合集》)天下兴亡,匹夫有责。这些真正将爱国作为责任担当的士人之典范,是后世知识分子尊崇、效仿的对象。

2. "天下为公"的社会观念

传统士人与现代知识分子之间存在许多差别,其中一个关键差别就是古代士人有机会通过举贤、考学等途径直接进入权力阶层,这一机制使得政治生活不仅是他们生活版图的重要组成部分,更是其生命价值与追求的核心舞台。这种身份特征深刻塑造了古代知识阶层的精神风貌,其中最显著且令人敬仰的,便是他们普遍秉持的高度政治责任感与强烈的政治参与意识,这不仅是"以天下兴亡为己任"这一崇高理念的生动体现,也是古代士人群体独特精神气质的鲜明烙印。张朝霞指出中国古代知识分子参政,并非屈就于皇帝,也并非选择自己命运的悲剧,而是中华民族爱国精神在特定历史时期的深刻体现。[1]

高度的政治参与意识首先表现在士人热衷于谈论治国理政上。在春秋战国时期,诸子百家对政治哲学进行了深入研究。"百家争鸣"在中国历史上的意义是空前的,其中以儒家、法家为代表学派的政治、文化理论成就为后来的大一统国家奠定基础。秦依托法家变法结束了诸侯割据的混乱局面,建立了专制主义的统一国家。而之后的汉代先是承袭秦

---

[1]　张朝霞:《中国古代知识分子从政并非选择了自己命运的悲剧》,《榆林高等专科学校学报》1994 年第 Z1 期。

制,在政治、经济和文化上取得重大发展,迎来了中国古代历史上第一个盛世,后又经董仲舒"罢黜百家、独尊儒术",从此奠定儒家学派作为中华民族传统思想文化之正统的根本地位。而儒家学说是典型的政治学说,作为中国古代的主流文化,影响了世世代代读书人的政治参与意识。古代士人心怀天下,又普遍以拜相封爵作为人生目标。因此,一旦时机成熟,他们便会以高昂的政治热情与社会责任感,积极创造条件,努力踏入仕途,充分运用自己的满腹经纶,实现自身的理想抱负。

士人热衷参与政治,最早也得到统治阶级的认可与重视。士阶层源自先秦时期的贵族阶级,拥有较为富裕的物质条件和良好的教育资源,有机会学习礼、乐、射、御、书、数为主要内容的"六艺",拥有较全面的文化知识和战争本领,其中不乏文武双全的人才。先秦时期的统治阶级已经注意到这一点,并且开始重视发挥士人在国家大事上的重要作用,战国时期兴起的"礼贤"之风便是最好的证明。战国时期,各国君主普遍优待、礼遇贤士。对于乐意居官受禄的士人,君主对其加官晋爵,从此双方成为正式的君臣关系。而对于不肯居官受禄之士,一些君主也并不排斥,而是待其如师友。这样的君、士关系在当时并不少见,先秦时期遗留的许多文字记载都足以表明。以《孟子》为例,其中《万章》篇记载:

> 费惠公曰:"吾与子思,则师之矣;吾与颜般,则友之矣;王顺、长息,则事我者也。"

当然,这种友好的君、士关系并非普遍得到各诸侯国君主的接受,加之士阶层中一定程度上存在"高自位置""清高自傲"的风气,对统治阶级造成了政治统治的威胁。为平衡君、士之间的矛盾,稷下之学与稷下先生制度应运而生。对于稷下先生所肩负的职能,西汉时期桓宽的《盐铁论·论儒》一篇给出了精确的释义：

> 齐宣王褒儒尊学，孟轲、淳于髡之徒受上大夫之禄，不任职而论
> 国事。盖齐稷下先生千有余人。

在这个制度的保障下，受到君主青睐但不愿接受官职的贤士能够在
不任职的前提下享有士大夫的待遇，并发挥参政议政的作用。稷下先生
制度的出现，表明先秦时期的士人参与政治得到制度的保证。此时的士
即使不把入仕为官宦、为臣子当作人生理想，也仍能对国家大事表达充
分的关怀。在稷下先生制度的保护下，士人阶层充分抒发个人思想见
解、议论政事，极大推动了思想解放和文化繁荣。但这个黄金时代并未
持续多久，林甘泉指出："列国诸侯把一些才能之士尊为师友，并不意味
着'势'屈服于'道'，而是因为这样一种姿态和政策可以吸引更多的人才
来为自己效劳。在各国争夺人才的竞争中，这是一种可以得到有利回报
的政治投资。"①加之古时稷下先生的"议论"包含着"批评""批判"之意，
而稷下先生制度则为他们批评国家政事提供制度保障，这就在一定程度
上威胁到统治阶级。到秦统一时期，稷下先生制度开始逐渐向博士制度
发展。这意味着博士已然成为官僚系统的一员，"养贤""养门客"的主体
由君主变成卿相，士人与君主的关系被限制在君臣关系中。虽然稷下先
生制度存在时间较短，但士人热衷政治、关心国家和社会发展的良好风
尚却流传下来，后世士人崇尚"清谈"就是典型表现。到明清时期，士人
如黄宗羲发现固有的君臣关系令"人臣而自治以佣隶"且"君臣之礼，几
乎绝矣"。皇帝的权力越发集中，而臣子的地位越发低下甚至堪比奴隶，

---

① 林甘泉：《中国古代知识阶层的原型及其早期历史行程》，《中国史研究》2003 年第 3 期。

这样的君臣关系不利于国家发展。因此,他提出恢复"君使臣以礼,臣事君以忠"的关系。显然,这一观念体现出黄宗羲对古代稷下先生制度时期士人政治参与方式、士人与统治阶级关系的留恋。士人与统治阶级的基本关系成为定局,这在一方面使"道"不得不屈于"势",另一方面却为古代士人在更深层次地参与政治生活提供客观条件。士人若想以自身才学改变现实社会中存在的弊病,实现"士志于道",就必须通过考试、选拔等途径成为官僚体制的一员。唐代诗人孟郊一首《登科后》流芳千古,其中"春风得意马蹄疾,一日看尽长安花"一句,即是士人追求平步青云的最好表达。

总体而言,士人的政治参与构成中国历史文化的重要部分,然而后世对其评价总是褒贬不一。中国古代士人从现身之日起,便与政治形影不离。胡秋原指出,中国历史之建设力,实为知识分子,中国知识分子是中国历史之代表,中国古代历史,是在"皇帝—学者"二元结构下形成,从文化的角度看,则是在"政统—道统"的二元结构下形成。士人阶层与统治阶级之间的矛盾运动,构成中国古代历史画卷中极为丰富且深刻的篇章,而中国古代主流的精神和文化取向,则可以说是在"政统""道统"相结合、相协调、相抗衡的过程中形成。除魏晋时期一度崇尚"归隐"的士风,中国古代士人在绝大多数时期以出仕为官作为人生理想。以色列学者艾森希塔也更进一步揭示其中根本,他指出:

> 因此,非政治精英,各种知识分子或神职者常常将政治领域定义为一种关乎救赎的活动,并且自视其地位若不高于统治权威,至少也与之平行,而在文化上,他们也极为活跃,自认为是文化与社会之主要意识形态的负载者,因此他们往往觉得统治权威应该要向他们负责。非政治精英如此,政治精英亦然,他们经常自诩为文化秩

序模式的发言人,且在上优于文化精英……因而在政治上,文化上或是教育上,发展出多样的次级精英团体……也正是由于在这样的制度与文化架构中,逐渐发展出知识分子对文化秩序的矛盾态度……如此的冲突是由于知识分子本身的双重角色——一方面他们是不同科技或符号领域的专才,另一方面,则是社会秩序模式的代言人或传道者。①

就中国古代士人的情况来看,事实确实如此。士人以道统自任,秉持为国为民的天然使命,以钳制政统的身份角色参与政治生活。艾森希塔指出,士人对于古代中国社会制度架构的建立,产生极为深远的影响,其带来的冲击之所以有效,主要原因便是他们成为统治联盟的一员,或者说是亲密伙伴。② 然而自汉武帝时期大一统以来,中国古代政治结构基本定型,中央集权进一步强化,社会秩序更为稳固,其可变革性就更被削弱,士子文臣与政统相抗衡的力量也随之减弱。在绝对武力压制下,当制度秩序与文化秩序发生冲突时,文化秩序不得不落于下风,作为文化秩序代表者的士人,为达到维护文化秩序的目的,就必然要成为掌权阶级的一分子,与政府发展出一种共生关系。可当士人融入统治阶级时,他们又不得不肩负维持制度秩序的义务。在朝时,他们不得不做统治阶级完全的服从者;在野时,他们几乎丧失一切改造实际的力量,只得流连于乡野自然,或做传授知识的教书先生,尽管内心仍渴望重得赏识。

① [以]艾森希塔:《知识分子——开创性、改造性及其冲击》,载《中国历史转型时期的知识分子》,联经出版公司1988年版,第4—5页。
② [以]艾森希塔:《知识分子——开创性、改造性及其冲击》,载《中国历史转型时期的知识分子》,联经出版公司1988年版,第4—5页。

当士人察觉政统不符合社会整体利益时，他们在政统与道统间难以自处，这种矛盾使得知识群体违背双重自任的初衷——知识群体有如宗教意义般拯救苍生的意志。封建社会时期，统治阶级利益与社会整体利益有本质上的冲突，知识群体既缺乏绝对武力压制反抗政统，又惧怕社会巨变致使社会的稳定秩序被破坏。自此，古代士人在大多数时候不得不沦为统治阶级附庸，究其原因，很大程度上是因为道统与政统间存在根本利益冲突，且道统相对政统处于劣势。大一统的安全与稳定，又难免牺牲部分自由、民主以及思想文化的多元发展。纵观历史，社会主流思想分裂的情况常见于社会分裂时期，如春秋战国时期百家争鸣，魏晋时期名士层出不穷，大一统王朝便难遇如此盛况。而今人认为封建社会后期思想僵化，儒生的部分主张压迫人性，反而加强中央集权，也是情有可原的。但不论如何，如美国学者狄百瑞所言，或许有些学者认为儒家的政治批评没有什么价值，对国家而言，儒只不过是歌舞升平之余所豢养的一批帮闲清客，而标举着理想主义的儒以文乱法，常常引起主政者的不快，有如芒刺在背，虽然儒生勇于对国家施政提出诤言，但究其实情就是想尝尝权力的滋味。也有人认为儒家的价值观在中国的行政组织系统里毕竟占有一席之地，这是毋庸讳言的。但不论如何，晚近中国扮演重要政治角色的也是儒生。在历代士人的努力下，中国古代社会因专制制度造成"分久必合，合久必分"的循环，却未根本分裂，总的来说，是因在以"儒道释"为主流思想的社会中，士人整体仍是"为人民而政治"[1]，是作为制约并抗衡政统而存在。他们至少保证了国家两千年的统一，不曾真正分裂成不同民族国家，又在一定程度上限制了皇权的扩张。从结果来看，其历史意义深远。

---

① 徐复观：《中国知识分子精神》，华东师范大学出版社 2004 年版，第 4 页。

当然，士人整体的确较少有愿意根本变革政治结构者。究其原因，史华慈在考察中国古代政治结构时提出，士人不曾想在根本上改变中国古代的政治结构，即便知道现有秩序存在漏洞，士人仍惧怕改变现有秩序。过于理想主义的士人自持一种观点，即纵使在上位的君主能力平庸，甚至不堪，仍会因不想破坏君主的神圣地位而不得不谨慎行事。另外，他认为传统士人不愿改变现有社会秩序，是因为他们惯于把这个深层结构的替代面想成是"乱"。若不变，至少可以维持现有的安稳，秩序不至于"乱"，故不敢有变①。不论史华慈的猜想是否完全符合事实，但确实体现出士人在政治秩序与文化秩序间的两难境地。古代士人深知，不论朝代更替，当权者是何人，百姓总是战争与动荡的众矢之的。故俗语说"宁做太平犬，不做乱世人"。元代张养浩的千古名句"兴，百姓苦；亡，百姓苦"（《山坡羊·潼关怀古》），道尽士人不忍天下大乱，致使百姓受苦的思想感情。至于是否存在有彻底变革意识的士人，答案是肯定的。不论是魏晋名士，还是北宋太学生，抑或明末东林党人，他们都曾因为不满朝廷，或是回归自然，或是愤然反抗。然而，在专制统治的武力威胁下，读书人根本不足以动摇其根基，不仅自己有生命危险，而且甚至祸及家人。

近代以来，虽然部分知识分子曾将中华民族的落后归咎于传统文化的落后，斥责传统文人思想多是教条迷信，视传统知识人群皆为封建政权的拥簇。但他们仍继承了传统士人的政治责任与担当精神。其中最明显的表现，就是延续传统士人"士""政"不分的传统。正如许倬云所说，士人"以儒家淑世的精神，全心全意投入现实的事务，甚至卷入实际

---

① ［美］史华慈：《中国政治思想的深层结构》，载《中国历史转型时期的知识分子》，联经出版公司 1988 年版，第 23—24 页。

的政治。不少近代知识分子,更自觉或不自觉的,以为经由改造政治,始得整盘的改造文化。这种心态,可能来自过去士大夫士政不分的传统"。^① 即使中国历经巨变,中国当代知识分子仍保留相当程度的传统特性。这种显著特性表现为知识分子中的许多人不以寻求知识与学术为志业,而是倾向于探寻知识的实际应用。这不禁令人将其与传统士人"修身"以求"齐家治国平天下"的文化传统相联系。可见,纵使几经变革,知识分子的崇高理想从未有过根本改变,这是中国知识人群自诩为知识分子的政治责任感。也正是有了这种政治责任感,近代以来中国的知识分子不论激进抑或自由,一般都较为关心民族国家的救亡,而非启蒙式的个人解放。

中国知识群体向来强调"入世",认为只有自己参与到世俗的事务中,才能真正改变社会,并实现教化的作用。他们历来有救世情怀,故有着极为强烈的使命感与信念感,乐于参与到国家大事中。然而,当下仍不乏学者持以下这种观点:知识分子积极参与政治,或是强烈关心时政,是因为骨子里残留士人讲究"做官",或是谋求政治地位的传统,因此往往谈政治事务色变,认为专注专业、不参与时事才是知识分子保持独立性的方式。毫无疑问,这在一定程度上削弱了知识分子的批判精神。古代士人阶层,尽管其中不乏个别士人受私欲驱使涉足政坛,但从宏观视角审视,士人群体普遍秉持着"以天下为己任""为民请命"的崇高政治责任感,这一点毋庸置疑且值得高度赞誉。热衷时政,并勇于为社会发声,向来是中国读书人优秀的品质,不应被忘却。

3. "以人为本"的价值取向

楼宇烈教授认为,与西方文化相比,中国文化最根本的精神是"以人

---

① 许倬云:《历史分光镜》,上海文艺出版社 1998 年版,第 83 页。

为本"①。胡秋原指出，正因中国历来无宗教传统，而以人间为本位，故士人主张做人做事不以神鬼为裁判，而是求一个"心安理得"。一是无宗教之传统，重视劳动，赞美人自身的力量。二是关心民众生活，强调君者应以民为本，歌颂清史，批判酷吏。三是重教化，不以愚民为目标，而要使普罗大众皆有文化思想。

从文化起源来看，与西方文化是典型的神本文化不同，中国文化是人本文化。中国人最普遍崇拜的是灶神或土地神这类掌管农畜种植的神明。外来宗教与神明信仰在中国很难扎根，比如，佛教本是纯粹的外来文化，传入中国后经历大刀阔斧的改革，才得以适应中国社会。中国人有祖先崇拜情结，但这种情结远非简单地对鬼神般的敬畏所能比拟，它蕴含温情脉脉的缅怀与追忆，是对先辈的深切祭奠与由衷的感恩之情。又譬如，中国文学题材无战争史诗，也少有奥德修斯式人神一体的战争英雄，更不鼓吹个人主义的英雄观念。中国古典文学更多体现人类对抗自然时所展现的力量与勇敢、为苍生敢于牺牲的大义、坚持先公后私、先人后己的集体主义精神以及对"人定胜天"的肯定与信心。即便力量渺小如精卫，也有填平大海的毅力；即便夸父知道会被烈日灼烧，但也有义无反顾奔向太阳的决心。就知识群体的产生来看，不同于西方知识分子以宗教人士为原型，中国知识群体的出现与宗教关联不多，雏形是史官、贵族、诗人等。

古代知识群体从来就尤为关注人本身，又特别关注民生问题，强调民意的重要性。纵观古代历史，统治者以民为重，则往往政权稳固；视民众如草芥，则政权必然衰颓。历朝历代的士子文臣，要提点上位者欲要稳固朝政，确保国泰民安、社会和谐，强调最多的一定是以民为重、以民

---

① 楼宇烈:《中国文化的根本精神》，中华书局 2016 年版，第 46 页。

为本。今人在认识上,有时对古代士人的民本思想理解偏于狭隘,以为古时读书人强调以民为本,是全然站在统治阶级的角度,只关注民生水平如何。而实际上,传统士人强调民本,其思想内涵要深刻许多:一是怀抱救赎天下的精神,关心平民百姓的生活水平,不忍见天下苍生受苛政、暴政之苦,在政治上劝诫统治阶级施仁政,宽待百姓;二是崇尚自由与民主,强调人格的平等与尊严,不因身份高人一等而歧视他人,更是反对阶级压迫;三是开发民智,不以愚民政策对待大众,而是重视教育、潜心教化,使天下人皆重视个人修为,遵循道德原则,提升知识素养。因此,他们既重视推行教化,又重视自我教育。可见,士人以人文精神来强调民本,既注重实现人性解放、维护人性自由,又注意树立规矩意识、不让自由无所约束。楼宇烈说中国人文主义精神的特色是"上薄拜神教""下防拜物教"①,便是此意。

中国的民本思想由来已久,其源头甚至可以上溯到殷商时期。而要论其真正形成,则是在西周时期。春秋时期,周王室衰微,诸侯割据,礼崩乐坏,名义上的统治者已经失去神圣不可侵犯的地位。一方面,人们开始逐渐意识到周天子并非如天神一般至高无上、不可动摇;另一方面,人们的自我意识也开始觉醒,重视人本身的重要性。这种观念上的变化在一定程度上冲击了人们对天道、神鬼的崇敬。与此同时,人们也意识到自己在面对天地、自然时并非无能为力,而是可以发挥主观能动性。正是在这样的历史背景下,上至统治阶级,下至知识阶层,普遍开始对民众有了新的认识。他们注意到人民是国家政权稳固、长治久安的重要影响因素,认识到"政之所兴,在顺民心,政之所废,在逆民心"。《尚书·五子之歌》中就有记载:"皇祖有训,民可近不可下,民惟邦本,本固邦宁。"君舟民

---

① 楼宇烈:《中国文化的根本精神》,中华书局 2016 年版,第 52 页。

水，水能载舟，亦能覆舟。只有处理好君民关系，以民为重，切实保障人民利益，统治才能长久，这是古代知识阶层早已了然于心的道理。

古代士人重民，首先体现在对民间社会的关怀上。社会秩序良好、百姓安居乐业、国家长治久安是古代士人的普遍愿望。以儒家学派为例，孔子重视百姓的生活环境以及民间社会的秩序，提出社会大同、天下为公的思想：

> 大道之行也，天下为公，选贤与能，讲信修睦。故人不独亲其亲，不独子其子。使老有所终，壮有所用，幼有所长，矜寡孤独废疾者，皆有所养，男有分，女有归。货恶其弃于地也，不必藏于己；力恶其不出于身也，不必为己。是故谋闭而不兴，盗窃乱贼而不作，故外户而不闭，是谓大同。（《礼记·礼运》）

"大同思想"是孔子不满于现实生活中种种"礼崩乐坏""天下无道"的批判与反思。这一思想的提出，意味着以孔子为代表的儒士将视线焦点放到民间，从侧面反映出士人对民间社会的关怀、对社会秩序的设想以及对理想社会的渴望。

面对春秋战国时期战争频发、生灵涂炭的残酷现实，墨家学派创始人墨翟将重民、爱民主张贯穿其一生。首先，他将自己的生命都奉献给了为国为民的正义事业，带领其门下子弟积极从事生产、行侠仗义。《东周列国志》记载："墨翟不蓄妻子，发愿云游天下，专一济人利物，拔其苦厄，救其危难。"其次，墨翟崇尚"兼爱"，主张不分对象、不分阶级的爱。最后，在"兼爱"的基础上，他进一步提出"非攻"的思想主张，即反对非正义性的战争。春秋战国时期，天下四分五裂，大大小小的诸侯国互相攻击，侵略战争频发。对此，墨翟感到十分痛心。《墨子·非攻》记载："今攻三里之城、七里之郭……杀人多必数于万,寡必数于千。"在《非攻》一篇中,墨翟连用八个"不可胜数",揭露了战争直接杀人和间接杀人的残酷性。他还指出,战争除"丧师多不可胜数,丧师尽不可胜计"之外,因"居处之不安,食饭之不时,饥饱之不节"等原因死亡者,不计其数。在墨翟看来,非正义的侵略性战争是残酷的,更是没有必要的。百姓在战争中遭到迫害,甚至丢失性命,然而反观发动侵略的统治阶级,为了一己之私,完全不顾黎民百姓死活。可以说,"非攻"的思想代表着以墨翟为代表的古代知识阶层普遍对民间疾苦的同情、对战争戕害无辜百姓的批判,以及对国家长治久安的渴望。

古代士人重民,其次体现在他们对君民关系的认知上。君民关系是社会是否和谐、政权是否稳固的关键。孔子认为,治理国家要施行德政,坚持以"仁义"为根本,礼法共用。对于统治者,孔子提出要做一个合格的统治者,就必须"以国为礼",实施德政要坚持德刑并用、先德后刑、以德去刑。孟子也多次强调重民思想在治国理政中的重要性。他在《孟子·梁惠王》中强调"仁者无敌,王请勿疑",指出"得道者多助,失道者寡助"的历史规律。历史上的叛乱、起义大都与统治阶级为政不仁、脱离民众有重要关系。古代早期的民本思想在后世得到了传承和发扬,如司马迁指出:"王者以民人为天,而民人以食为天。"(《史记·郦生陆贾列传》)苏轼也曾有言:"未论行事之是非,先观众心之向背。"(《上神宗皇帝书》)如此等等,充分表明民本思想早已深深烙印在士人心间。

古代士人重民,还体现在他们对富民、教民的重视。法家代表人物管仲有云:"圣人者,明于治乱之道,习于人事之终始者也。其治人民也,期于利民而止。"(《管子·正世》)一般来说,法家思想重刑法、轻仁德,重君主、轻民众,而管仲作为法家的代表人物,却在其著作中表达出对民众的重视。可见,即便是以维护统治阶级为政治立场的法家,也同样深知利民的重要性。古代士人重视富民、教民，认为只有百姓生活富裕，君主才能有好名声，统治也才能长久。荀子就曾强调民富的重要意义，指出："民富，则田肥以易；田肥以易，则出实百倍。上以法取焉，而下以礼节用之。余若丘山，不时焚烧，无所臧之。夫君子奚患乎无余？故知节用裕民，则必有仁义圣良之名，而且有富厚丘山之积矣。"（《荀子·富国》）此外，颜渊曰："百姓足，君孰与不足？百姓不足，君孰与足？"（《论语·颜渊》）管子曰："凡治国之道，必先富民。民富则易治也，民贫则难治也……故治国常富，而乱国常贫。是以善为国者，必先富民，然后治之。"（《管子·治国》）不难发现，各家在富民利民思想的认知上本质都是相通的：只有民富才能国强。这一认知不仅体现着中国古代知识分子阶层的人文关怀，更是中国古代士人对于治国理政的一重要政治经验。在教育观上，儒家向来强调教育与教化的作用，秉持有教无类、因材施教的教育理念，重视对民众的教化。孟子认为，"饱食暖衣，逸居而无教，则近于禽兽。"（《孟子·滕文公》）民众不只需要富裕的生活，在吃饱穿暖以后，必须接受一定的教育，否则就与一般禽兽无异了。类似这样的观念也受到文臣士大夫的重视。以董仲舒为例，他重视"教化"，并将这一理念融入对官吏的要求，在规定地方官所要发挥的作用时，董仲舒重视"教化"多于"法令"，主张设立太学以培养"教化之吏"，这样的官吏就是所谓的"循吏"。官吏作为士阶层的重要成员，是施行富民、教民理念的主要人员。官吏之中坚持以民为本、重视民众利益的被称为"循吏"。"循吏"这一概念的提出最早出现于西汉司马迁的《史记》，又被《后汉书》直至《清史稿》承袭，林甘泉指出，"先富后教"型循吏的出现，是对早前以"黄老之道"为主流思想、清静无为式循吏的代替，而这个现象也正好说明封建政治文化生态的演变①。循吏以"先

---

① 林甘泉：《中国古代知识阶层的原型及其早期历史行程》，《中国史研究》2003 年第 3 期。

富而后教"作为为官理念。"先富"指的是地方官员帮助民众改善经济条件、推动农业发展。西汉时期南郡太守王宠,在任时兴修水利,为当地农业发展作出了杰出贡献,《水经注》卷十一记载道:"沔水条记木里沟为汉南郡太守王宠所凿,故渠引鄢水,灌田七百顷,白起渠溉三千顷。膏粱肥美,更为沃壤。"《后汉书·循吏列传》记载:"九真俗以谢猎为业,不知牛耕,民常告籴交阯,每致困乏。延乃令铸作田器,教之垦辟。田畴岁岁开广,百姓充给……是岁风雨顺节,谷稼丰衍。其产子者,始知种姓。"循吏不仅重视"富民",也重视"教民",在文化传播方面贡献巨大,是官方文化与民间文化之间相互贯通的桥梁。作为三国时期曹魏政权的官吏与将领,杜畿为官仁厚爱民,颇受百姓爱戴,在"教民"方面,常是亲力亲为,《三国志·杜畿传》记载:"畿乃曰:民富矣,不可不教也。于是冬月修戎讲武,又开学官,亲自执经教授,郡中化之。"同为魏晋时期官吏的荀彧评价其才华"勇足以当大难,智能应变,其可试之",陈寿则视杜畿为官之典范,称其"杜畿宽猛克济,惠以康民","抑皆魏代之名守乎!"

古代士人重民,最后体现在他们对待"情"与"礼"的态度上。中国古代传统文化中,对理想人格的追求、对崇高道德的肯定、对个人行为的规范等,是古代士人能够坚守"以天下为己任""先天下之忧而忧,后天下之乐而乐""吾日三省吾身"与"君子志于道,据于德,依于仁,游于艺"等个人志向与崇高情怀的重要因素。但不可否认,当封建礼教发展到一味追求美好的名声而空谈礼法、道德,罔顾人性、本心时,其消极影响不仅不利于士人本身,更会压抑人性、残害百姓,甚至阻碍国家社会的发展进步。鲁迅所说的"吃人的礼教",便是此类虚伪、过分的道德礼教。中国古代历史上就曾出现过于重视道德操守、压抑人性的历史发展阶段,正是在这样的时期,"情"与"礼"孰轻孰重的争论就会成为知识分子谈论的焦点。

自西汉董仲舒提出"罢黜百家,独尊儒术"以来,为了维护并加强封建专制统治,用"名教"对百姓进行教化。"名教"概念的正式出现是在魏晋时期,用来指以孔子的"正名"思想为主要内容的封建礼教,其主要内容即"三纲五常"。一方面,魏晋时期"名教"作为主流思想,牢牢占据正统地位,封建礼教进一步发展,出现重形式、虚伪化倾向;另一方面,儒家思想的地位出现一定程度的下降趋势,诸子百家的思想有了再度活跃起来的趋势,其中尤以老庄的玄学思想为盛,封建礼教的藩篱被突破。正是在这个历史时期,名教思想出现一定的危机,"情"与"礼"的冲突爆发,一股崭新的士人风气得以成形并且发展起来。

名教思想强调建立秩序井然、等级分明的阶级社会,认为人与人之间存在血缘的远近与阶级的尊卑等差异。对此,一些拥有进步思想的士人公然提出质疑,与封建礼教思想相对抗。首先,表现在对以"君为臣纲""父为子纲"和"夫为妻纲"为主要思想的封建伦理秩序观念的对抗上。以当时的夫妻关系为例,南朝小说集《世说新语》中《贤媛》一篇有载:"谢公夫人帏诸婢,使在前作伎,使太傅暂见便下帏。太傅索更开,夫人云:'恐伤盛德。'"可见,当时的女性在婚姻关系中不再一味遵循礼教规矩、压抑自身的情感,沦为男性(丈夫)的附庸,而是可以坦白地表达自身的情感。此外,这一时期的男女、夫妻之情也能得以抒发,而非一味恪守礼法,从而失了亲密关系。对此,《世说新语》中《惑溺》一篇有载:"王安丰妇,常卿安丰。安丰曰:'妇人卿婿,于礼为不敬,后勿复尔。'妇曰:'亲卿爱卿,是以卿卿;我不卿卿,谁当卿卿?'遂恒听之。"其次,魏晋时期士人面对"情"与"礼"的冲突,创造性地提出"圣人有情"的观点。《三国志·魏志·钟会传》中《王弼传》一篇有云:"何晏以为圣人无喜怒哀乐。其论甚精。钟会等述之。弼与不同,以为圣人茂于人者神明也,同于人者五情也。神明茂,故能体冲和以通无;五情同,故不能无哀乐以应物。

然则圣人之情,应物而不累于物者也。今以其无累,便谓不复应物,失之多矣。"王弼认为,圣人也有情,圣人比常人多的地方是神明,而不是无情。

古代士人普遍追求"至善""至美"的人格,将成为"君子""圣人"作为个人的理想追求。而以道家学派庄子为代表的士人强调"圣人无情",主张圣人是思想道德至真至纯、尽善尽美的典范,认为"情"与"礼"不能并存,则似乎有些过犹不及。反观王弼的观点,指出圣人也是人,也有七情六欲、喜怒哀乐,只不过"圣人之情,应物而无累于物"罢了。可以说,王弼所言"圣人有情"的观念是古代士人个性解放思想的具体表达,是中国传统文化中人本精神的具体体现。从士人对传统礼教、纲常伦理的反思与对抗,到文人笔下描绘的民间生活常态与风气,汉晋之际士人别开生面地表现出与传统礼教相悖的生命意识与人本意识,在"情"与"礼"的对抗中促使士人的人文关怀精神有了更深层次的发展,是中国古代传统士人高度人文关怀的充分彰显。

三、中国传统士人精神的时代价值

"溥博渊泉,而时出之",古代士人虽未享有显赫地位,但其具备的自强不息的进取精神、以人为本的民本思想、"士志于道"的价值取向、天下为公的社会观念、居安思危的忧患意识等,均为中华传统人文精神的宝贵财富。论及传统士人精神的当代价值,本质上是对这一精神内涵的深入挖掘,即探讨传统士人精神是否能以其独有的精神文化内涵来涵养知识分子的精神世界,促进人民群众的全面发展,应对当代社会的现实问题,推动中华民族伟大复兴。因此,从知识分子、人民、社会、民族四个主体层面深入剖析并阐述传统士人精神在新时代的价值重构与实践意义,这不仅是一场对历史的回望,更是一次推动宝贵精神遗产焕发新生的探索。

(一)涵养知识分子精神世界的思想源泉

知识分子是国家的栋梁、民族的希望。相较于普通大众,知识分子接受了更优良的文化教育,具备更高的专业素养与崇高的道德品质追求,在推动先进生产力、传播人类科学文化知识、创造精神财富等方面发挥着不可替代的作用。无论在哪个国家,或处于何种历史时期,知识分子始终是社会中不可或缺的重要群体。西方将知识分子誉为"社会的脊梁"来评价知识分子,可谓意义非凡。试想,一个人若失去了脊梁,将如何维持生命和生活。同样,一个社会若失去了坚实的脊梁,国家的强盛和民族的复兴便无从谈起。卡尔·博格斯指出:"从古希腊时代以来,知识分子的社会地位就是决定性的,甚至是普罗米修斯式的。"①换言之,自知识分子诞生之日起,他们便肩负着较之他人更重要的责任与使命:道德的维系、知识的传播、正义的捍卫、负面的批判、人民的幸福。这一切使命都对知识分子提出更高层面的要求。

传统士人精神作为中国古代封建社会的产物,其价值之所以能够在当代中国持续存在和确证,关键在于传统士人与当代知识分子之间存在着不可分割的、历史的辩证统一关系。士人存在于中国古代社会,随着历史的落幕而远去,取而代之的是现代知识分子。与传统士人相比,现代知识分子身处的环境、活跃的领域、承担的责任、面对的机遇与挑战均已发生翻天覆地的变化。然而,若仅因上述变化便将传统士人与知识分子视为截然不同的,并以孤立割裂的眼光看待传统士人与当代知识分

---

① 〔美〕卡尔·博格斯:《知识分子与现代性的危机》,李俊、蔡海榕译,江苏人民出版社 2002 年版,第 1 页。

子,认为传统士人精神在当代已经失去其重要价值甚至全盘否定,既不符合当代知识分子精神构建的现实需要,亦违背了历史文化发展的连贯性。

历史发展的连续性使得士人精神的传承成为可能。历史虽作为已然发生且不可逆转的既定事实,但留给后人的精神文化等观念形式的历史产物,并没有掩埋在历史尘土里,而是以另一种形式存在于现实世界中。同理,士人精神作为传统士人留给后代的精神财富,并没有随着士人的消失而失去价值。传统士人是承担一定文化使命的特殊阶层,在中国古代历史上一度发挥着知识分子的功能和作用。传统士人的人格精神和文化精神对于当代知识分子而言,具有重要的现实意义。肯定并深入发掘士人精神的当代价值,其最终目的便是推动传统文化创造性转化与创新性发展,并将其运用于当代知识分子精神的建构,从而滋养当代知识分子的精神灵魂,促进当代知识分子的全面发展。

中国古代士人承担了传播思想、教育治学、创造精神文化产品等一系列被视作知识分子责任与义务的工作,是近现代以来中国知识分子的雏形。然而将传统士人同知识分子直接画上等号,或者将中国古代士人称为古代知识分子都是笼统且混淆概念的做法。一方面,传统士人与知识分子之间存在性质上的差异。这亦是学界普遍的结论。由于“知识分子”这一概念源于西方国家,许多学者甚至极力反对将历史上的士、哲学家、教士等纳入知识分子范畴。另一方面,传统士人作为中国当代知识分子的雏形,已然具备知识分子所特有的责任担当与性质品质,甚至将某些士人视为真正意义上的知识分子也不为过。而从现实层面出发,尽管与传统士人相比,当代知识分子所处的时代环境已发生翻天覆地的变化,但中国当代知识分子及其肩负的天然使命无疑可以在传统士人身上找到根基与源头。甚至可以说,当代知识分子的某些精神使命与责任担当,正是传统士人精神在当代中国的现实写照。

从价值系统来说,中国传统士人不仅是文化价值的创造者,在阐明、维护和传播文化价值方面发挥了至关重要的作用。与当代知识分子相比,传统士人所身处的时代环境大不相同,但在学识品行、精神追求、价值取向、使命担当以及社会义务等方面,两者仍存在诸多共通之处。甚至可以说,当代知识分子在思考问题、提升自身的学识素养、加强自身精神建设、促进自身全面成长的过程中,均能在传统士人的人生际遇中得到启示,在传统士人的精神追求中探寻答案,在传统士人的理想担当中获得感悟,在"神交古人"的精神对话里实现自我升华。为了促进自身全面发展,尤其是促进精神境界的提升,当代知识分子要充分汲取士人精神中的精华,不断教育、鞭策、勉励自己,不断加强自身的道德修养、坚定自身的理想信念、净化自身的精神世界、升华自身的格局境界。

(二) 促进人民群众全面发展的精神力量

士人精神作为一笔宝贵的精神财富,不仅对当代知识分子具有重要价值,而且社会全体成员都能从中受益。作为中国传统文化的一部分,士人精神内蕴知行合一、身体力行的优良传统与品质,其独特的历史文化底蕴在应对当代亟需解决的现实问题时,展现出非凡的育人功能与价值。传统士人的人格精神和道德表率为当代中国人民提供了一种有别于现代高科技文明时代的生活范式与精神追求,是滋养人们精神世界的源泉活水,是推动人们健康成长的精神养料。

从根本上说,社会是由人所组成的,一切的社会问题归根结底都是人的问题。所以,谈及当代中国社会存在的问题与困境,很大程度上是探讨人本身的问题。一方面,当代社会的全面发展,依赖于社会成员的整体进步。只有作为社会组成要素的人的问题得到解决,社会整体的问题才能最终得到解决。另一方面,就像鲁迅所说,天才并不是自生自长在森林荒野里的怪物，是由可以使天才生长的民众产生、生育出来的，没有这种民众，就没有天才。一个健康发展的社会，绝不会也绝不能幻想仅仅依靠一小部分知识分子或是精英人士来引领。正所谓："故虽有尧之智而无众人之助，大功不立；有乌获之劲而不得人助，不能自举。"（《韩非子·观行》）因此，要想实现社会的全面发展，就必须先要从人本身入手，要高度重视个体的教育工作。要全面提升社会全体成员的科学文化素养和思想道德素养，为实现中华民族伟大复兴的中国梦凝聚磅礴伟力。

传统士人精神之于当代社会成员的精神滋养与教育价值，并非将传统文化强加于现实环境，亦非传统文化与现实社会的机械相加。士人精神之所以能够成为当代社会发展的精神养分，并在促进当代人的健康成长方面被赋予重要的教化意义，根本原因在于传统士人向来重视教化。自登上历史舞台以来，传统士人便将教化民众、教授知识、传播文化视为极为重要的责任担当。从孔子提出"有教无类""学而时习之，不亦说乎？"等教育理念，到民国大家梁漱溟强调"教育应当是着眼一个人的全部生活，而领着他走人生大路，于身体的活泼，心里的朴实至关重要"[①]，再到伟大领袖毛主席写下"六亿神州尽舜尧"的著名诗句，彰显着传统士人重视知识传承与人民教化的优良传统。作为文化发展的引领者以及重要知识的掌握者，传统士人并未以文化知识的垄断者自居，反而相当重视知识文化在民间的传播与传承，力求以"教化"为己任，在传播知识的过程中，达到"教民"以"富民"的最终目的。传统士人重视教化并力求实现人民素质的提升，这本身也包含了他们渴望实现从"修己"以"安人"、到"修己"以"安天下"的人生抱负。可以说，

---

① 宋恩荣：《梁漱溟教育文集》，江苏教育出版社 1987 年版，第 9 页。

士人精神对教育的重视与强调,是传统士人"修齐治平"人生理想的重要体现,也是士人精神之于大众具有普适性学习价值的原因之一。不仅当代知识分子能够在传承士人精神中有所裨益,广大大众也能从中有所收获。

传统士人普遍将成为"圣贤"作为理想追求。可若按照清代范阳洵所言,"圣贤不必作神仙,而高过乎神仙。神仙虽不及圣贤,而断不可不学圣贤"(《重修袁家山(袁可立别业)碑记》),圣贤的境界甚至要高过神仙。要求人人皆为"圣贤",谈何容易?士人尚且无法做到成圣成贤,又如何能以同样的标准苛求普罗大众?暂且先不论封建时期,即便是在当今时代,也不太现实。当然,这并不能够成为普罗大众不思进取的借口。虽不能至,心向往之。普通人虽难以完全把握士人精神的精髓,却也能在学习借鉴士人精神的过程中有所成长,能在士人精神的熏陶教育中有所启发。

当代人要从士人精神中有所裨益,就必须深入研究士人精神的基本内涵,在与古之名士穿越时空的灵魂交流中,感悟古代士人的精神世界;在虚心学习士人精神的过程中,使之真正内化于心、外化于行。学习士人精神,首先便是继承传统士人修身以实现"内圣"的自我约束。要借鉴士人"目不窥园"的学习精神,虽不至于达到"读书不觉已春深,一寸光阴一寸金"的程度,但至少能够尊重知识、尊重文化,既能在科学文化素养的提升中真正做到学以致用,又能在坚信"知识改变命运"的同时,为社会建设贡献个人力量;要效仿士人"冰清玉洁"的道德品质,虽不至于恪守"存天理,灭人欲"的道德准则,但至少能够做到"择其善者而从之,其不善者而改之",既能在自觉的道德实践中努力提升自身的思想道德素养,又能在坚守个人道德、传承家庭美德与维系社会道德中,致力于弘扬良好的社会道德风尚;要继承"士志于道"的价值取向,虽不至于坚守"以身殉道"的极端方式,但至少能够真正做到坚守自我、开阔胸怀,为追寻自己心中所坚守"道"而不懈奋斗;要效仿士人"一马当先"的政治责任感,不以"平步青云"为理想,不以追求仕途为唯一目标,而要真正提高对国家大事的关心,真正心系人民、心系社会、心系国家乃至心系"天下";要秉持士人"位卑不敢忘忧国"的家国情怀,传承士人为国为民、精忠报国的爱国精神与人文关怀,继承革命先烈的光荣传统,真正做到爱祖国、爱人民。在这个日趋冷漠的现实世界中,以高度的人文关怀打破人与人之间的隔阂,真正实现古人所憧憬的"仁者爱人",尽己所能,即便身无半亩,也仍然心怀天下。

总之,在督促个人以"内圣"为宏伟目标而不断完善自身的基础上,通过引导社会全体成员积极投身于为国为民的真知实干中,在共同为建立富强民主文明和谐美丽的社会主义现代化强国的伟大理想而不懈奋斗的过程中,士人精神得以充分彰显其时代价值。

(三) 应对当代社会现实问题的精神良药

士人精神作为促进当代中国社会健康发展的精神养分,其影响力不仅限于个体层面,更上升至社会层面,成为当代中国一种强大精神力量。士人精神不仅是缓解社会压力、改善社会弊病、矫正社会不良风气的重要精神良药,更是推动培育社会主义文明新风尚、加强社会主义精神文明建设、弘扬社会主义核心价值观、推动实现中华民族伟大复兴的中国梦的强大精神力量。

士人精神是社会整体健康发展的重要精神动力。经过改革开放四十多年的发展,中国取得了举世瞩目的成就。物质产品的日益丰富,基础设施的不断完善,人均国民生产总值的不断增长,迅速改善着人们的生活。在经济一路狂奔、GDP 迅速增长之时,与之相匹配的政治和文化的发展却相对滞后,物质上的巨大进步在很大程度上使我们付出了人心失落和精神迷失的代价,国人在物质与精神方面长期处于一种相对失衡的状态,随之而来的便是各种难以调节的社会弊病与不良风气,比如环境污染严重、贫富两极分化问题凸显、道德秩序失范、理想信念虚无甚至还有部分知识分子的"堕落"等社会问题。人们一路奔忙,但很多人并不清楚自己真正想要的生活是什么。大多数人生活在对物欲的无止境追求中,物质生活日益丰富,内心却日渐荒芜,这是一种令人担忧的迷失。

回顾中国近几十年的物质社会发展历史,我们用短短 40 年时间走过西方 300 年走过的历程,这是个了不起的成绩。但恰如狄更斯在《双城记》所言,"那是最美好的时代,那是最糟糕的时代"。这样的话语似乎传递出某种言过其实的悲观主义气息,但又难以否认存在一定的道理。中国在取得极为辉煌的经济成就的同时,损失了极为宝贵的传统和美德,付出了人心迷失的代价,物质世界的繁荣与精神世界的苍白对比如此鲜明。拜金主义、享乐主义不仅使整个社会凝聚力下降,也使我们的价值体系、道德伦理受到挑战。而更让人担忧的是,这种对人的本质的物欲化实质上折射出社会中存在的一些历史乐观主义和科学万能主义倾向,过分地夸大科学技术的万能和人的创造力的无限,激发出占有和消费欲望。这种以物欲、占有和控制为目标的历史乐观主义带有强烈的"英雄主义"色彩,忽视了人的精神信仰的培育,忽视了人的道德品质的提升,忽视了人的意义体系的建构。如果没有人文精神的规约,它将成为极为可怕的毁灭性力量,以其精细而又盲目的理性,摧毁自然的家园和人类社会本身。随之而来的结果必然是物欲助长贪婪、野蛮侵蚀文明、物质掩盖精神。面对物欲横流的物质世界,这导致社会中的绝大多数尤其是年轻一代不得不逼迫自己加入现代社会弱肉强食的饥饿游戏中。正因如此,在快节奏的现代社会中,当代人大多很难真正以从容、优雅的姿态面对世界,时常困于焦虑不安的精神状态中,逐渐失去内心的宁静。他们既遗失了古人寄情山水的闲情雅致,也缺少古人宁静以致远的淡泊心境;既消磨了古人呕心沥血的意志品质,又丧失古人心怀天下的博大胸襟;既滋长了过重的个人得失心与功利心,又变得愈发自私贪婪、愈发精神痛苦、愈发迷失自我。

与上述这一切不良社会现象相对应的结果,必然是社会精神状态的整体性损伤与社会精神风尚的整体性败坏,一些不良现象开始屡见不鲜。于是,许多过去被视为异常的事情,现如今倒成了社会的常态。当人们看到某个未曾受过多少教育却依然发家致富的"成功人士"时,他们忘却了古人"路漫漫其修远兮,吾将上下而求索"的深刻教诲,转向追捧教人如何走捷径的"成功学";当人们看到年轻的网红、流量明星光鲜亮丽的生活时,他们抛弃了先辈"三更灯火五更鸡,正是男儿读书时"的奋发精神,高呼着"读书无用论"的谬论,不再相信"立志宜思真品格,读书须尽苦功夫"的真知灼见,给勤勤恳恳的人冠以"书呆子"的名头,以"出名要趁早"为真理,做着一夜成名的美梦;当人们看到某个靠突破道德与法律底线走捷径获得成功的人竟然也能逃离法网时,他们非但不为之感到愤怒,反而不由生出某种羡慕之情,甚至为了分一杯羹纷纷开始效仿,背叛前人"不要人夸好颜色,只留清气满乾坤"的道德坚守,做出违背道德甚至法律的行为;他们忘记了"仁者爱人"的谆谆教诲,不再同情、关怀弱势群体,却大肆鼓吹"弱肉强食"的社会达尔文主义,将本应更加文明的社会当作互相抢食的野生丛林,把不择手段当作通往成功的通行证,把嫌贫爱富当作世间常态,把拜高踩低当作理所应当;他们抛弃了"家事国事天下事,事事关心"的责任担当,普遍对时事热点和政治话题感到麻木冷漠,美其名曰"不要多管闲事",实则只想着"自扫门前雪",顾好自己的一亩三分地便了事,却对心系国家大事的其他人讥诮嘲讽,毫无社会责任意识,更毫无家国责任担当。

对于一个民族、一个国家而言,没有经济支撑是弱小的,没有精神支柱更难以实现真正的强大。社会各方面的健康发展,各行业的平稳运行,都离不开强大的精神支柱和精神环境。而就上述诸多社会问题而言,若不加以解决,其破坏力会在无声中消磨社会整体精神动力,在无息中败坏社会精神文明风尚,在无形中解构国家主流意识形态,在无影中扭曲社会核心价值引领。精神文明建设问题向来是党和国家极为重视的问题。党的十八大以来,以习近平同志为核心的党中央高度重视社会主义文化建设,牢牢掌握意识形态工作的领导权、管理权、话语权,大力培育和践行社会主义核心价值观,提高全民族思想道德水平,推动文化事业全面繁荣和文化产业快速发展,为实现中华民族伟大复兴的中国梦提供思想保证、精神力量、道德滋养。士人精神正是基于这一要求的基础上,作为一种符合当前发展需要、紧跟时代潮流、展现历史文化底蕴的重要精神养分,在滋养社会共有精神家园、提高社会整体思想道德素质、增强社会主义核心价值引领、培育社会精神文明新风尚、筑牢中华民族共同体的文化根基、促进人民精神生活共同富裕等重要方面发挥着重要的社会功能,体现其当代价值。

(四)推动中华民族伟大复兴的文化力量

士人精神作为中华民族特有的精神文化,是"生于斯,长于斯,其魂气无不之也"的精神文化成果,更是深深扎根于中华大地所开出的精神之花。中国作为四大文明古国中唯一一个历史从未中断的国家,凭借其钟灵毓秀的历史文化底蕴和极为璀璨的精神文明成果享誉全球。但自近代以来,由于西方资本主义国家率先完成工业革命,工业文明向农业文明发起进攻。正是从那时起,中华民族陷于困顿,东方开始从属于西方。危亡之际,无数的仁人志士投入救亡图存的大潮中,为扭转中华民族的前途命运探寻适合的路径。也正是从那时起,人们纷纷开始反思传统文化是否过时,是否已经完全不适合现代化发展的客观要求。在一段时间里,中华民族博大精深的传统文化遭到部分国人的误解和轻视,面对西方发达国家的优越生活条件,他们断言国内物质财富的落后必然源于精神文化的落后,并提出不破不立的观点,主张全面西化。自此,博大精深的国学文化被视作封建糟粕,士人废寝忘食的学习素养被视为不懂变通,士人冰清玉洁的道德追求被视为保守落后,士人追求优雅的闲暇情趣被斥为"不识人间疾苦",士人"修齐治平"的政治抱负被冠以"官本位"思想的名号。

传统文化即使再源远流长、博大精深,仍被认为是属于封建时期的产物,这导致士人精神不可避免地带有阶级局限性。但是,倘若抓住这一点大书特书,否定自身而盲目学习他人,则既没看到当前文化建设需要,又不懂得正视历史文化之根本。习近平总书记多次强调要珍惜自己的思想文化的重要性,指出:"无论哪一个国家、哪一个民族,如果不珍惜自己的思想文化,丢掉了思想文化这个灵魂,这个国家、这个民族是立不起来的。"[1]若一味追求前卫,偏执地要求放弃属于我们自己民族思想文化的根基,中华民族精神世界的汪洋大海便成了无源之水,中华儿女共有的精神家园便成了空中楼阁。当中华儿女共同栖息于此的精神家园成了一座没有根基的危楼时,即便它外观看似何其富丽堂皇,也必然会轻易崩塌。覆巢之下,焉有完卵?若中华民族共有的精神家园如危楼摇摇欲坠,又何谈中华民族的伟大复兴?当下,为实现中华民族伟大复兴的中国梦,为建成富强民主文明和谐美丽的社会主义现代化强国,客观上要求我们寻找一种既符合中国特色社会主义事业的现实需要,同时又

---

① 《习近平著作选读》(第一卷),人民出版社 2023 年版,第 279 页。

作为中华民族优秀传统而存在的强大精神力量,中国传统士人精神就是极为典型的代表。

四、中国传统士人精神的传承与发展

传统士人阶层虽早已不复存在,但传统士人精神仍然意义非凡。在审视传统士人精神时,我们应采取辩证的态度,在充分肯定其当代价值的基础上,推动其实现创造性转化与创新性发展。

(一)中国传统士人精神的现代转化

德国哲学家曼海姆在界定知识分子的特征时,用了两个关键词语,即"自由漂浮"和"非依附性"。在曼海姆看来,知识分子是超脱于特定的阶级社会而独立存在的群体。而知识分子的"非依附性",或者说其"独立性",也是学界在对知识分子特征界定时所达成的普遍共识。知识分子性质上的"非依附性"与其作为冷静的社会"批判者"的身份作用紧密联系。知识分子的"批判意识"是其又一核心特征与典型功能。对社会中诸多不良现象以及发展短板进行细微观察,深入思考并作出公正合理的批判,是知识分子应尽的责任和义务。知识分子要想真正不受经济、政治等因素制约而发挥其合理批判、守护真理的作用,那么其必然得是超脱于狭隘的特定阶级和社会的、具有独立人格与独立思考的存在。显然,中国传统士人很难具备上述诸多特征。对于为了生存而不得不依附于统治阶级的传统士人来说,他们所处的时代背景是使他们具备这些特征的原因。

古代封建社会以"家天下"作为国家和政权模式。一旦政权建立,国家实际上为某个族姓的私人属地,而非人民的公共空间。基于这样的现实,士人的政治参与实际上是服务于社会某个特定群体,是统治者用来强化专制统治的工具之一。其一，文臣作为服务于统治阶级的智囊团，为统治者提供智力支持，出谋划策。其二，他们为统治阶级控制社会舆论，禁锢下层民众的思想，消磨他们的反抗意识。此外，封建社会的君臣关系也不只是领导与被领导关系，更是一种从属关系，甚至在一定程度上是主仆关系。在这样明显不对等的阶级关系中，文臣官宦的政治命运最终取决于君主的喜恶。因此，对部分士人来说，争取君宠甚至比功业、成绩、才华、人品等更重要，学习读书、治学问道不再是纯粹的精神活动，而是沦为个人取得荣华富贵的工具。

由于上述原因，士人精神的具体内涵带有高度政治化的特点。一方面，士人通过其政治生涯，实现参与国家、社会治理的人生理想，达到"治国""平天下"的宏伟目标。另一方面，传统士人要想使自己思想理念得到认同，或是实现个人价值向社会价值的转化，其途径往往局限于"入仕"。加上生计压力、强权等现实因素，于文人士子而言，最好的方式就是考取功名、入仕为官。而在这许多士子文臣里，有大量读书人是无法始终坚守士人的精神品质的。由此产生的"官本位"思想在中国古代由来已久，深深印在传统士人的思想观念中，政治与传统士人的紧密捆绑，构成了中国古代政治文化的一大特色。与此同时，我们也必须认识到，在历史的长河中，存为数不少的士人，打着"治国""平天下"的旗号，实则意图通过仕途过上优渥的物质生活，选择成为皇权的附庸，向封建统治阶级低头。此外，精神观念高度政治化直接导致了士人在治学立问领域的局限性。在以儒家文化为本位的传统文化中，士人大多更为重视经学，而较为轻视器物、科研，形成了普遍的求道不求术的非职业化社会定位。他们被期待成为胸怀天下且道德高尚的全才，而非精通某一学科或专业特长的专才，这与专注于某一才能的"巫医乐师百工之人"形成鲜明对比。①

　　古代社会重视尚贤举能，设立各项制度为统治者选拔人才，从早期的贵族官位世袭制，到以出身门第为标准的察举制，再到重视孝悌、以孝为大的九品中正制，到最终隋朝设立科举、以科考成绩选官，为寒门士子拓宽了入仕为官的道路。但是，科举与官场在为知识分子提供建功立业机会的同时，也为士人的品性扭曲、道德败坏埋下了祸端，助长了以官为本、以官为贵、以官为尊的"官本位"的错误价值观，造成了士人丧失初心、唯利是图与贪图享乐等不良习气。在"官本位"思想主导下，士人与国家政治直接挂钩，并对其自身带来双重性质的反作用。

　　实际上，"官本位"思想作为封建专制思想的典型代表，在中国传统社会有着悠久的历史根源。法家代表人物商鞅曾把这一文化分为三种，第一种是"亲亲而爱私"，第二种是"上贤而悦仁"，第三种是"贵贵而尊官"。在商鞅看来，现实中存在的"贵贵而尊官"的现象，是"民道弊"而"所重易"造成的不良风气。民众所遵循的道统出了问题，重视的事情也不对，这是社会出现弊病的表现。商鞅提出涵养"贵贵""尊官"的风气，其意在强调，一旦发现社会出现弊病，统治就必须随之变化。

　　儒家学派强调"尊尊"，则是与"官本位"思想有着直接的关系。这一思想本质上是为了维护封建等级制度，强调人有高低贵贱之分，庶民从属于贵族，臣子从属于君王。古之流行俗语如"吃得苦中苦，方为人上人"，争做"一人之下，万人之上"的高官等，便是读书人借从政来改变阶级、改变出身的强烈愿望的体现。宋真宗《励学篇》中"书中自有千钟粟""书中自有黄金屋""书中自有颜如玉"等言论看似鼓励士人学习，实质却

---

①　向筱萱：《中国古代知识分子职业化倾向的历史演变及其成因》，《文化创新比较研究》2019年第 8 期。

仍是古代知识阶层中"官本位"价值观的典型体现。虽然这些思想为真正士人所不齿,却也实实在在对许多士子文人形成不小诱惑。多数士人出身贫寒,而登科中举不仅能够改变自身命运,就连身边沾亲带故的人也能跟着享受荣华富贵,这无疑影响了众多文人士子的价值取向。

士人精神的具体内涵虽然带有浓厚的政治色彩,但是士人精神的实现与封建统治阶级利益之间本身又存在根本性的矛盾冲突。从士人所处的环境背景而言,古代社会缺乏供知识分子发挥的公共空间。在中国两千多年的封建社会中,封建统治者是社会公共权力的最高主宰,也是社会思想意志的代表者。他们既不允许社会民众拥有独立的思想,也不给予他们私人占有权。君主代表整个国家和每个臣民,因此社会中不存在与私人领域分开的公共空间。公与私、国家与社会的界限十分模糊,士大夫还通过其桥梁作用将国家与私人领域整合为一。同时中国传统封建文化,历来宣扬君子不党,讲究"君君、臣臣、父父、子子",要求士人自我修养,不犯上作乱。那些力图冲破封建统治制度的思想萌芽,都被封建统治阶级当作异端,给予打压和清除。因此古代士人难以跳出封建意识形态控制的藩篱,不能对社会进行有效的批判,更不能代表社会的整体利益。纵观中国古代史,真正做到知行合一,将"舍我以为天下"的士人精神贯彻落实的士人也只是众多士子文人中的一部分而已,这就导致士人精神往往陷于空谈,甚至在实践中出现变异的历史事实。

古代士人的物质条件和社会地位使其不得不依附于封建统治阶级。我们不必否认这种依附性,更不能用士人精神本身的理想性、超越性、崇高性来粉饰古代士人。秦国丞相李斯在辞别荀子时说:"垢莫大于卑贱,而悲莫甚于穷困。"(《史记·李斯列传》)李斯久处卑贱之位、困苦之地,他的话虽不足以代表大多数士人所想,但他的政治选择却又证明了传统士人中一些人在入仕时所考虑的或许不是什么"道统""师统",而是富贵贫贱的现实物质生活条件。实现政治抱负,为天下百姓之福做出贡献是士人的理想,但当梦想照进现实,这些追求只能沦为泡影。

也正是如此,实现士人精神的现代转换,摒弃其中陈旧、腐朽的部分,同时继续传承和发扬其先进、优秀的部分,以服务于当代中国,既重要也必要。古代士人往往是历史进程的实际推动者,他们的言行、文学艺术创作等构成中华民族传统文化的精髓,成为中华民族最持久且宝贵的精神财富。传统士人以天下为己任,具有深厚的文化素养和强烈的责任担当,愿为黎民苍生之福而奋斗,这是士人精神的核心,是当代知识分子应当传承和弘扬的宝贵精神文化遗产。同时,我们又必须认识到,士人精神作为传统社会的精神文化产物,不可避免地包含着与当下现实不相适应的方面。在皇权至上的封建社会,传统士人精神并非完美无瑕,其精神内涵在一定的历史背景下产生、发展,并且在一定程度上服务于封建统治阶级,具有阶级局限性、依附性。如若不假思索地全盘接受,则会出现水土不服的情况。因此,取其精华、去其糟粕,推陈出新、革故鼎新,是实现士人精神现代转换、充分彰显士人精神时代价值必须遵循的重要原则。

(二)在坚定文化自信中赓续士人精神

考察传统士人精神,必须考察中华民族从古至今的思想文化传统。士人作为传统社会文化与政治秩序的维系者,以其思想文化与精神传统确立了中国传统文化的基本精神。作为中国传统文化的重要组成部分,士人精神深刻影响着历代中国人民。习近平总书记特别强调:"要讲清楚每个国家和民族的历史传统、文化积淀、基本国情不同,其发展道路必然有着自己的特色;讲清楚中华文化积淀着中华民族最深沉的精神追求,是中华民族生生不息、发展壮大的丰厚滋养;讲清楚中华优秀传统文化是中华民族的突出优势,是我们最深厚的文化软实力;讲清楚中国特色社会主义植根于中华文化沃土、反映中国人民意愿、适应中国和时代发展进步要求,有着深厚历史渊源和广泛现实基础。"①他还指出:"两千多年前,中国就出现了诸子百家的盛况,老子、孔子、墨子等思想家上究天文、下穷地理,广泛探讨人与人、人与社会、人与自然关系的真谛,提出了博大精深的思想体系。他们提出的很多理念,如孝悌忠信、礼义廉耻、仁者爱人、与人为善、天人合一、道法自然、自强不息等,至今仍然深深影响着中国人的生活。中国人看待世界、看待社会、看待人生,有自己独特的价值体系。中国人独特而悠久的精神世界,让中国人具有很强的民族自信心,也培育了以爱国主义为核心的民族精神。"②因此,在当代传承与弘扬士人精神,我们必须站在文化自信的高度,提炼士人精神之于当代中国的重要文化价值,找寻中国传统士人精神的文化之根。

新时代以来,党中央多次强调坚定文化自信,大力弘扬中国优秀的精神文化传统,并倡导中华优秀传统文化走出国门,彰显中国文化风采。要想文化"走出去",首先必须"走回来",当代中国人首先要真正重视本国的传统文化。作为国人,如果不了解、不尊重自己的传统文化,或是对自己的传统文化缺乏自信,错误地认为只有当下的、新的才是好的,传统的都是迂腐的、陈旧的,那么坚定文化自信、弘扬优秀传统文化、推动文化"走出去"等一系列目标都无从谈起。中国有着强大的文化软实力,其优秀传统文化更是世界文化的宝藏,中华儿女有理由在文化上自信自强。早年黄霞遐先生就德国青年崇拜法国大革命、醉心一切来自法国思想而导致文化自卑的例子,告诫中国知识分子要精神独立、人格独立,以求国格之独立,不能在精神上自卑。③

---

① 《习近平著作选读》(第一卷),人民出版社 2023 年版,第 150 页。
② 《习近平外交演讲集》(第一卷),中央文献出版社 2022 年版,第 125 页。
③ 胡秋原:《古代中国文化与中国知识分子〈序〉》,中华书局 2010 年版,第 18 页。

然而,脱胎于传统士人的当代知识分子,对传统士人及其文化精神的态度褒贬不一,且态度两极分化。褒扬者往往受传统文化影响较深,视古之名士为圣贤,故夸奖一个人精神风貌卓越时,常称赞其有"士人风骨"。贬斥者认为士人本质上绝无知识分子的精神追求,其所思所想根本上是为了维护封建统治。事实上,还有一类人的态度容易被忽视,即中立者是不在意者。这类人对于传统士人及其精神贡献虽无其他偏见,但也缺乏深入了解,或是人云亦云,难以真正领会中国传统文化的博大精深。今人在态度上存在如此差异是由于历史的复杂原因。恰逢历史转型时期的近代知识分子常将矛头指向中国传统文化,认为这是导致中国落后于西方的深层原因,一些激进者甚至想要彻底否定中国文化而全盘西化。钱玄同就曾说:"欲废孔学,不可不先废汉文;欲驱除一般人之幼稚的野蛮的顽固的思想,尤不可不先废汉文。"①对于传统士人精神,他们也多认为是愚昧的、迂腐的。因此,这一时期的知识群体,尤其是标榜进步的读书人,绝不肯以传统士人自任,而是多以受西方进步思想熏陶的新式知识分子自居。

可见,由于历史背景与时代环境的特殊性,自近代以来,传统士人与知识分子在精神文化层面存在明显的割裂性。而士人向知识分子的转变并非一帆风顺。究其原因,主要在于:一是以科举制被废除为标志,中国传统知识群体向知识分子发生转变,这种转变并非循序渐进;二是国内紧张的局势未给予新生知识分子足够的考察与反思时间。他们既未能清晰地辨别传统士人精神与传统文化的优劣,又不得不继承中国历代学者刻在骨子里的印记,这标志着中国知识分子矛盾文化心理的起源;三是现代中国知识分子倾向于用西方文化观点作为衡量尺度。学者墨

---

① 钱玄同:《中国今后之文字问题》,《新青年》第4卷第4号。

子刻指出:"他们对于在中文书籍杂志中横行阔步的欧美圣贤如韦伯、柯罗柏、克罗孔、艾森希塔、贝拉、哈贝马斯、傅柯和伽德玛之流,却充满了羡慕之情。尤有甚者,对于许多中国学者而言,那些西方权威不仅是主要的学者,更是评价中国文化的最高裁决者;他们的评估可以决定中国文化的价值以及其存亡:'儒学在二十世纪是否有生命力,主要取决于它是否能够经过纽约、巴黎、东京,最后回到中国。'"[①]他认为"中国知识分子那么看重纽约的评估能力,正反映了鸦片战争以来在'心灵和情感'上所受到的冲击"[②]。

即便在当下,就中华民族思想文化在当代的继承与发展来说,仍然存在许多问题。首先,上述文化弱势心理仍未完全克服,故杨金海分析当代国人对于外来文化的态度时表示:"这些争论背后大都隐含着一种思维方式,就是一种弱势文化心理,以西方文化为背景,总是绕不开西方文化,要么是学习西方文化的表面现象,要么就是彻底摈弃西方文化,要么就是将西方文化全盘拿来。这些年在讨论中西文化的过程中,仍然存在这种弱势文化心理,或防御心理。有的表面上很强势,比如说批判资产阶级文化的时候,表面上好像很强势,甚至还有火药味,实际上骨子里是一种防御心理,是一种弱势文化心理。"[③]其次,现代人学习传统文化常常不求甚解,只是从"艺"和"术"的层次出发,没有从"道"的文化层次去全面考虑[④]。这实际上是传统文化庸俗化发展的表现。对于传统文化,既要防止庸俗化地理解,又要避免陷入毫无实际意义的空谈。如今

① [美]墨子刻:《二十世纪中国知识分子的自觉问题》,载《中国历史转型期的知识分子》,联经出版公司 1988 年版,第 84 页。
② 同上书,第 86 页。
③ 杨金海:《知识分子需进一步文化觉醒 提升本民族文化自信》,《瞭望新闻周刊》2011 年 10 月 22 日。
④ 楼宇烈:《中国文化的根本精神》,中华书局 2016 年版,第 171 页。

传统文化的传承与发展的确面临这一困境。如果当代国人不去认可、不去学习并研究传统文化的深厚内涵，只是从实用主义的角度出发，把底蕴深厚的传统文化当作徒有其表的物件，或是用以炫耀历史文化悠久的、虚无的符号，那么传统文化的传承或者传统精神的弘扬就无从谈起。不仅是知识分子，任何作为中国人的个体，都不应因为本国文化传统中存在糟粕，就全盘否定自己的文化、丧失文化自尊与文化自信。

当下考察传统士人精神的价值，要从中华民族传统思想文化层面入手。钱穆先生谈中华文化时提出："一般讲文化的都认为文化就是人生，但此所谓'人生'，并不指我们个人的人生，而是指的'群体'的人生。人生是多方面的，一个社会乃至一个民族一个成群的大团体所包有的多方面的生活，综合起来称人生，也就是文化。"①所谓士人精神，并不单是士人的精神品质，而是士人群体在千百年来创造的文化秩序。士人作为古代中国文化和政治秩序的创造者与维系者，其精神实质构成古代中国主流思想文化传统的本体内涵。因此，探究士人精神，既是当代中国知识分子在文化层面的"寻根"之旅，也是中华民族思想文化传统的"寻根"之旅。当代人要在文化认同、文化自尊的基础上，坚定文化自信，深入挖掘士人精神的当代价值，推动中华优秀思想文化传统的当代弘扬。

为此，首先要加强文化认同。这需要我们深入了解本国的思想文化传统，深刻认识到中国传统文化的鲜明特点与重要价值，需明白中国传统文化之所以绵延千年而不绝，自有其文化优势所在。人们常因中华民族在近代的屈辱而对千年的思想文化传统持怀疑态度。然而回顾历史，中国长期处于世界领先地位，中国的思想文化也不例外。中华文化之所

---

① 钱穆：《中华文化十二讲》，九州出版社 2017 年版，第 3 页。

以在近代衰败,是因中国古代(特别是两汉以后)"皇帝—学者"①二元对立中,道统不敌政统,难以与其抗衡,终服从于政统的结果,这并非说明中国传统文化在本质上落后于其他任何一种文化。故毛泽东指出:"世界文明分东西两流,东方文明在世界文明内,要占个半壁的地位。然东方文明可以说就是中国文明。吾人似应先研究过吾国古今学说制度的大要,再到西洋留学才有可资比较的东西。"②当代国人并无文化自卑的理由。一个民族的崩溃,往往始于文化的瓦解。彻底否定自己的文化,就是否定自己民族历史的一切。一个民族的精神文化凝结了这个民族的整体意志。一个民族如果缺乏应有的文化认同,则其整体意志极易松懈,甚至分崩离析。

其次要坚持文化自尊,需明白中国传统文化在本质上不逊色于其他任何一种文化。部分糟粕的出现,不是因为中国传统文化的内在缺陷,而是因为违背了中国传统文化之根本精神。胡秋原曾说中国文化的特点是"早熟"与"晚达"③,即认为中国文化之开源早于西方文化,其萌芽比任何国家都早。虽然古代中国无近代欧美国家自由民主的制度,但是其文化之源头便包含了"自由""民主"等优良文化的基因。因此,当代国人认为古代封建时期的中国向来缺乏这些先进文化元素,认为皆是近代时期西方的舶来品,这实际上是对中国文化的误解。例如周朝时期有五经,即《诗》《书》《礼》《乐》《春秋》五本政典,其中《诗》即《诗经》,是中国最早的诗歌总集,反映了周代人民劳动与爱情、战争与徭役、压迫与反抗、风俗与婚姻、祭祖与宴会等生活面貌,堪称是周代社会生活的一面镜子。

---

① 胡秋原:《古代中国文化与中国知识分子〈序〉》,中华书店 2010 年版,第 6 页。
② 《毛泽东年谱(1893—1949)(修订本)》上卷,中央文献出版社 2013 年版,第 54 页。
③ 胡秋原:《古代中国文化与中国知识分子》,中华书店 2010 年版,第 123 页。

其中诗歌所录包含对爱情的歌颂、对战争劳役之苦的揭露、对农民耕种不易的怜悯以及对恶政侵略之苦的批判。孔子将《诗经》宗旨概括为"无邪",肯定其中的精神价值导向,又以此教育其弟子,告诫门下学生以《诗经》作为一言一行的标准。可见,早在中国古典文化的形成期,中国知识人群便以符合人性的道理来教化大众,提升自我。中国传统文化在发展中确实催生出一些封建糟粕,其原因非常复杂。如果由此以为中国文化本身有大问题,或者以为古时读书人的思想理论多是封建教条,便是误解了。落后并非中国传统文化本身的错,也并非完全是中国传统知识群体的问题,而是脱离中国传统文化的本质而发展、违背知识人群根本诉求的结果。

最后需坚定文化自信。在充分认识传统文化精神内涵的基础上,辩证、客观地看待传统文化,既不一味追捧,更不一味贬低。文化自信,是要对自己的历史文化传统持有坚定的信心。1971 年,钱穆先生受邀讲授"中国文化的精神",谈到复兴文化要具备的几个心理条件时,他指出其中最重要的就是要有"信心"。"既然中国人与中国可以永远存在,换句话说,即是中国文化也可以永远存在……中国人与中国,何以能有今天,有这样长的历史,广大的疆土,与众多的人口,完全由中国文化所造成。那么就可以证明中国文化一种内在的价值……五千年来中国到今天,那不就是这个文化价值之所在吗?以前这样,也可想以后,只要有中国人与中国存在,那么我们中国文化当然会存在。换句话说,只要中国文化存在,我们中国人与中国也会绝对的存在。"①党的十八大以来,习近平总书记在多个场合谈到中国传统文化,表达了对传统文化、传统思想价值体系的认同,多次强调要树立文化自信。正如习近平总书记所指

---

① 钱穆:《中国文化精神》,九州出版社 2012 年版,第 216 页。

出的：“如果‘以洋为尊’、‘以洋为美’、‘唯洋是从’，把作品在国外获奖作为最高追求，跟在别人后面亦步亦趋、东施效颦，热衷于‘去思想化’、‘去价值化’、‘去历史化’、‘去中国化’、‘去主流化’那一套，绝对是没有前途的！”[1]“在每一个历史时期，中华民族都留下了无数不朽作品。从诗经、楚辞、汉赋，到唐诗、宋词、元曲、明清小说等，共同铸就了灿烂的中国文艺历史星河。中华民族文艺创造力是如此强大、创造的成就是如此辉煌，中华民族素有文化自信的气度，我们应该为此感到无比自豪，也应该为此感到无比自信。”[2]中华民族之所以历经磨难而不伤其根基，离不开文化的支撑，也离不开精神的引领。在这方面，当代中国人有足够的理由自信。

当然，要自信，而不能自大。真正的文化自信是敢于直面并承认其不足。直面自身不如人处，承认自身需进步之实。文化自信绝非盲目自信，更不是盲目自大。古人言，尽信书则不如无书。泥古不化则会阻碍进步，如若不合时宜，一切再好的学问皆有可能僵化，成为教条与迷信。推动传统文化创造性转化与创新性发展，既要发掘传统文化的当代价值，使传统文化在当代中国焕发新生；同时也要认识其不足之处，从而取其精华、去其糟粕，推陈出新、革故鼎新。习近平总书记强调弘扬传统文化要“推动中华优秀传统文化创造性转化、创新性发展，不断提高人民思想觉悟、道德水平、文明素养，不断铸就中华文化新辉煌”[3]。其中所说的“转化”“发展”，就是要发挥主观能动性，既要使不合时宜的变得合时宜，又要化腐朽为神奇，令旧的焕发新生。当然，“转化”与“发展”绝非随

---

[1] 中共中央党史和文献研究院编：《习近平关于社会主义精神文明建设论述摘编》，中央文献出版社 2022 年版，第 219 页。

[2] 《习近平著作选读》（第一卷），人民出版社 2023 年版，第 537 页。

[3] 《习近平著作选读》（第二卷），人民出版社 2023 年版，第 164 页。

意而为。陈先达指出："传统文化如何实现创造性转化和创新性发展，是一个严肃的科学研究工作，不是乱批三国式的插科打诨，也不是削足适履，而是在尊重原典读懂原典的基础上，真正从中吸取智慧。在这里关键是要坚持马克思主义的基本立场、观点和方法，中国传统文化转化和发展，与马克思主义和中国传统文化相结合，应该相携而行。既不是歪曲中国传统文化，把今人的东西挂在古人头上，又能从传统文化蕴藏的智慧中生发出与时代适应的新的诠释。"①中华优秀传统文化的创造性转化和创新性发展既要以马克思主义为根本遵循，又要还原传统文化本来面貌，在真正研究传统文化基础上，推动士人精神与时代真正结合。

---

① 陈先达：《文化自信与知识分子的社会责任》，《光明日报》2016 年 11 月 23 日。

第二章

中国近代知识分子的意识觉醒与精神彰显

中国传统士人有着"内圣外王"的理想抱负，血液中流淌着为国为民、心系天下的强烈责任感，这种精神追求同样在近代知识分子身上得以传承。然而，传统士人并不全然等同于知识分子，或者说，他们并非严格意义上的知识分子。"中国士不能等于西方知识分子，关键在于他们有极强的依附性——这是或为奴才或为人或为士或为知识分子的一个阴阳界线！"①在政治上，士人普遍遵循"学而优则仕"的人生路径，被纳入政治统治序列，进入封建制度体系。在经济上，士人"无恒产"需要依靠出仕获取功名利禄，因此缺乏人格的独立自由。此外，士人缺乏公共空间，而"公共空间的建立不仅是西方现代知识分子与古代知识分子的区别，同样也是中国现代知识分子得以产生的必要条件"②，这一缺失导致他们既不能进行有效的社会批判，也做不到代表整体的社会利益。

作为一个新兴社会群体，近代知识分子是在近代以来东西方文明冲突碰撞、中华民族落后挨打的时代背景下成长、壮大起来的。具体来说，这一群体是指 19 世纪末至 20 世纪初，由传统士大夫、旧式文人蜕变转

---

① 李珺平：《中国士能否等于西方知识分子？》，《社会科学论坛》2007 年第 10 期。
② 杨永明：《启蒙与救亡的二重协奏——中国知识分子的现代嬗变》，《昆明理工大学学报（社会科学版）》2009 年第 8 期。

化而来,抑或是接受过近代新式学堂、留学教育的知识群体。他们普遍具有专业性、批判性、独立性的特点。首先,他们既有坚实的传统文化根基,又有相当程度的西方政治文化素养,拥有能在社会发挥作用且较为规范的专业知识体系;其次,他们保持强烈的社会批判精神,秉持理性的态度探寻社会不合理之处,推动其改革进步;最后,他们还具备独立的风骨和气节,始终坚持独立思考并保持高尚的学术操守。

"近代知识分子群体的诞生,为中国的近代化提供了极为重要的中坚阶层和领导力量。"①因此,近代知识分子精神是知识分子精神研究中不可忽视的重要组成部分。诚然,弘扬和发展近代知识分子精神并不是简单的翻版和照旧,但不可否认的是,近代知识分子精神在当代知识分子的理论表达与实践探索中依旧展现着强大生命力,也为当代知识分子增强家国情怀、积极服务于新时代中国特色社会主义伟大事业、书写建功立业的新篇章提供重要的精神支撑。

一、近代知识分子精神形成的时代背景

近代知识分子精神是鸦片战争以来国内国际各种因素共同作用的产物。着眼国内,近代以来知识分子救亡图存和变革中国的运动是塑造其精神的根本原因,同时新式教育的陆续兴起与马克思主义的广泛传播也助益这一精神的形成。放眼国际,西方资本主义国家的扩张和侵略、俄国十月革命胜利的激励和鼓舞是近代知识分子精神形成的重要时代背景与外部条件。探索和追寻近代知识分子精神形成的时代境遇,是我们深刻理解其重要内涵和当代价值的基础。

---

① 黄群:《戊戌维新与近代知识分子群体的形成》,《求索》2007 年第 6 期。

(一) 国内背景

近代中国知识分子的身份转换经历了较为漫长而又曲折艰难的历程,这一过程与近代中国"数千年来未有之大变局"紧密相连,具有深刻的时代烙印。首先,自1840年第一次鸦片战争开始,近代100余年救亡图存和变革中国的运动是塑造近代知识分子精神的根本原因。一批批有着强烈历史自觉和主动精神的先进知识分子挺身而出,领导着近代中国反侵略、反封建的抗争,以及寻独立求民主的尝试。其次,新式教育促进了观念的转变,培养了一批新型的知识分子。再次,民族国家意识和个体意识的觉醒不仅推动近代社会的变革,也嵌入近代知识分子的精神。最后,马克思主义的广泛传播更是为近代先进知识分子的形成以及知识分子精神的塑造增添了新的因素和动力。

1. 近代以来知识分子救亡图存和变革中国的运动

"一个时代要有一个时代的士大夫。"[1]鸦片战争的失败,不仅促使近代中国闭关锁国的大门被殖民者们用武力轰开,也强烈地震撼了刚刚迈入近代大门的士大夫们。封建士人中一部分有识之士较为敏感地觉察到封建制度的日益衰落。传统文化的"经义说教"在西方先进资产阶级经济和文化的入侵与传播之下变得无能为力,他们认为必须大开时务之学,强调经世致用,期望能够以此来改变这一"衰世"的颓败现状。如龚自珍追求"更法",强调"不拘一格降人才";林则徐在与侵略者争斗中深刻意识到近代中国对西方了解的匮乏,组织编译了大量外文期刊、报纸;魏源以"经世致用"为宗旨,提出了"师夷长技以制夷"等变法主张。这些都是近代中国开眼看世界的首批代表,他们既有着传统士人的家国情怀,也渐渐跳出了传统的思想禁锢,希望通过学习西方来改变现状。

---

① 欧阳哲生:《胡适文集》(第五卷),北京大学出版社1998年版,第416页。

1856 年第二次鸦片战争后，面对严重的生存危机，一些开明的官僚士绅在认知与心态上呈现出对传统文化以及自身角色的反思和"认同危机"，主张通过学习强大的器物来应对西方列强的侵略。比如冯桂芬认为应该以纲常伦理为根本，并加之西方器物富强之法。他在魏源"师夷长技"的思想基础上，进一步总结了近代中国六不如夷，大胆指出学习西方应"惟善是从"，并在此基础上提出了"采西学""制洋器"等主张。① 他的思想上承魏、林，下启康、梁，为"中体西用"的洋务运动夯实了思想基础。

随着 1860 年"总理各国事务衙门"的建立，洋务运动正式拉开序幕，近代中国进入了实际变革的时期。尽管从本质上来看，洋务运动只是对专制统治的维护与修补，但在引进和吸收西方技术文化的过程中，不可避免地促进了一些官僚士绅在思想观念、知识结构、变革意识、实践操作等方面的蜕变和转化。主要是崛起的洋务派官僚士大夫如曾国藩、刘坤一、张之洞、李鸿章等人，以及他们从社会上召集的幕僚（熟悉西方技术文化的文人士大夫等）如李善兰、徐寿等人。尽管他们始终在"保国"的前提下开展"富国强兵"运动，但他们的思想和视野更开阔，实践也更"务实"，开放意识与变革精神也渐次萌发。

"甲午、乙未之间，敌氛压境，沿海江十数省，风声鹤唳，草木皆兵，举国自上达下，抱颅护颈，呼妻唤子，苍黄涕泣。"②甲午战争的失败促使一部分知识分子开始反思洋务运动"中体西用"的思想定位，他们不再简单地将视野局限于西方的"器艺"层面，而是扩展到政治制度、文化风俗等多个层面，逐渐认识到不解决政治体制的弊病就无法真正改变落后的局

---

① 冯桂芬：《校邠庐抗议》，上海古籍出版社 1996 年版，第 541 页。
② 梁启超：《饮冰室合集》（第一册），中华书局 1989 年版，第 65 页。

面。1895年,以康、梁、谭、严为首,发动"公车上书"要求变法。这是在亡国灭种、民族危亡的刺激下促成的一场史无前例的士人壮举,意味着游走于体制边缘的知识精英开始走上政治舞台。知识分子的群体意识首次得到集中展现,新式知识分子群体开始形成。之后,在光绪帝的支持下,维新变法运动迅速开展。尽管变法很快失败,但经由阅读西学、创办学会、报刊、译馆等一系列举措,教育与学术变革之风愈加热烈,求新知、扩眼界、力变革成了当时的时代潮流。特别是戊戌维新时期成长起来的知识分子群体,他们有着强烈的爱国心和责任感,经过血和火的考验和洗礼,展现了空前绝后的决心与毅力,成为向辛亥革命过渡的重要力量。20世纪初,随着科举制度的废止,以留学日本为中心的留学生运动全面兴起,加之清廷的教育改革,越来越多的新式知识分子涌现出来。如陈天华、黄兴、秋瑾、刘坤一等留日学生,他们深刻感受到日本明治维新之后的强盛、中日之间的巨大差距以及学习西方的迫切性。这些留学生有着强烈的民族精神,崇尚铁血和侠义,不惧流血牺牲。为了铲除封建旧制度,他们逐步加快对民主革命理论的宣传和实践。

毛泽东指出:"在中国的民主革命运动中,知识分子是首先觉悟的成分,辛亥革命和五四运动都明显地表现了这一点,而五四运动时期的知识分子则比辛亥革命时期的知识分子更广大和更觉悟。"[①]五四知识分子深刻认识到意识形态已经严重制约了政治革命的进行,希冀通过自身的实践并寄希望于社会大众,进行一场文化启蒙运动来改造社会。他们高举"民主"和"科学"两面大旗,对旧文学、旧思想进行批判,倡导自由、民主、科学等新思想,形成了一场具有深刻意义的思想革命。十月革命后,以李大钊为主要代表的具有初步共产主义思想的先进知识分子,率

①《毛泽东选集》(第二卷),人民出版社1991年版,第559页。

先在中国大地树起马克思主义大旗,也为中国的发展找到一条正确和光明的崭新道路。后五四时期,中国革命更加轰轰烈烈,近代知识分子内部进一步分化、分流。"如果说晚清与五四两代人在知识结构上都是通人,很难用一个什么家加以界定的话,那么这代知识分子则是知识分工相当明确的专家。"①老舍、闻一多、朱自清、巴金、艾青、郁达夫、丁玲等人相继崭露头角,有的醉心于学术或文化,选择和政治相对疏离;有的参与政治活动,坚定革命意志,卷入抗战洪流。但总的来看,知识分子的抉择和命运始终与救亡图存的革命主旋律紧密结合。他们追寻人格独立,呼唤民众觉醒,承担着他们应有的公共关怀和民族重任。诸如"延安知识分子群体""西南联大知识分子群体"等,他们不再是"学贯中西",而是分科细密,在各自所属领域内兢兢业业地耕耘奋进。特别是抗战时期,为适应全民抗战的需要,广大知识分子将民族文化引入人民群众中,掀起了学习和运用民族文化的新高潮,为抗日救亡奉献自己的青春和力量。

伟大的时代孕育着伟大的精神。知识分子是社会发展到一定历史阶段的必然产物,近代知识分子精神也正是近代社会所形成和发展的产物。如果没有这样一个大变局时代,就不会有这么多前仆后继、不屈不挠、敢当重任、振兴中华的知识分子,也不会有他们所从事的救亡图存和变革中国的运动,近代知识分子精神就难以形成。

2. 新式教育的兴起与发展和科举制度的废除

在中国传统"四民社会"中,儒学立身、科举入仕才是安身立命的人生正途,"学而优则仕"的观念使大多古代士人选择"学成文武艺,货与帝王家",一言一行都为政统和道统服务。同时,他们自身也获得相应的社

---

① 许纪霖:《世代、阶级和惯习:知识分子研究的新路径》,《知识分子论丛》2018 年第 1 期。

会地位和特权,自我生存的经济压力也随之减小。但鸦片战争后,传统的儒学在先进的西学冲击和坚船利炮的入侵下已经没有招架之力。有识之士认识到必须对旧式教育制度、学科培养予以改革,培养适应西学、适应新环境的知识分子。但直至洋务运动时期,对旧式教育的改造才得到真正的实践。1862 年,为了方便与外国交涉,避免因语言不通而受欺瞒,奕䜣和文祥奏请开办了京师同文馆。该馆设立之初,只为专门培养外交和翻译人才,并大量从事翻译、印刷出版活动,以此了解外国情况。1867 年后,又增添了天文、算学、生物、物理、化学等多个科目。京师同文馆创立的意义,不仅在于它是第一所洋务学堂,更在于它所翻译的大量西学书籍,为培养一批能够熟知西学、具有科学意识、眼界开阔的知识分子起到了开创性的作用。此后,广州同文馆、船政学堂、水师学堂等相继开设,这些学堂普遍以教授西方自然科学技术和文化为主,直接为洋务运动中创办的军事、工矿业等培养了熟悉西方自然科学技术的人才。这些人才后来大多都成为外交、工业等领域的骨干人才,为国家作出应有的贡献,如邓世昌、王季同均是由此培养而来。而当时派遣的留学生,相较于甲午战争之后的留学潮来说,尽管数量不多,但他们同样有着强烈的爱国主义精神,为近代中国的教育、交通、科技等事业有突出贡献。詹天佑、林永升、邝荣光等都是此间的优秀代表。甲午战争之后,特别是维新变法时,维新派认为"欲任天下之事,开中国之新世界,莫亟于教育"①。因此,他们大力提倡发展新式教育,创办近代学堂。此时的学堂或是民间筹办,或是官方出资,总之形式繁多,种类多种多样,学堂数量过百,学生人数过万。学堂的教师多为维新志士、留学生以及外国人,教学的重点则放在灌输西方的各类思想、文化、技术等。不仅注重培育学

---

① 中国史学会:《戊戌变法》(四),上海人民出版社 1957 年版,第 9 页。

生人格尊严、思想自由、独立思考的能力，而且要求从实际出发，强调经世致用。这些举措的实施培养出了一批学识渊博、通达时务的近代新式知识分子，为此后的民主革命等奠定坚实的基础。

开办新学堂的同时，晚清政府也着手遣派如陈兰彬、容闳等学生赴英、美、法等国留学。虽然人数不是很多，但这些留学生回国后，利用新式学堂等阵地，大力宣传和倡导新思想新文化，以此影响更多人朝着新式知识分子转变。甲午战败，中国知识分子开始意识到需要"取经东洋，力省效速"。戊戌变法失败后，一时之间国人对国家的前途与出路感到十分迷茫。大批青年和救亡志士选择东渡日本，他们将留学和挽救民族危亡相联系，希望在日本找寻到自己国家富强的方案。因此，在 20 世纪初，中国展开了一场以留日为中心，留美、英、法、德等国为辅的全面派遣留学生运动。这批青年知识分子置身异国他乡，有机会切身体验到西方国家的强盛，深刻认识到自己国家的羸弱，于是更为迫切地追寻救国之道。此外，他们还直接接触到了西方各类思想理论、政治制度与先进文化，促使自身知识结构、主观世界、政治观念发生改造。在这些留学生之中，既有宣传革命理论和实践的陈天华、邹容等人，也有继续做着反封建启蒙事业的李大钊、鲁迅、郁达夫等知识分子。他们在各自的岗位上为救亡图存不断做出探索与尝试，体现了强烈的责任意识和历史使命感。

尽管如此，"带来知识分子世界地壳变动的最大契机是科举的废止"①。1905 年，清政府为了抵制民主革命、维护自身摇摇欲坠的统治，宣布废止科举制度，同时颁布新的学制。这些政策进一步瓦解了旧式教育，促进新式教育日益繁荣。科举制度的废止，彻底改变了中国传统知

---

① ［日］佐藤慎一：《近代中国的知识分子与文明》，刘岳兵译，江苏人民出版社 2006 年版，第 17 页。

识分子的人生选择。他们不再将"学而优则仕"作为唯一选项,相反,他们的人格开始走向独立,可以自由选择去创办学会、报刊,从事翻译、出版、编辑等各类职业,通过这些途径进一步宣扬先进思想文化、启迪民众、救亡图存,重新定位自身的社会责任、重塑自己的社会角色。

任何时候,教育都是培养和选拔知识分子的重要途径。教育的目的则在于"唤醒",唤醒人性、唤醒生命、唤醒尊严。新式教育培育了不同于传统士人的近代新式知识分子群体,教导他们成为传统文化观念的反叛者和新文化新思想的传播者。他们受到"自由之思想、独立之人格"的熏陶,也接续影响和培养了为生存而抗争的下一代知识分子,促使众多知识分子选择将自身命运融入救国救民、社会变革、时代演进的浪潮,由此成为近代知识分子精神形成的时代因素。

3. 马克思主义学说被逐步选择并广泛传播

19 世纪末,西方传教士纷纷被派遣至中国,其所带来和介绍的社会主义学说,在一定程度上不仅使中国知识分子知道了欧文、马克思等人,也较为零碎地了解到诸如社会主义最大的特点就是"均贫富"等内容。在此之后,资产阶级改良派引入了社会主义思潮,如赵必振翻译并初步涉及剩余价值理论,梁启超则是最早在自己的著述中提到马克思主义的中国人,为早期传播社会主义学说作出了一定的贡献。总的来看,改良派前期对社会主义思潮持基本肯定的态度,希望通过在一定程度上选取适合自身政治主张的理论加以宣传,以此获取士绅对他们变法与改良的支持,并以此来增强舆论力量和自身实力。但戊戌变法失败后,针对革命派提出的"平均地权""社会革命"等主张,改良派强调了为了发展资本主义,不希望中国采用"社会革命"的方式,而是继续采用渐进改良或是改良的社会主义方式。20 世纪初,留学生运动兴起,而当时的日本已经成为亚洲社会主义思潮的中心,大量留日学生受此影响,翻译多部介绍马克思主义的著作。"阶级斗争""唯物史观""生产关系"等由日本学者首次翻译出来的相关概念也逐步被中国知识分子接受和沿用,如朱执信参考日文译本,将《共产党宣言》部分片段翻译传播至中国,介绍了阶级斗争的理论;刘师复、何震翻译了恩格斯的《家庭、私有制和国家的起源》部分内容等。与此同时,资产阶级革命派将对社会主义的宣传与对资产阶级民主主义的追求相结合,在诸如"平均地权""社会革命"等政治主张中添加了社会主义的思想,这些都相对扩大了马克思主义的传播力度和影响范围。但是囿于自身阶级的局限性,他们所思考和理解的范围终究有限。总的来看,俄国十月革命以前,中国的资产阶级改良派、革命派以及无政府主义者因其不尽相同的政治目的和思想主张,多侧重于选取适合自身政治需要的部分内容加以宣传,或只是将马克思主义作为众多从西方传入的不同流派、主义、思想中一种予以简单介绍。马克思主义并未成为一个独立的传播流派,其具体内容十分零碎、肤浅,甚至充斥着歪曲、误译和误解。很大程度上,他们中的多数人一方面无法辨别马克思主义的科学内涵、重要地位和作用,另一方面更不可能使其成为自身的信仰而坚定追求。当然,无论其初衷如何,他们对于马克思主义学说的传播均起到开拓作用,也为国人探寻解决中国落后局面的方案提供关于社会主义的最初思考。

"中国人找到马克思主义,是经过俄国人介绍的。"①俄国十月革命的爆发,使马克思主义在中国真正生根并迅速传播开来。李大钊的《法俄革命之比较观》是最早歌颂十月革命胜利的文章。"吾人对于俄罗斯今日之事变,惟有翘首以迎其世界的新文明之曙光,倾耳以迎其建于自

---

① 《毛泽东选集》(第四卷),人民出版社 1991 年版,第 1470 页。

由、人道上之新俄罗斯之消息,而求所以适应此世界的新潮流"①,其中的赞美讴歌之情溢于言表。此后,《庶民的胜利》《布尔什维主义的胜利》等文章接续发表,这对于促进、引领和转变一批知识分子成为早期的共产主义者,以及扩大对马克思主义理论的先进性和科学性的宣传,均有十分重要的作用。

习近平总书记指出:"五四运动,以彻底反帝反封建的革命性、追求救国强国真理的进步性、各族各界群众积极参与的广泛性,推动了中国社会进步,促进了马克思主义在中国的传播,促进了马克思主义同中国工人运动的结合,为中国共产党成立做了思想上干部上的准备,为新的革命力量、革命文化、革命斗争登上历史舞台创造了条件。"②五四新文化运动期间,各类报刊、新式学校的建立,对马克思主义在中国立足生根创造了有利条件。1919 年后,《我的马克思主义观》《谈政治》等文章的接续发表,深入全面地介绍了无产阶级革命理论等内容,成为当时先进知识分子希冀进一步认知马克思主义进而选择马克思主义的有效催化剂。此外,研究马克思主义的学会和相关学术团体如雨后春笋般纷纷出现,为马克思主义的系统化研究以及在中国的广泛传播提供了有力的平台支持。特别是,经过"问题与主义""社会主义论战""同无政府主义之争"这三次思想论战,近代先进知识分子真正坚定了对马克思主义的信仰,真正找到了革命胜利的指路明灯。而选择走社会主义道路,必须有一个领导力量。1921 年,中国共产党成立,这是"开天辟地的大事变"。从此先进的知识分子找到了组织寄托,在精神上、思想上焕然一新。"历史深刻表明,有了马克思主义,有了中国共产党领导,有了中国人民和中

---

① 《李大钊文集》(上),人民出版社 1984 年版,第 575 页。

② 习近平:《论中国共产党历史》,中央文献出版社 2021 年版,第 240 页。

华民族的伟大觉醒,中国人民和中华民族追求真理、追求进步的潮流从此就是任何人都阻挡不了的!"①正是这些关于马克思主义的艰辛探索、传播与实践,才让中国近代先进知识分子找到一条符合中国国情的崭新道路,从而铸就和极大丰富了近代知识分子精神。

(二) 国际背景

西方的资本扩张及对中国的入侵,是近代知识分子反对侵略、寻求独立的直接因素。列强的伪善面目和侵略本质暴露无遗,加之走资本主义道路的失败,使广大知识分子在救亡图存的方向上陷入迷茫。关键的变化发生在俄国十月革命胜利后。彼时马克思主义这一科学的思想体系重新激发了知识分子的热情和动力,更为中国的民主革命注入新的生机和活力。以此为契机,知识分子的精神面貌也焕然一新。

1. 西方资本主义国家的扩张和侵略

1640 年,英国资产阶级革命标志着世界进入资本主义时代。至 18 世纪,英美法各国纷纷完成资产阶级革命,为资本主义的发展和技术革命的到来奠定了政治基础。随着 18 世纪中叶英国率先完成工业革命,并迅速将这一变革推广到欧美各国,西方资本主义国家的生产力得到巨大提高,市场需求也随之扩大。倾销商品、建设世界市场等成了他们最直接和最紧迫的目标。

"资本主义如果不经常扩大其统治范围,如果不开发新的地方并把非资本主义的古老国家卷入世界经济的漩涡,它就不能存在与发展。"②地广物博但封建落后的中国成为西方资本主义扩张和侵略的理想目标。英国通过鸦片贸易,从中国掠夺了大量财富,极大破坏中国的

---

①　习近平:《论中国共产党历史》,中央文献出版社 2021 年版,第 241 页。

②　《列宁全集》(第三卷),人民出版社 2013 年版,第 547 页。

生产力发展。为了阻止白银外流,清政府于 1839 年进行了虎门销烟。英国以此为借口悍然发动了鸦片战争。随着战争的失败,中英签订了《南京条约》,这是中国历史上第一个不平等条约。条约签订之后,进口货物数量大量增加,既造成白银大量外流和财政危机加剧,也对国内农业、手工业、商业经济等发展造成严重打击,中国自给自足的自然经济逐步解体。此后,一大批资本主义国家纷纷前来掠夺利益,资本主义经济的入侵逐步加深。

与此同时,资本主义文化也借助一系列不平等条约的保护在中国扩张和传播开来。如第二次鸦片战争后,中英签订了《天津条约》,西方传教士获得中国传教、建设教堂等权利。由此之后,一方面教堂在中国的土地上得以密集矗立;另一方面,传教士通过传教士布道等形式大力宣传归化思想,企图麻痹中国人民,以此来减弱中国人民的反抗和革命行动。侵略者们还以发展中华文化事业为名,建设了许多教会学校,通过西化教育培养为帝国主义侵略服务的知识分子,使他们更为方便地奴役和压迫中国人民。此外,他们还创办各式报刊,如《万国公报》《北京公报》等,以此来传播西方思想,进一步操纵舆论,麻痹人民。

而正是资本主义列强的侵略和各种压迫,激起了近代一批批先进知识分子救亡图存的热情和担当。他们目睹了中国人民在帝国主义列强欺凌和压迫下的苦难状况,致使他们对侵略行径深恶痛绝,这也激发了他们探寻国家富强、民族独立道路的内生动力,也正是在这反侵略、求独立的探索和实践中逐步形成了强大的近代知识分子精神。

2. 俄国十月革命胜利的激励和鼓舞

由于新旧殖民主义矛盾激化,各资本主义国家发展陷入不平衡的状态,1914 年遂爆发了为重新瓜分世界和争夺世界霸权的第一次世界大战。这次大战以一种直观和尖锐的形式,把资本主义的伪善面目、侵略本质、蛮横无理及固有矛盾深刻展现在国人面前。尤其在巴黎和会上，帝国主义列强的狰狞面目彻底暴露。作为战胜国之一的中国非但没能收回山东的主权与利益，反而遭到蔑视与欺辱，帝国主义列强竟决议将原先德国在山东的权益移交给日本。这种利用"强权"蹂躏"公理"的丑陋行径给近代知识分子沉重打击，使他们对西方文明的幻想彻底破灭。加之资产阶级改良派和革命派所开展的戊戌变法与辛亥革命的相继失败，既挫伤了近代知识分子投身改革变法的信心，也使他们对建立资本主义制度的可行性提出质疑，让他们对中国将走向何方的历史性问题产生迷茫。就在这一历史时刻，1917年俄国十月革命爆发，这是人类历史上一次划时代的事件。这场革命沉重打击了帝国主义的势力，鼓舞了殖民地半殖民地的解放运动。

当时的中国和俄国相比较，在国情上有着很多的类似之处，两个国家都受到封建制度的压迫，经济和文化都比较落后，故而十月革命胜利对还在黑暗中摸索的中国人来说是一个极大的鼓舞和榜样，具有深刻的影响力和示范效应，这一示范作用明显超过了西方资本主义对中国的影响。俄国十月革命的胜利让处在迷茫之中的中国人民特别是知识分子认识到，经济文化落后的国家同样能够运用马克思主义推动国家在政治、经济、思想上的解放。毛泽东指出："十月革命一声炮响，给我们送来了马克思列宁主义。十月革命帮助了全世界的也帮助了中国的先进分子，用无产阶级的宇宙观作为观察国家命运的工具，重新考虑自己的问题。走俄国人的路——这就是结论。"①至此，大批知识分子开始认真深入了解苏俄革命和马克思主义学说，他们深刻意识到中国的国家独立和民族解放有了新的道路选择、方向和希望，这极大加快了早期共产主义

---

① 《毛泽东选集》(第四卷)，人民出版社1991年版，第1471页。

知识分子的诞生。与此同时,1919—1920 年期间,苏俄宣布放弃沙俄和中国签订的一切条约和特权,同时归还从中国所篡夺的领土和在中国境内的俄国租界。在当时情形之下,这两个宣言的发表对中国人民尤其是知识分子产生了剧烈冲击。与西方帝国主义国家的欺侮和侵略不同,苏俄平等友好的对待使得更多的知识分子受到极大的鼓舞,他们增强了研究马克思主义的兴趣,更热情地学习马克思主义,更强烈地号召反帝反封建,认同无产阶级革命,放弃了走资本主义道路,积极推动马克思主义在中国的传播。

俄国十月革命的影响是巨大的,它使得沐浴欧美风雨的近代知识分子们快速觉醒和成长起来。国内资本主义道路实践的多次失败,加之苏俄从根本上铲除了国内封建主义和帝国主义的枷锁,两相对比,资本主义的弊端和固有矛盾暴露无遗,以陈独秀、李大钊为代表的早期共产主义知识分子坚定信念,矢志不渝地选择了马克思主义和苏俄革命道路,这是近代先进知识分子救国救民的探索与实践,也是近代知识分子精神的集中展现。

二、近代知识分子精神形成的思想文化基础

近代知识分子群体在鸦片战争后萌发,在洋务运动中初生,在戊戌维新和辛亥革命中真正形成,在五四新文化运动后成熟并愈发壮大。综观近代知识分子的成长历程,中华优秀传统文化始终发挥着重要作用。儒家文化中"士志于道""经世致用""以天下为己任"等思想深刻影响和塑造了近代知识分子,促使他们拥有强烈的历史责任感和民族使命感。随着闭关锁国的大门被打开,西方启蒙精神、理性主义、自由主义、实用主义等社会思潮纷纷涌入,推动了近代知识分子独立人格的诞生和批判

精神的培育。此后,随着马克思主义在中国的传播与发展,近代知识分子寻绎到了新的信仰与价值寄托,造就一批坚持无产阶级革命和社会主义道路的近代先进知识分子。概言之,三种思想和文化共同作用,为近代知识分子精神的形成提供了文化渊源、思想资源和理论基础,即中华优秀传统文化为其形成提供丰厚滋养,西方各种社会思潮对其形成产生广泛影响,马克思主义真理力量为其形成给予科学指引。

(一)中华优秀传统文化提供的丰厚滋养

钱穆先生指出,"文化与历史之特征,曰'连绵',曰'持续'。惟其连绵与持续,故形成个性而见为不可移易。惟其有个性而不可移易,故亦谓之有生命、有精神"①。辉煌灿烂的中华优秀传统文化浸润了中国五千多年的悠久历史,也成为中华民族和中国人民的精神命脉。"中华优秀传统文化源远流长、博大精深,是中华文明的智慧结晶"②,近代知识分子精神正是在独一无二的中华优秀传统文化的滋养下产生和发展的,并不断从中汲取精神养分,继承精华又富有新的时代特征。

自汉朝"独尊儒术"以来,儒家思想逐步发展,并无可置疑地成为中国传统社会的主导思想,这一思想对中国人特别是中国的知识分子影响极为深远。可以说,历代仁人志士都规划了"修齐治平"的政治理想,构建起天下合一、家国同构的情怀。"愿得此身长报国,何须生入玉门关""封侯非我意,但愿海波平""常思奋不顾身,而殉国家之急""人生自古谁无死,留取丹心照汗青"等诗句广为流传,深刻体现出爱国从来都不只是一个口号,而是真正流淌在中华民族血脉之中,是自然情感的光明外显。

这种爱国精神的根基在于传统士人"内圣外王"的理想追求。"内

---

① 钱穆:《国史大纲》,商务印书馆 1996 年版,第 911 页。
② 《习近平著作选读》(第一卷),人民出版社 2023 年版,第 15 页。

圣"就是修身正行、格物致知、诚意正心。勤学好问、求知若渴、慎独修己、道德自律被理所当然地认为是自身的首要修为,他们认为无其能者无以济世,只有学有所成才能"平天下"。但古代士人并不局限和停留于表面上与本本上的学习,而更看重"志于道",追求"道",捍卫"道",敢于以身殉"道"成了中国古代士人的追求和坚守,并成了一种传统得以流传。同时,古代士人们也更看重"经世致用",该思想如一条价值红线,贯穿了中华传统文化发展演变的全过程。从思想史来看,这一思想在中国历史上由来已久,至少可以追溯到孔子。孔子创建儒家学说,周游列国为推行儒家政治主张,希望改变社会动荡的局面,从而达到他理想中的天下大同。由此可见,儒家思想自产生之初,便具有经世的传统,并深刻影响着后世的中国古代士人。中华传统文化的经世与修身如车之两轮,鸟之两翼,并为儒家人文思想之中心概念。这一思想在中国历史上不断延续,在社会转型之际或内忧外患之时,士人们以多种多样的方式,或提笔立书,或言语号召,使经世之风广行于志士之间。因此,鸦片战争后,经世致用便自然而然成为近代思想界的主导思想。近代知识分子着力倡导经世致用思想,他们议论时政,揭露黑暗,开创了研究社会与批判现实的新学风,将经世致用思想通过各种形式表现出来。

古代士人还志以天下兴亡为己任,他们胸怀天下、心系苍生,将"天下"融入血脉、骨髓与精神之中。中国古代士阶层以改变世界作为人生的终极理想,强调用一身学识造福苍生社稷、教化百姓、改变社会,此即"外王"。"达则兼济天下""先天下之忧而忧,后天下之乐而乐""为天地立心,为生民立命""天下兴亡、匹夫有责"是古代士人的终身追求,始终牵系在由内而外、由家而国、由国而天下的逻辑演进之中,他们有着一种与生俱来的忧患意识,而这种忧患意识突破了对自身、君主的维护和关注,上升到了对国家、民族和人民的忧虑,彰显着为国为民、心系天下的强烈社会责任感。与此同时，儒家的"民为邦本""以民为本"塑造了他们的人文关怀，这也是他们积极入世的一种内驱动力。他们以儒家"入世"的积极态度，参与政治，关注民生，饱含"穷年忧黎元，叹息肠内热"的为民情怀。深谙儒家经典的士人笃信，重视人民生存条件，为官一任、造福一方，终将带来社会和谐与政权稳固。千百年来，传统士人在儒家思想的引领下，以责无旁贷、自觉担当的气概、强烈的家国情怀和民族精神，为近代知识分子所承继。

此外，自强不息、艰苦奋斗，积极进取、富于创新也是中华优秀传统文化所倡导和推崇的精神追求，是中华民族面对困难而始终能够不屈不挠、奋勇前行，从而屹立于世界民族之林的重要原因。中华优秀传统文化深刻培育和影响了近代知识分子，那种"抱道忤时"的忧患意识和家国情怀并没有随着时代的变迁而消逝，反而如同刻在血脉之中被承继而来，这既是近代知识分子精神重要内涵之一，也是对中华优秀传统文化的继承与发展。

（二）西方各种社会思潮产生的广泛影响

鸦片战争的失败，惊醒了中国各阶级的先进分子。他们开始主动学习西方的先进技术和思想文化、社会制度，西方的各种社会思潮随着"向西方学习"的大潮传入中国。达尔文的进化论、卢梭的社会契约论、康德的自由意志观、洛克的三权分立、社会达尔文主义、改良主义、资产阶级民主主义、实用主义、无政府主义、基尔特社会主义以及马克思主义等西方近代社会思潮纷纷涌入中国，思想界迎来前所未有的繁荣局面。这些社会思潮对中国近代知识分子的价值观念和思想形成产生了深远影响，也极大促进近代知识分子精神的形成。其中比较有代表性且对当时知识分子产生较大影响的当数社会达尔文主义、无政府主义等几大思潮。

社会达尔文主义产生于 19 世纪 60 年代的英国，是将达尔文进化论中自然选择的思想应用于人类社会的一种社会理论,主张用达尔文的生存竞争与自然选择的观点来解释社会的发展规律以及人类之间的关系,认为优胜劣汰、适者生存的现象存在于人类社会。将社会达尔文主义输入中国的是思想家严复。1895年,他在《原强》一文中,根据自己的理解简要介绍了达尔文学说和斯宾塞学说,并以他所理解的这两种学说为理论根据,阐述了国家民族的生存以及强盛之道是提高全体国民的生存竞争能力。但该文对社会达尔文主义的介绍比较简略也很零散,在当时社会并未引起广泛关注。而在1898年严复译著的《天演论》问世以后,这一学说才被系统输入中国。在戊戌维新时期,接受社会达尔文主义影响的知识分子主要是严复、康有为、梁启超等人,严复主要是用社会达尔文主义来论述"开民智"是救亡图存的根本途径,而康、梁则是用社会达尔文主义来作为鼓吹变法维新的理论根据,以此来论述变法维新的必要性。而在辛亥革命前的数年间,《天演论》一书及其所宣传的社会达尔文主义得到广泛传播,对当时的中国社会产生了重大影响,成为当时人民观察社会、分析问题的理论武器。社会达尔文主义生存竞争理论促使越来越多的人投入救亡图存的斗争。总体来看,在这一时期,社会达尔文主义几乎影响了中国的整个知识界,"生存竞争、优胜劣败"等概念极大影响了当时的大批知识分子。社会达尔文主义能够在近代中国社会有所传播和发展,其根本原因在于近代多数知识分子借用其"生存竞争、优胜劣败,人为淘汰、以人持天"等这些积极进取的概念,来激发国人心中挽救民族生存危机的热情与信念。社会达尔文主义对近代中国社会的进步产生一定的积极作用,促进一大批知识分子思想观念的解放,因而也在一定程度上促进近代知识分子精神的形成。

无政府主义是流行于19世纪后半期的欧洲的一种小资产阶级政治思潮,它强调个人自由高于一切,认为解放个人是解放群众和集体的主要条件。由这一观点出发，无政府主义反对一切权威和纪律，主张废除一切国家，反对任何形式的专政，消灭任何形式的"统治与顺从"，而幻想通过建立工团或契约之上的自由联合来实现理想的社会形式。无政府主义于 20 世纪初传入中国，作为一种激进的社会革命思潮，无政府主义在近代中国产生了影响，甚至成为中国早期先进分子接受马克思主义的思想历程中的重要一环。1912 年前，中国国内对无政府主义的介绍还比较零散，其影响主要在海外部分留学生群体。在 1912 年至 1917 年间，无政府主义开始在国内获得广泛传播。五四运动前后无政府主义在中国的传播出现高潮，全国各地出现一大批无政府主义团体。20 世纪20 年代初，无政府主义是中国革命思想及话语的核心，中国的资产阶级革命派和中国第一代共产主义者都曾不同程度地受过无政府主义思潮的影响。但无政府主义具有乌托邦式的革命理想主义色彩，一方面，其理论目标虚化空泛，实践举措也不切实际；另一方面，无政府主义思潮与近代中国社会的发展潮流相违背，未能准确把握社会历史发展的主线。总之，在近代各种社会思潮并存交锋的时代格局中，无政府主义思潮曾短暂地登上了舞台的中央，得到一批知识分子的支持和追捧，其提出的救亡图强方案也产生了一定影响，却未能上升为解决时代问题的指导思想，最终彻底退出历史舞台。但不可否认，无政府主义思潮唤起了近代大批知识分子对社会主义、共产主义的无限憧憬和美好向往，对近代知识分子起到一定程度的思想启蒙作用，也对近代知识分子精神的形成产生了积极的影响。

除此之外，其他西方社会思潮也对当时的知识分子产生了一定的影响。如以孙中山为代表信仰资产阶级民主主义的知识分子，发动了辛亥革命，结束了在中国延续两千多年的封建君主专制制度，建立了资产阶级民主共和国，使得民主共和观念深入人心，极大促进了中国社会的发展。再如在实用主义强调以人的价值为中心、以切身实践为路径、以追求实用和效果为目的,吸引了张东荪、胡适、陶行知等一批知识分子的广泛研究和宣传,对近代中国的政治、教育、经济等方面产生了一定的积极影响。总之,西方近代各种社会思潮在中国的传播,使一大批知识分子得到思想的解放与观念的更新,促使他们走上救亡图存,追求民族独立、国家富强的道路,对近代中国社会产生一定的积极影响,也极大促进了近代知识分子精神的形成。

(三) 马克思主义真理力量给予的科学指引

18 世纪启蒙运动猛烈批判了封建专制主义,宗教愚昧及特权主义,民主、平等和自由观念深入人心,人们的思想获得极大解放。此后,欧洲哲学社会科学迅速发展。正是在这一背景下,马克思通过批判继承康德、黑格尔、费尔巴哈等人的德国古典哲学思想,汲取莫尔、康帕内拉、欧文、圣西门和傅立叶等人的空想社会主义思想,以及深入研究英国古典政治经济学思想,创立了崭新的无产阶级思想科学体系。它的诞生在人类思想史上具有划时代的意义,对人类社会的发展进步产生深远影响。

五四新文化运动之后,马克思列宁主义能真正在中国传播开来,归根结底"是因为中国的社会条件有了这种需要,是因为同中国人民革命的实践发生了联系,是因为被中国人民所掌握了"[①]。当时中国的先进知识分子选择信仰和广泛传播马克思主义,并不是一味随波逐流、盲从盲信,而是在综合了国内外的客观情况、经过理性的思考和比较之后才做出的慎重选择。从当时社会现实来看,十月革命以前,中国的知识分子有许多努力和尝试,但是历史鲜明地证明了资产阶级道路和革命纲领无法带领中国人民走出时代阴霾、走向独立富强的现代化中国。正当历

① 《毛泽东选集》(第四卷),人民出版社 1991 年版,第 1515 页。

史再次拷问中国应该走什么样的道路、应该走向何方的时候,俄国的十月革命为中国送来马克思主义,送来了被实践过的科学真理。而从马克思主义本身来看,在价值目标上是要实现人的自由而全面的发展,最终进入共产主义,与中华优秀传统文化中的"大同社会"遥相呼应。在当时的社会环境下,中国知识分子亟需先进的理论去指导中国革命的实际,而马克思主义提出的共产主义理想更符合知识分子对理想社会的愿景,更具有进步性,因而被知识分子认可和接受。其次,阶级斗争、暴力革命和无产阶级专政学说为解决中国问题提供的思路和方法,也契合了中华民族敢于斗争的精神品格。再次,马克思主义的批判理论和批判精神也深刻影响了知识分子对现实社会、对资本主义的理性批判,同时马克思主义关于实践的观点也与中国历代知识分子所推崇的"知行合一"的价值取向相互契合。此外,马克思主义所强调的人民主体、集体主义等观念也容易引起知识分子的共鸣,这与中国传统的"以民为本""家国天下"等有着相通之处。如是,选择马克思主义,既是中国知识分子在尝试失败和碰壁后作出的新的历史抉择,也证明马克思主义具有超越以往任何理论的巨大价值。

现实的历史发展表明,马克思主义不仅引发了中国社会的深刻变革,而且深层次地影响了中国近代先进知识分子。"十月革命中俄国工农大众在社会主义旗帜下所进行的英勇斗争和所取得的历史性胜利,更给予中国的先进分子以新的革命方法的启示。这就有力地推动了先进的中国人倾向于社会主义,进而促使他们去认真了解指导十月社会主义革命的马克思主义学说。"[①]中国的先进知识分子认真学习了唯物史观、

---

① 中共中央党史和文献研究院:《中国共产党的一百年 新民主主义革命时期》,中共党史出版社2022年版,第15页。

剩余价值理论、阶级斗争、对立统一规律等内容,这不仅对他们认清国情、民情以及西方资本主义的实质提供一把钥匙,更重要的是让他们拥有了"改造世界"的有力思想武器。"事实上,中国的先进分子一开始就是把马克思主义作为观察和认识国家命运的工具来接受的"①,他们选择信仰马克思主义,并不断学习这一科学真理所蕴含的立场、观点和方法。而先进知识分子群体"一旦学得了马克思主义基本原理,就以此为指导,积极地投身到群众斗争的实践中去"②。以无产阶级暴力革命的手段在经济文化落后、遭受各种压迫的中国走出一条实现独立自强的革命道路,便是近代先进知识分子的坚定信念和真正实践。

"没有革命的理论,就不会有革命的运动"③,自马克思主义真正传入中国,之后的革命阶段都离不开马克思主义的指导。"延安知识分子"等先进知识分子群体团结在中国共产党的领导下,坚定马克思主义的信仰,将自身的命运和救亡、革命的时代主题紧密结合在一起,承担着他们应有的公共关怀和民族重任。马克思主义使中国近代知识分子走出了思想困惑,获得了变革与改造社会的新方法,明确了中国社会变迁和发展的方向,开创了知识分子构建未来理想社会的新局面。近代知识分子精神也是在不断推进马克思主义中国化的实践基础上得到进一步丰富和发展。

三、近代知识分子精神的具体呈现

整体和部分辩证统一的研究方法要求我们在对近代知识分子精神

---

① 中共中央党史和文献研究院:《中国共产党的一百年 新民主主义革命时期》,中共党史出版社 2022 年版,第 25 页。
② 同上书。
③ 《列宁选集》(第一卷),人民出版社 2012 年版,第 311 页。

丰富内涵进行历史考察时,既要充分展示具有代表性的近代先进知识分子(即做个案呈现),也要具体阐明其整体内涵(即做群像展示),如是才能更好呈现近代知识分子的独特精神。

(一)近代知识分子精神的个案呈现

历史是人民群众创造的,历史人物,特别是杰出人物在历史发展过程中起着特殊的作用。在救亡图存、富国强兵的近代历史中,涌现了一批批先进的知识分子,他们以前所未有的责任意识和担当精神,为实现反侵略求独立的历史使命作出巨大贡献。严复、李大钊、鲁迅均是其中的典型代表,他们的行动也正是近代知识分子精神在个体身上的具象化表现。

1. "近代知识分子第一人"——严复

近代中国积贫积弱,在帝国主义的入侵下受尽屈辱和压迫,尤以甲午战败至辛亥革命期间为甚。彼时亡国灭种的危机如利剑悬于头顶,时刻冲击着当时知识分子的心灵,而严复便是其中具有代表性的知识分子之一。作为对时代的回应,严复通过大量翻译西方政治思想著作,发表时事策论,批判专制政治,宣扬西方自由、平等、民主等观念,深刻彰显出严复这一代知识分子对国家民族前途和人民安危的深度关切,对变法求强的殷切期盼。

1895年甲午战败,是年,严复在天津《直报》上陆续发表《论世变之亟》《原强》《救亡决论》和《辟韩》等多篇文章,系统比较了中西政治、教育、文化、思维方式等方面的巨大差异,希望借助媒介的力量为维新变法、御辱图强吸引舆论支持。征之于政治制度的比较而言,严复指出:"夫西方之君民,真君民也,君与民皆有权者也。东方之君民,世隆则为父子,世污则为主奴,君有权而民无权者也。皆有权,故其势相拟而可争。至于东方,则其君处于无对不诤之地,民之苦乐杀生由之,使之不恤,其势不能自恤也。此东西治制之至异也。"①在严复看来,中国传统君民关系是统治者与被统治者的关系,正是这种关系造成了人民的幸福与否只能依赖于君主是否贤能,人民自身没有参政议政的权力,无法施展政治才能。反观西方的社会政治则是集一国的智慧与力量共同形成的,这也是导致西方强于中国的主要原因。严复同时还注意到西方各国法律完备,无论君主还是臣民都要受到法律约束,中国则是君主凌驾于法律之上,法律只是维护统治和统驭臣民的工具。

其次,针对教育制度和内容,严复首先批判了科举取士制度。"天下理之最明而势所必至者,曰:如今中国不变法而必亡是已。然则变将何先?曰:莫亟于废八股"。人才破坏是最大的破坏,"八股取士……上不足以辅国家,下不足以资事畜。破坏人才,国随贫弱"②。他提出八股为无用之学,不仅禁锢思想,并且靠此选拔的人才与社会需求有着巨大的落差。相较于传统儒家"仁义礼智"的书本之学,严复觉得更应该重视知行合一、经世致用,"光读书并不能穷理"。他还强调要学习西方的学科分类和教育普及,提高普通群众的教育水平。此外,严复对比了中西的历史观,他认为:"中西事理。其最不同而断乎不可合者,莫大于中之人好古而忽今,西之人力今以胜古;中之人以一治一乱、一盛一衰为天行人事之自然,西之人日进无疆,即盛不可复衰,即治不可复乱,为学术政化之极则。"③在严复看来,西人"日进无疆"的进步主义便是导致西方日益强盛的缘由。最重要的是,严复并不只是简单地对比中西文化的差异,而是努力挖掘造成这种差异的根源所在。因此,他的这种努力和反思比同时代的其他知识分子更深刻。相较于洋务派普遍重视器物技术

---

① 《严复集》(第四册),中华书局 1986 年版,第 976 页。
② 牛仰山选注:《严复文选》,百花文艺出版社 2006 年版,第 68 页。
③ 《严复集》(第一册),中华书局 1986 年版,第 1 页。

轻视文化道德,严复深刻地分析了民族危亡的根源所在,一针见血地指出西方无论是器物层面还是文化制度层面都远远超过中国。而中国社会仍然停留于宗法社会,他认为当时的中国更应重视的是解决专制制度和国民意识低下的问题,更需要大力发展西方的先进技术,提出"以自由为体,以民主为用",亟需"鼓民力、开民智、新民德",通过长期的国民素质教育,实行渐进式的变革来实现目标。

1897年后,严复投身于言论界,以"为天地立心,为生民立命"的人格理想和担当提出了一系列救亡图存的思想主张。他始终认为发展军备只是治标之策,而从教育入手,提高国人的德、智、力三个方面的水平,才是治国救国之本。严复的这些理念并非只停留于头脑或口头,他以兴建学堂、创办报刊、翻译著作、撰写政评、公开讲演等多种实际行动贯彻自己教育救国的观念,为推动近代新式教育和培育新式知识分子作出巨大贡献。

首先,在1897年10月,王修值、严复等人一同创办了与梁启超《时务报》南北齐名的《国闻报》。在该报的创刊号上,严复指出:"将以求通焉耳。夫通之道有二:一曰通上下之情,一曰通中外之故。为一国自立之国,则以通下情为要义;塞其下情,则有利而不知兴,有弊而不知去,若是国必弱。为各国并立之国,则尤以通外情为要务;昧于外情则坐井以为天小,扪斋而以为日圆,若是国必危。"①可以看出,他认为长期以来,中国消息闭塞、坐井观天,亟需增广见闻,了解大势,尤以通外情为主。因此,在严复的主持之下,《国文报》大量摘编翻译了外事新闻与国际大事,有效扩大群众了解西方的渠道,改善了中国社会上下不通、中外不通的弊病,进而产生广泛的社会影响。

---

① 《严复集》(第二册),中华书局1986年版,第453页。

其次,从 1898 年到 1911 年期间,严复以其深厚的学识翻译诸多西方著作,向国人引介西方的政治思想。如他翻译的《天演论》阐述了进化思想,以激励国人自强不息;翻译的《法意》介绍了"三权分立"的学说;翻译的《原富》提出了民强才能国富,倡导经济上应该放任自由,主张自由竞争、自由经商和市场调节;翻译的《群己权界说》大力批判了封建纲常伦理荼毒禁锢思想自由,提出应该大力提倡思想言论自由,尊重个体和民意,减少政治干预等。这些译著并不是简单的复述,严复将他自身的见解融汇其中,并结合当时的社会予以针砭时弊和案语点评,由此译评结合的方式对启蒙国人、反对蒙昧、传播西方学术思想以及推动近代社会发展等均起到了重要的作用。此外,他还十分重视开办新式学堂,认为这是"生死问题"。他先后出任了北洋水师学堂总教习、复旦公学校长、安徽高等师范学堂监督、署理北京大学校长。"总而论之,今日国家诏设之学堂,乃以求其所本无,非急其所旧有。中国所本无者,西学也,则西学为当务之急明矣。"[①]对于教学内容和教学方针,他强调以西学为主,注重德育和美育,全面提升学生的道德品质和精神素养。

　　严复论说公允,博学多才,"于中学西学皆为我国第一流人物",既放眼世界又葆有一颗纯正的中国心,是近代中国极具影响力的启蒙思想家、翻译家和教育家。作为近代学习西方的先行者和探路人,严复在现代国家观、海权、教育强国思想、科学思想、自由观等诸多方面涉猎广泛。与同时期活跃于实务和政治旋涡中的康有为、梁启超等人不同,他最大的功绩就在于他较为系统地学习、阐释和传播了西学,公正、实际、切身地比较了中西文化,反思批判了封建制度,"从中西文化中的社会发展、社会模式这些一般的问题之中,去提炼沉淀于人们深层心理空间的价值

---

① 《严复集》(第三册),中华书局 1986 年版,第 562 页。

观念、思维特质"①,并于学贯中西中形成自身独树一帜的思想体系。这也是他的这些思想、译著之所以能对当时社会和当代有着如此长久而深刻的启迪作用的原因。他拥有强烈的爱国主义情怀,展现了近代先进知识分子"以天下为己任"的对国家前途命运的担忧和使命担当意识,也呈现出了知识分子的公共关怀和学术操守,不搞纸上谈兵而更看重知行合一,他的出现完全可以说是近代知识分子诞生的第一缕曙光。

2. "马克思主义播火者"——李大钊

近代社会矛盾尖锐,在封建主义和帝国主义双重压迫下,人民生活困苦,国家危机四伏。在此情况下,一部分知识分子为实现国家独立和民族复兴,选择开始向西方学习,李大钊就是其中之一。1905 年,青年时代的李大钊进入新式学堂,开启了广泛了解和学习西方先进知识文化的进程。在目睹日益加深的民族危机和当权政府的丧权辱国后,李大钊以强烈的爱国主义情怀和挽救国家的信念与使命,选择赴日留学。此时日本浓厚的民主主义思想、自由主义思想和社会主义思潮使他开阔了视野,特别是当时弥漫于留学生之中的崇侠尚武之风也深深影响了他。与此同时,他也不忘时刻关注国内情势。当袁世凯妄想复辟帝制之时,他于 1914 年发表的《国情》一文深刻揭露袁世凯称帝的野心,大力批判封建逆潮。

正如鲁迅所言:"见过辛亥革命,见过二次革命,见过袁世凯称帝、张勋复辟,看来看去,就看得怀疑起来,于是失望、颓唐得很了。"②从学习器物的洋务运动到学习制度的戊戌变法、辛亥革命相继失败,资本主义道路注定无法走通。这也使得一些先进知识分子倍感失望和颓废,对国

---

① 周岩:《百年梦幻——中国近代知识分子的心灵历程》,文化艺术出版社 2013 年版,第 39 页。
② 《鲁迅全集》(第四卷),人民出版社 1981 年版,第 455 页。

家前景的十分彷徨苦闷。国家危亡也进一步引发民族文化的危机，儒家传统的封建礼教禁锢和钳制着人性与思想，封建宗法也成了阻碍中国发展的最大束缚。为了进一步宣传民主和科学思想，李大钊毅然选择放弃日本未完成的学业，回国参加了新文化运动。这时候的他以一个激进民主主义者的身份对时局、封建伦理道德进行强烈批判，他认为儒家学说已不能适应时代的发展，"孔子或者其他先贤，他们只是一代哲人，而绝不是万世师表，他们的学说，之所以能在中国畅行了二千余年，全是因为中国的农业经济没有很大的变动，他的学说适宜于那样的经济状况的缘故。现在经济上生了变动，他的学说，就根本动摇，因为他不能适应中国现代的生活、现代的社会"①。职是之故，李大钊接连在《新青年》上发表《青春》《宪法与思想自由》《新旧思潮之激战》《孔子与宪法》等多篇文章，大力倡导民主政治、科学思想、自由解放和个体观念等，反对专制和蒙昧，在启迪国人方面起到了十分重要的作用。

第一次世界大战爆发后，先进知识分子对西方资产阶级文明反思和不信任进一步加剧。中国道路在何方？这是李大钊等先进知识分子迫切需要回答和解决的严峻问题。1917 年，俄国十月革命的胜利，证明了马克思主义的科学性和正确性，也为中国的革命事业指明了前进的方向。李大钊敏锐地意识到俄国十月革命的胜利意义和马克思主义的重大思想价值，因此率先举起了马克思主义的大旗。毛泽东对李大钊作为马克思主义的播火者给予了高度评价，指出："没有中国共产党以前就有马克思主义了，如果没有马克思主义怎么会有共产党呢？事实上，那时候李大钊他们就是宣传马克思主义的，那时候的报纸、刊物、书籍都

---

① 《李大钊全集》(第三卷)，人民出版社 2006 年版，第 149 页。

在……实实在在,有书为证。"①从 1918 年李大钊发表第一篇文章《法俄革命之比较》直至牺牲,他对马克思主义都有着坚定的信仰,并为马克思主义在中国的传播做出了巨大的贡献。正如习近平同志指出:"李大钊同志对信仰和真理矢志不移,为传播和实践马克思主义而英勇献身,真正做到了自己所说的'勇往奋进以赴之'、'瘅精瘁力以成之'、'断头流血以从之'。"②

1918 年 7 月,李大钊在《言志》上发表了《法俄革命之比较观》,从而真正开启了马克思主义在中国传播的时间窗口。该文深刻比较了法俄革命的性质,指出"俄罗斯之革命是 20 世纪之革命,是立于社会主义上之革命,是社会的革命而并著世界的革命之采色者也"③。是年 12 月,李大钊接连发表了《庶民的胜利》和《Bolshevism 的胜利》等多篇文章,强调了俄国十月革命正是依靠马克思列宁主义和群众运动获得了胜利,进而指出对于社会主义性质的革命,我们应该是"只能迎,不能拒的"。基于这些认识,李大钊不仅明确了"好比在沉沉深夜中得一个小小的明星,照见新人生的道路"④,也表明了他开始由激进的、爱国的民主主义者转向为马克思主义者。五四运动后,李大钊又陆续发表了《史学思想史》等文章,特别是《我的马克思主义观》一文,第一次全面系统地介绍了唯物史观、政治经济学和科学社会主义三大部分。虽然由于时代局限,其中的某些表述不够准确,但是对推动革命和思想的进步产生了重要意义,也促使了更多的知识分子投入学习进而掌握马克思主义。他还积极支持

① 王海编著:《纪念李大钊》,中央文献出版社 2008 年版,第 169—170 页。
② 习近平:《在纪念李大钊同志诞辰 120 周年座谈会上的讲话》,《人民日报》2009 年 10 月 29 日第 2 版。
③ 《李大钊全集》(第二卷),人民出版社 2006 年版,第 226 页。
④ 《李大钊全集》(第二卷),人民出版社 2006 年版,第 268 页。

创办《劳动者》等马克思主义刊物,率先在高校开办《唯物史观》等马克思主义课程,与非马克思主义和反马克思主义思潮开展论战。他既注重引导知识分子和工人阶级相结合,也高度重视农民问题,号召广大知识分子进入农村宣传发动农民支持革命。这一系列工作吸引了大批青年知识分子学习、研究和传播马克思主义,不仅坚定了他们对马克思主义的信仰,也开创了知识分子和工农结合的新形势,为中国共产党的成立做了思想上和干部上的准备。

李大钊既是马克思主义的播火者,也是马克思主义中国化的播种者。面对近代危局,强烈的时代使命感与历史责任感驱动着李大钊积极探索适合中国革命发展的道路。而在革命的日子里,李大钊又倡导了五四新文化运动,积极传播、践行马克思主义,引领社会思潮、思想解放以及价值重塑,为中国共产党的创建、发展和马克思主义的中国化都做出了至关重要的贡献。"策马玉门关,不为儿女颜。悲歌出易水,壮志出天山。"①李大钊以荆轲自比,最后以顽强刚烈、不怕牺牲的精神慨然赴死。毕其一生,他都始终践行着至诚的爱国情怀,始终葆有忧国忧民的赤子之心,始终具有坚定的理想信念和革命品格,始终都在苦苦追寻"求一可爱之国家而爱之"和"解民于倒悬"的真理。

3. "中华民族新文化的方向"——鲁迅

鲁迅是 20 世纪中国文坛上的巨人。他在文学的变革方面作出了有益的贡献,既推动了新文学的创造和建设,也对国民性和旧文学予以批判与改造,对五四新文化运动以后中国社会的思想文化发展具有重大影响。鲁迅生于一个封建传统家庭,自幼受到儒家伦理的严格教育,但他更像是封建士大夫阶级的反叛者。他对儒家经典并不是很喜欢,反而偏

---

① 《李大钊全集》(第五卷),人民出版社,2006 年,第 241 页。

爱民间野史和文艺杂记,对《山海经》《三国演义》《聊斋志异》等小说也颇有涉猎,由此培养了深厚的学识和敏捷的思维能力。家庭环境和文化环境使得他深受民间文化和传统文化的熏陶与浸染,"使其具有了'知其不可为而为之'的积极进取意志,以及'先天下之忧而忧,后天下之乐而乐'的忧患道德情怀"①。

1898年,维新变法运动由火热兴起到迅速破灭,时局一度又变得暗淡无光。面对如此光景,鲁迅倍感痛心疾首。同年他便带着如何改变现状的思考来到了南京求学进修。当时社会留给读书人的有三条路——读书做官、做幕僚以及经商,而鲁迅"仿佛是想走异路,逃异地,去寻求别样的人们"②。他选择进入新式学堂学习,在这里他不仅接触到了数学、物理等自然科学,也大量阅读了诸如《天演论》《孔子改制考》等国内外社会科学著作,这些都大大拓展了他的视野和见闻。特别是严复在《天演论》中提出的进化论的思想让他备受启发,这使他深刻认识到"物竞天择,适者生存",如果国家和民族在竞争激烈的环境中不奋发图强,就无法生存发展。

1902年,鲁迅公费留学日本学医,原本是希望通过学习先进的医术,改善被外国人讥讽"东亚病夫"境况。然而,来自弱国的他备受军国主义倾向的日本人歧视,同时幻灯片事件又让他发现中国人精神上的麻木,这种残酷和悲凉的现实让他受到了极大的刺激,"所以我们的第一要著,是在改变他们的精神,……于是想提倡文艺运动了"③。他意识到治病固然很重要,但精神上的改变才真正能够转变中国悲剧命运的方向。此后,鲁迅选择弃医从文,出版了第一部译作《域外小说集》,发表了《人

---

① 黄健:《论鲁迅文化人格的精神结构》,《学术探索》2014年第6期。
② 朱正:《周氏三兄弟》,东方出版社2003年版,第17页。
③ 《鲁迅全集》(第一集),人民文学出版社1957年版,第5页。

之历史》《斯巴达之魂》《破恶声论》等重要且具有深刻含义的文章。尽管在文学上做了诸多努力，但在当时却没有产生较大的反响，他只能黯然寂寞地返回国内。

1909 年，鲁迅回到国内。此时国内革命形势迅速发展，他以极大的热情参政议政，对革命的成功抱有很大的希望。然而形势不如人意，辛亥革命尽管推翻了清政府，却被袁世凯篡权，帝制复辟势力也日益猖獗，鲁迅内心十分的失望和痛苦。1912 年至 1917 之间，因为痛感社会现实的麻木，他通过誊抄古碑、校对古籍、阅读佛经等方式希望能逃避社会的约束以及排遣内心的苦闷与黑暗。五四新文化运动兴起之后，鲁迅发表了《狂人日记》，发出了心中的呐喊，把延续千年的封建社会历史斥为"吃人"的历史。此后鲁迅以笔为戈，与恶势力开始了新的战斗。除了发表文章，他以未名社、语丝社等报社为阵地，编辑出版的《语丝》《莽原》《鼓浪》《萌芽》等杂志，旨在改良社会、启迪群众，唤醒国民的精神意识、发展新文学和传播新思想。特别是鲁迅新的创作文体、创作风格在文坛上产生了巨大的影响，其作品思想内容锐意进取、颇富生气，有着强烈的舆论导向和政治立场，推动了中国的文学革命。"我自己知道实在不是作家，现在的乱嚷，是想闹出几个新的创作家来……破破中国的寂寞。"[1]在鲁迅看来，培养青年一代迫在眉睫。因此，他以"俯首甘为孺子牛"的精神对从事革命文学、编辑出版的青年作家们爱护有加，尊重和充分发挥他们的个性，期望能吸引更多的有志青年加入以笔从戎、抗争救国的道路，对黑暗制度和社会予以更多的抨击。

"鲁迅从进化论进到阶级论，从绅士阶级的逆子贰臣进到无产阶级和劳动群众的真正的友人，以至于战士，他是经历了辛亥革命以前

---

① 鲁迅：《集外集拾遗》，人民文学出版社 1993 年版，第 11 页。

直到现在的四分之一世纪的战斗,从痛苦的经验和深刻的观察之中,带着宝贵的革命传统到新的阵营里来的。"[1]20世纪30年代后,鲁迅逐步完成了从民族主义者到马克思主义者的转变。在革命文学论战之中,通过深刻领会马克思主义辩证法,鲁迅提出"文学有阶级性,在阶级社会中,文学家虽自以为'自由'自以为超了阶级,而无意识地,也终受本阶级的阶级意识所支配,那些创作,并非别阶级的文化罢了"[2]。在鲁迅看来,马克思主义文化除了具有自身特性,还具有鲜明的阶级性。因此,应该强调文学创作要注重实际、反映时代要求和社会现实,特别是要为人民群众服务。同时,也应辩证对待传统文化和外来文化,采取批判的态度而非全盘否定,做到取其精华、去其糟粕,从而大力推动马克思主义文化大众化发展。此外,鲁迅还译介了诸如《艺术论》《文艺与批判》等苏联文学作品、倡导新兴木刻等。这些活动对推动马克思主义在中国本土化的传播,培养无产阶级的革命战士,以及进一步引导中国文化的发展方向,都起着重要的作用。毕其一生,鲁迅始终坚持"立人"的思想。他有着明确的政治立场和导向,以坚决革命的信念不屈不挠地与旧恶势力作斗争,以赤子真心为塑造精神健硕、自由独立的新国民而努力。鲁迅求真务实的科学态度和扎实严谨的学风,不仅为中国新文学和新文化的建构与发展作出了巨大的努力,也影响着一大批知识分子,在知识探求和公共关怀的道路上勇敢前行。鲁迅与那一时期的知识分子一同为中国的文化注入新鲜血液影响和激励当代知识分子继承和发扬他们的思想和精神,始终明确将学术为国、理性创新作为自己的使命与责任。

---

① 瞿秋白编录并序:《鲁迅杂感选集》,上海文艺出版社1980年版,第20—21页。
② 《鲁迅全集》(第四卷),人民文学出版社1981年版,第205—206页。

近代知识分子大都学识渊博、人格独立,他们站在时代的前列,善于学习和反思,崇尚科学、追求真理,敢于批判现实,具有强烈的忧患意识和历史责任感。严复、李大钊、鲁迅三人作为其中的典型代表,以强烈的爱国主义精神和担当意识,成为近代知识分子的楷模。但近代知识分子群体规模庞大,人才济济,其中也包括其他许多有识之士为追求民族独立、国家富强而奉献了众多的心血和精力,为后人所敬仰和尊重。如开展"虎门销烟"并被誉为近代中国"开眼看世界第一人"的林则徐,倡导"经世致用"思想的龚自珍,提出"师夷长技以制夷"主张的魏源等一批从地主阶级抵抗派中涌现出来的早期知识分子;提出"中体西用"主张的冯桂芬,提倡"商战"主张的郑观应等早期维新思想代表人物;再如康有为、梁启超、谭嗣同等为救国而求变法,兴起戊戌变法运动的资产阶级维新派代表;组织领导资产阶级民主革命的孙中山、黄兴,以及宣传民主革命思想的章炳麟、邹容、陈天华等资产阶级革命派知识分子;致力于五四新文化运动的陈独秀、胡适、蔡元培、郭沫若、钱玄同、刘半农等先进知识分子;致力于捍卫中华文化传统,成为中华文明复兴的楷模与学术思想典范的陈寅恪、辜鸿铭、王国维、柳诒徵、梁漱溟、熊十力、马一浮、钱穆等一代贤哲宗师;毛泽东、周恩来、李达、邓中夏、蔡和森、瞿秋白、赵世炎、陈望道、张太雷、张闻天、罗亦农等早期共产主义知识分子;此外还有如哲学家冯友兰、贺麟,历史学家傅斯年、顾颉刚,政治学家罗隆基,社会学家潘光旦、费孝通,文学家朱自清、闻一多、巴金、冰心等后五四知识分子。当然,也有一些知识分子由于自身阶级的局限性,产生过一些错误的思想主张。如有些大力提倡用改良的方法来代替社会革命,有些则极力主张"全盘西化",还有些过度批判甚至极端否定中华文化,还有甚者如一些买办化的知识分子,竭力为帝国主义侵略者服务,美化列强的侵略行径等等。但这些毕竟只是很少一部分人,而绝大多数知识分子在接受了新思想、新文化之后，都走上了寻求民族独立、国家富强的道路。总之，近代知识分子群体为探索中华民族救亡图存之路、寻求救国救民的真理而前仆后继，坚持不懈、敢于斗争，为中华民族的振兴和近代社会的进步立下不朽功勋，他们的贡献值得后人所铭记，他们所形成的近代知识分子精神更值得后人传承和发扬。

（二）近代知识分子精神的群像展示

近代以降，中国社会饱经沧桑，空前的民族危机和西方文明的巨大冲击，促使士大夫逐渐的转型。近代知识分子，特别是经受五四新文化运动洗礼后的先进知识分子，与传统士人相比，他们基本摆脱忠君崇道的束缚，也冲破科举入仕的传统人生路径。然而，士大夫那种"抱道忤时"的忧患意识和家国情怀却一脉相承。他们以强大的历史自觉在救亡图存的道路上探索前进、力挽危局。无论是变法革命、实业强国，还是启蒙思想、抗日救国等，他们都以饱满的政治热情、强烈的历史责任感和现实批判意识，为近代社会的发展进步注入强大力量。

在这一过程中，他们形成了"国耻未雪，何由成名"的忧患爱国意识、"人格独立，不平则鸣"的现实批判精神、"志气清坚，以文化人"的高尚道德操守、"勇立潮头，理性争辩"的学术创新品质等近代知识分子精神。这是近代先进知识分子身上共同具备的精神品质，也是深刻烙印在基因血脉和传承在中华优秀传统文化宝库中的瑰宝，深刻彰显出他们的历史责任和时代风采。

1. "国耻未雪，何由成名"的忧患爱国意识

无论是古代的士人还是近代的知识分子，他们都始终有着心系天下的忧患意识，把国家民族之大事视为自己的责任担当。"忧患"一词最早出自《周易》。千百年来忧患意识一直怀揣在知识分子的心中，它绝不是对个人的绝望、消极或患得患失，而是在观照现实、反思社会过程中诞生

出的忧国家艰难和察民生疾苦的历史责任感。每当国家苦难危亡之时，也正是知识分子们忧患意识凸显的时候。

真正的"士人"早已泯灭在历史长河之中，但"士人"的精神品格、道德传统却未曾磨灭。古代士人的忧患意识首先就是忧道，"君子忧道不忧贫"。相较于传统士人，近代先进知识分子更多的是上升到忧国忧民。无论是秋瑾的"祖国沉沦感不禁，闲来海外觅知音"，还是董必武的"只有精忠能报国，更无乐土可为家"，抑或是徐锡麟的"只解沙场为国死，何须马革裹尸还"，都是对此的深刻体现。

近代知识分子基本摆脱了道统和君统的双重负担，不再以"忠君事亲"为行事准则，也冲破了"学而优则仕"的人生路径。但士大夫那种"抱道忤时"的忧患意识和家国情怀却一脉相承了下来，并在这数千年未有之大变局中，被注入了鲜明的时代特色和内容。他们诞生于半殖民地半封建社会，伴随着坚船利炮和西方文明的入侵，农业与工业、先进与落后、压迫与反抗、科学与愚昧、专制与民主等多重矛盾交织激荡，他们的忧患意识因而更为持久和强烈。

"投身于社会变革的激情与作为精英的使命感的结合，造出了极为动人的精神景观"①，近代知识分子的忧患意识和责任担当紧密相连，这往往体现为对西方列强侵略的抗战、对国内封建专制的抨击、对民生疾苦的关切、对传统文化的反思批判以及提出全面的适合国情的救国方案。从康有为、梁启超、谭嗣同到孙中山、黄兴再到陈独秀、李大钊、毛泽东、鲁迅等等，或是维新变法、民主革命，或是以笔为戈、反思启蒙，抑或是工农结合，近代知识分子群体始终都秉持着"吾济不出，奈苍生何"的以天下为己任、爱国为民的历史责任感，以"铁肩担道义，妙手著文章"的

---

① 王富仁：《灵魂的挣扎　文化的变迁与文学的变迁》，时代文艺出版社1993年版，第1页。

精神品格,义无反顾地交出了合乎人民利益和时代需要的答卷。

此外,忧患意识又表现为忧国忧民的爱国主义精神。列宁指出:"爱国主义就是千百年来固定下来的对自己的祖国的一种最深厚的感情。"①中华文明是唯一历经五千余年风雨依旧传承至今的文明,即使饱经风雨,依然巍然耸立。这其中很大的原因就是兼收并蓄、求同存异的中华优秀传统文化为中华民族的培育和壮大以及延续至今提供了连绵不断的强大动力。而身先士卒的家国情怀与坚贞不屈的爱国主义精神,是植根于中华优秀传统文化之中、熔铸于中华民族血脉之内的一种巨大精神力量。它表现为无数来自不同阶层、派别的仁人志士对国家和民族的无限眷恋,对前途命运的关切和奋斗以及使命担当,而这种精神动力正是推动中华民族发展进步和自强不息的关键支撑与精神支柱。

"对每一个中国人来说,爱国是本分,也是职责,是心之所系、情之所归。"②近代以来,反侵略反封建、求独立求民主是近代知识分子爱国精神的核心和主题。自 1840 年第一次鸦片战争开始,面对山河破碎、社会黑暗、帝国主义的侵略和封建主义的压迫,有胆有识的先进知识分子们以国家民族利益为重,抛头颅洒热血、粉身碎骨在所不惜,期望在向西方学习中寻找到一条救国救民之路。无论是"苟利国家生死以,岂因祸福趋避之",还是"我自横刀向天笑,去留肝胆两昆仑",无论是"中学为体,西学为用",还是"共和革命",抑或五四新文化运动的思想大解放,从学习器物到制度再到文化,中国先进知识分子始终以救亡图存为核心,不只是提出如何爱国、报国、强国、救国,而是更多地把这些经过深邃缜密

① 《列宁选集》(第三卷),人民出版社 1972 年版,第 608 页。
② 《习近平谈治国理政》(第三卷),外文出版社 2020 年版,第 334 页。

的思考和主张"经世致用",运用于实际之中。他们前赴后继,慢慢探索出一条真正适合中国独立富强的道路。

"历史深刻表明,爱国主义自古以来就流淌在中华民族血脉之中,去不掉,打不破,灭不了,是中国人民和中华民族维护民族独立和民族尊严的强大精神动力。"①近代以来中国人民最伟大的梦想就是实现中华民族伟大复兴,这是近代深重苦难中孕育发展起来的。近代知识分子正是为了这个梦想,"以爱国相砥砺,以救亡为己任"。即使步履维艰,他们也从未想过放弃,不论条件如何艰苦,不论前途是否未卜,不论有多少艰难险阻,知识分子群体都毅然面对。而这种坚定的理想信念,决然离不开中国知识分子的爱国主义传统。

2."人格独立、不平则鸣"的现实批判精神

"批判是人类所特有的活动方式。它包括观念形态的精神批判活动和物质形态的实践批判活动。……批判作为否定现状和实现理想的活动,它直接地表现为揭示、辨析、鉴别和选择的过程。"②因此,知识分子运用自身掌握的学识、理论对自身、社会、实践活动、思想主张等进行反思、扬弃和创新,通过批判来指出问题和症结所在,并相应提出独特的见解就是"批判精神"。"从事批评和维持批判的立场是知识分子生命的重大方面"③,知识分子是社会公共事务的参与者和行动者,具有现实批判精神和批判意识是知识分子的本质所在,也是其促进自身发展、社会革新的重要途径。

---

① 习近平:《在纪念五四运动 100 周年大会上的讲话》,人民出版社,2019 年,第 3 页。
② 孙正聿:《理论思维的前提批判——论辩证法的批判本性》,辽宁人民出版社 1992 年版,第 4 页。
③ [美]爱德华·W. 萨义德:《知识分子论》,单德兴译,生活·读书·新知三联书店 2016 年版,第 4 页。

中国古代传统社会由于社会结构、意识形态和思维方式的局限,更注重"天不变,道亦不变"的思维逻辑,行动上偏向保守、卫道、教条和迷信权威。近代以来,由于社会的剧烈变动,各类思潮相互激荡。特别是理性思维代替了教条与权威,使得勇于质疑和创新成为社会的风气。知识分子的质疑与现实批判精神也逐步盛行。而近代知识分子的批判精神更多地集中于对现实政治和儒家文化的批判。他们对传统的纲常伦理和陈腐不堪的专制制度进行猛烈抨击,这一批判在甲午战争之后更为强烈地展示出来,谭嗣同"四万万人齐下泪,天涯何处是神州"便是明证。甲午战败极大地刺激了先进知识分子,"中国败弱之由,百弊丛积,皆由体制尊隔之故"①,因此,"今日欲救中国,无他术焉,亦先建设一民族主义之国家而已"②。梁启超就十分明确地指出,拯救中国并在生存竞争中存活的首要工作就是把中国改造成民族国家,唤醒国民意识。同时,他也认为要树立国家观念,就必须对天下代替国家的传统思维予以强烈批判,必须分清天下、国家、国民、朝廷的区别、界限与关系。作为中国揭示和宣传近代民族主义的第一人,他率先引入了"中华民族"一词,并给予"民族"一词以现代含义,又号召国民迅速培养这一民族意识。他还深刻论证了建立多民族国家的可能性和必要性,特别是其撰写的《少年中国说》《中国积弱溯源论》《新民说》《爱国论》等文章所传递的思想,对于当时唤醒国家意识、培养国民精神以及促进民族团结抵御侵略作出了巨大的贡献。再如严复指出:"秦以来之为君,正所谓大盗窃国者耳。国谁窃?转相窃之于民而已。"③他认为,君主篡夺了人民的权力,又转过来压制人民,也就造成了社会的循环动乱,因此必须推翻专制制度。资产

---

① 汤志钧编:《康有为政论集》,中华书局 1981 年版,第 219—220 页。
② 梁启超:《饮冰室文集点校》(第二辑),云南教育出版社 2001 年版,第 802 页。
③ 《严复集》(第一册),中华书局 1986 年版,第 35 页。

阶级革命派的思想则更为激进。邹容、章炳麟等人极力痛斥国民的"无国性",他们以西方先进意识形态为武器猛烈抨击封建纲常伦理。他们号召国民"扫除数千年种种之专制政体,脱去数千年种种之奴隶性质"①,主张采用革命的手段推翻腐朽无能的清政府,强调"排满兴汉",主权在民,各民族平等。以救亡为主线,改良派和革命派的先进知识分子们先后发动了戊戌变法和辛亥革命,尽管他们各自的出发点、思想认识和利益纠葛不同,但都在很大程度上使得人们逐渐认识到国家主权、民族文化等民族国家的特征,进而激发国人民族国家意识的觉醒。同时,他们也推动广大国民团结起来共同抗击侵略,将国民责任意识提升到一个新的高度。而对于学术文化的批判更为持久和激烈。正如谭嗣同所说"朝鲜人亦有言曰:地球上不论何国,但读宋、明腐儒之书,而自命为礼义之邦者,即是人间地狱"②。封建社会延续数千年的根本就在于儒家的纲常名教的延续,这套思想对国民的思想、人性等都极为地禁锢,影响颇深。

纵观整个五四新文化运动,五四知识分子们的这种批判精神光彩夺目、贯穿始终。首先是对传统文化的批判。以"阐发近世文明由来,输入世界最新思潮;改造青年之思想,辅导青年之修养"③为主旨的《新青年》成了主阵地,陈独秀、李大钊、鲁迅、胡适、梁漱溟、陈寅恪等知识分子"铁肩担道义,妙手著文章",扛起"科学"和"民主"两面大旗,宣扬"四提倡四反对",强调人的解放,对封建伦理道德严厉批判。毛泽东同志在《新民主主义论》中曾说过:"五四运动所进行的文化革命则是彻底地反对封建文化的运动,自有中国历史以来,还没有过这样伟大而彻底的文化革命。

---

① 邹容:《革命军》,冯小琴评注,华夏出版社2002年版,第7页。
② 谭嗣同:《仁学》,吴海兰评注,华夏出版社2002年版,第113页。
③ 陈独秀:《答王庸工(国体)》,《青年杂志》1915年第1期。

当时以反对旧道德提倡新道德,反对旧文学提倡新文学,为文化革命的两大旗帜,立下了伟大的功劳。"①相较于之前维新运动和辛亥革命知识分子的新旧斗争依旧存在的内在世界,五四运动这场声势巨大的思想解放运动一扫封建颓废,拨开了笼罩在思想界的层层迷雾,激进民主主义者对旧式学术、文化、思想的决裂和批判,这一举动大大提高了广大民众的民主主义觉悟,极大振奋了民族精神,也进一步促进了广大青年的觉醒和成长,促使他们在精神上获得了自由和解放,"是中国旧民主主义革命走向新民主主义革命的转折点,在近代以来中华民族追求民族独立和发展进步的历史进程中具有里程碑意义"②。其次,由于北洋政府对外妥协、对内压迫以及签订"二十一条"的丧权辱国之举,推动青年学生们迅速组织起来。他们集会讲演、宣示口号,以丰富的批判形式号召工人群众等群体积极参与和广泛支持。同时,在此后的三次思想论战中,知识分子更鲜明地阐释了他们的批判精神,在对各种理论思潮的辩论中,坚定选择了马克思主义,并为其更加深入的传播以及与中国的实际相结合作出了重要的努力与贡献。

3. "志气清坚、以文化人"的高尚道德操守

"精神的力量是无穷的,道德的力量也是无穷的。"③近代知识分子承继了传统士人重德行、讲道德、好修身的优秀品质,拥有志气清坚的高尚道德操守。近代知识分子救亡图存、变革中国的征程艰难困苦,既面临各种守旧势力的攻讦和污蔑,也面临封建政府、军阀集团的镇压和阻挠,还有着各类思潮逆流的歪曲和仇视。但是,他们始终坚持人格独立、不畏强暴、不计得失,这种德行高尚、高风峻节的文人风骨留下了光辉的

① 《毛泽东选集》(第二卷),人民出版社 1991 年版,第 700 页。
② 习近平:《论中国共产党历史》,中央文献出版社 2021 年版,第 240 页。
③ 《习近平谈治国理政》(第一卷),外文出版社 2018 年版,第 158 页。

印记。

鲁迅曾说:"真的知识阶级是不顾利害的,如想到种种利害,就是假的,冒充的知识阶级。"①他以笔为刃,即使内心孤独、苦闷,笔锋却依旧锐意进取、颇具朝气。他深刻意识到,只有树立自立自强的精神,具有要求革命进步和与旧事物斗争的坚定信念,才能探索到中华民族新文化的方向所在。还有一些知识分子即使生活窘迫,也不与反动势力沆瀣一气,坚决捍卫真理,坚决抵制各类物欲、名利的诱惑与桎梏,沉潜奋发。诸如朱自清宁肯选择饿死,也不愿吃洋面;呼唤着"今天只有'人民至上',才是正确的口号"的闻一多,为了成为人民的代言人、新事业的斗士拍案而起,却倒在了国民党的枪口之下;还有为了追寻马克思主义真理的早期共产主义者陈独秀、李大钊等人,被迫离开北大教学岗位,即使生活清苦,却始终坚守真理。这些近代知识分子所展现出的高尚人格和清高气节,为推动先进思想文化的传播提供了巨大的精神动力。

同时,近代社会"旧思想、旧道德"畅行,社会、青年、群众亟需被"唤醒",近代知识分子们期望"以文化人、以德育人",从而唤醒人性、唤醒生命、唤醒尊严。诸如李大钊在 1913 年撰写的《暗杀与群德》一文中写道:"战国之际,任侠成风。秦暴而荆卿献匕,韩亡而子房椎车……晚清之季,吾族男儿,慨中原之陆沉,愤虏廷之误国,相率乞灵于铁血者,则有吴樾之炸五使,徐伯荪之殪恩铭,燕都桥下,精卫飞来,良弼门前,彭公尽节。一瞑不顾,视死如归,群德将有复活之机,遂以开民国方兴之运。而孰知夫昔以殄民贼者,今乃伤我国士;昔以功我民国者,今乃祸我民国。神州光复之后,吾群德之堕落,乃反有江河日下者哉! 痛矣,吾群德之衰

---

① 鲁迅:《集外集拾遗补编》,人民文学出版社 2006 年版,第 224 页。

也。"①这段话清楚地表明了他对当时社会德行缺失的不满,希望用中国传统的侠客之风和铁血精神来唤醒国民。

在五四知识分子看来,中国积贫积弱的原因很大程度上就是缺少具有个体意识和独立人格的"人"。五四新文化运动以前,他们更多的还只是在思考和探讨群体性质的"国民"。而运动发生后,重心不在是"群",而是移向了"己",即更加的突出个性、自我和个体的价值。并且,这种个体价值本身就是目的,不再作为"国"的手段存在。五四新文化运动催生了一批具有独立意识和认知、宣传个性解放和自由的独立知识分子。陈独秀、鲁迅、胡适等人以《新青年》为主要阵地,秉持"科学"与"理性"的认知,大力倡导新文化和新道德,宣扬自由、平等、民主、独立的理念。他们对"吃人"的传统礼教和旧道德传统发起了猛烈的抨击,努力去创建一个"人的世界"。由此试图"改造青年之思想,辅导青年之修养",进而唤起人们尤其是青年个体意识的觉醒。如陈独秀指出要"(西洋)举一切伦理、道德、政治、法律、社会之所向往,国家之所祈求,拥护个人之自由权利与幸福而已"②,希望从思想文化上打破不合时宜的旧的人与人、人与社会的关系,以使个人从封建伦理纲常的罗网中觉醒并解放出来。此外,在发现人的同时,他们也深刻触及妇女儿童意识的觉醒和解放。无论是胡适的《贞操问题》和《我的儿子》,还是鲁迅的《我之节烈观》和《我们现在怎样做父亲》等文章,都对传统落后的"节烈""孝道"进行了强烈的批判,始终坚持倡导妇女解放,为妇女儿童要求尊严、地位和个体价值摇旗呐喊。

---

① 《李大钊全集》(第一卷),人民出版社 2006 年版,第 22 页。
② 吴晓明:《德赛二先生与社会主义——陈独秀文选》,上海远东出版社 1994 年版,第 26—27 页。

4."勇立潮头、理性争辩"的学术创新品质

"不受一切传说和迷信的束缚,要寻着什么是真理。"①近代知识分子,特别是经受五四新文化运动洗礼之后的先进知识分子,在学术创作上始终坚守着求真务实、勇于创新、理性争辩、独立思考的精神,在救国救民的道路上,无论遇到多少艰难险阻和磨难坎坷,都没有动摇他们追求真理、革新求变的热忱。也正是因为这些精神品质,才造就了近代文学创作的辉煌成就,也对先进思想文化的传播和捍卫、对广大人民群众的启蒙和动员产生了巨大影响。

1917 年,蔡元培执掌北京大学,主张"兼容并包,思想自由",提倡学术独立和加强学术研究,广泛吸收各家之长。这些举措从思想学术上引领广大知识分子开创出一股新潮流,冲破了旧有习俗。这一主张吸引延揽了大量有真才实学的知识分子如陈独秀、李大钊、鲁迅、胡适、钱玄同、李四光、梁漱溟等汇聚北大。一时之间,少长咸集,学术风气大为浓厚。同时,在敢于革新求变为天下先的精神鼓舞下,学术创作呈现欣欣向荣的气象。蔡元培还大力支持新文化运动,并允许《新青年》在北大出版。陈独秀曾指出:"新文化运动必须重视创造精神。创造就是进化,世界正是通过创造得到进化的。我们不仅要对旧文化不知足,而且还要对新文化不知足。我们不仅要对东方文化不知足,还要对西方文化不知足。正因为我们的不知足,文化就会有创造的空间。"②正是这种创新精神,面对旧文学旧思想的复辟、尊孔复古的逆流以及反动势力的镇压,五四知识分子不畏强权,毅然决然以笔为戈,以《新青年》为阵地,把民主和科学视为理想追求,用开放的心态和广阔的视野对传统

---

① 中共中央党史和文献研究院,中央档案馆编:《中国共产党重要文献汇编》(第一卷)(一九二一年七月——一九二一年十二月),人民出版社 2022 年版,第 125 页。

② 任建树主编:《陈独秀著作选编》(第三卷),上海人民出版社,1993 年,第 128 页。

文化的不足予以反思和批判,决意"冲决过去历史之网罗,破除陈腐学说之囹圄"①。

李大钊也认为创造才是人类文明进步的动力,"人类之生活,须时刻尽自己最大之努力,朝最高理想前行,流转无穷,把那团体和腐朽之功能逐一扫清,创造出一个新局面"②。他认为只有彻底地打破旧环境才能创造出一个适合生存发展的全新境况。胡适也颇为推崇创新精神,认为西方文化是"不知足的",而中国文化是"知足的"。他主张,必须以积极进取的西方文化来代替安于守成的中国文化,由此才能推动社会文化的发展进步。虽然,这种观念失之偏颇,但也说明当时创新意识的盛行。此外,五四知识分子们还十分关注青年学生的成长成才,大力号召广大青年学生传播新思想、新科学,并以此为思想武器来批判封建迷信,积极追求民主、自由的科学理念。

同时,面对不断涌入的各种西方思潮,五四知识分子以敢于怀疑、独立思考的精神品质,不迷信盲从、因循守旧,秉持着独立人格对各种思潮予以分析研判,在迷惘与困惑的探索中最终找到了马克思主义这一科学真理,也为中国的前途命运找到了一盏指路明灯。尽管他们对传统文化持有近乎全盘否定的态度,甚至有些极端和错乱,但对当时引领国人冲破封建伦理纲常的束缚的确发挥了重要作用。"士之读书治学,盖将以脱心志于俗谛之桎梏,真理因得以发扬。"③抗日战争时期,知识分子在战火与知识、毁灭与重建并存的地方成立了西南联大,秉持着"自由之意志和独立之精神"的价值取向与学术传统,不畏艰苦,坚持办学。与此同

---

① 《李大钊全集》(第一卷),人民出版社 2006 年版,第 191 页。
② 《李大钊全集》(第二卷),人民出版社 2006 年版,第 266 页。
③ 陈寅恪:《清华大学王观堂先生纪念碑铭·金明馆丛稿二编》,上海古籍出版社 1980 年版,第218 页。

时,他们始终坚持维护理性思考、独立表达以及追求真理的权利,也极为看重学术品格和风范。理性争辩,不为胜负,学术为大,由此培养了一大批各领风骚、卓有成就的优秀人才,造就了"百家争鸣、大师辈出"的局面,为中国乃至世界的发展进步作出极为重大的贡献。

第三章

转型期知识分子的精神画像与现实突围

　　新中国成立之初,不少知识分子表现出极大的参政热情,并为国家的建设贡献出巨大力量。然而,在1957年反右派斗争扩大化至"文化大革命"这一时期内,知识分子也受到较大冲击。改革开放以来,长期被边缘化的知识分子群体积极向政治社会生活的核心地带靠拢,重新扮演了社会批判者和思想启蒙者的角色,引领了继五四运动之后中国第二次思想解放的浪潮。在20世纪80年代中后期,中国知识界热切关注的议题之一便是知识分子的使命感,以及他们在社会主义现代化建设中的角色和功能。

　　陶东风曾把中国社会"转型期"分为两个阶段。第一个阶段为思想观念转型期,时间为20世纪70年代末至80年代中后期。这段时间因突出思想革命和意识形态的调整,人文知识和人文知识分子发挥着更重要的作用,而科技知识分子在舆论导向上的影响力则相对较低。第二个阶段是从20世纪80年代末至21世纪初期,这个时期的社会转型经过前期的思想观念转型的铺垫而付诸实践操作层面,以经济为中心的社会实践全面而深刻地改变着人们的生活①。

　　本章所论述的"转型期"主要指20世纪80年代末至21世纪初期,

---

① 陶东风:《知识分子与社会转型》,河南大学出版社2004年版,第36页。

也就是陶东风所讲的第二个阶段。在这一时期,整个社会重心由政治转向经济,价值价值取向变得多元。一方面,不少知识分子的主体意识和政治意识相对增强,文化意识更包容,有效推动社会主义现代化事业的发展。另一方面,在市场经济大潮的冲击及功利主义、现实主义等社会思潮的影响下,一些知识分子也面临着边缘化、专业化、体制化和官僚化的发展困境,出现了责任使命的弱化动摇、批判精神的淡化衰弱等精神危机。对此,不少知识分子试图从诸多方面来改变面临的不利境遇与精神困境,以期实现有效突围。

一、社会主义革命和建设时期知识分子积淀的精神养料

从新中国成立至转型期的一段时间里,党的主要任务是为中华民族伟大复兴奠定根本政治前提和制度基础。这一时期,广大知识分子的精神面貌随着中国的发展而展现出不同的样态。

(一)在"上山下乡"中形成的吃苦耐劳、无私奉献精神

在中华民族发展史中,广大知识分子展现出了巨大的潜力。1949年3月,毛泽东于《在中国共产党第七届中央委员会第二次全体会议上的报告》中指出:"无产阶级领导的以工农联盟为基础的人民民主专政,要求我们党去认真地团结全体工人阶级、全体农民阶级和广大的革命知识分子,这些是这个专政的领导力量和基础力量。没有这种团结,这个专政就不能巩固。"[1]为进一步团结知识分子,毛泽东在4月的《中国人民解放军布告》中要求:"保护一切公私学校、医院、文化教育机关、体育场

---

[1] 《毛泽东选集》(第四卷),人民出版社 1991 年版,第 1436—1437 页。

所,和其他一切公益事业。凡在这些机关供职的人员,均望照常供职,人民解放军一律保护,不受侵犯。"①自此,知识分子的生存境遇得到了一定的改善。

新中国成立后,全国人民备受鼓舞,并以极大的热情参与到新中国各项事业的建设中。为改变新中国"一穷二白"的面貌,党充分调动各种进步力量来推动新中国建设,其中包括众多具有思想觉悟、能紧密跟随党的步伐的知识分子。吸收知识分子参与新中国建设,不仅是可行的,也是必要的。知识分子对于新中国建设的重要性不仅在于其可观的数量,还在于其在传承知识、创造知识等方面的重要作用。新中国成立初期的不少知识分子不仅赓续了中国传统士人的优秀精神,也传承了近代知识分子强烈的民族意识,同时具有把党的理念传播至千家万户,并在此基础上推动形成新的社会文化的巨大潜能。

为充分发挥广大知识分子在社会主义建设中的积极作用,培育满足社会主义建设需求的知识分子,从 20 世纪 50 年代起,党组织知识分子参与"上山下乡"运动。毛泽东指出:"知识分子既然要为工农群众服务,那就首先必须懂得工人农民,熟悉他们的生活、工作和思想。我们提倡知识分子到群众中去,到工厂去,到农村去。"②知识分子"上山下乡"运动是党在新中国成立初期百废待兴的基本国情下作出的重要举措,其形式主要表现为知识分子向农村、边疆等祖国最需要的地方迁移,以改变这些地区的生产方式和生活方式,推动和巩固社会主义建设。然而,知识分子"上山下乡"生涯并非一片坦途,期间布满了艰难险阻。生活环境、饮食习惯、思维观念等方面的差异,时常困扰着知识分子。例如,在

① 《毛泽东选集》(第四卷),人民出版社 1991 年版,第 1458 页。
② 《毛泽东文集》(第七卷),人民出版社 1999 年版,第 272 页。

《习近平的七年知青岁月》一书里，就生动记载了他在知青时期面临的跳蚤关、饮食关、劳动关等现实挑战。不过，面对"上山下乡"期间的种种困境，广大知识分子并未退缩。不少知识分子在恶劣的条件中依旧保持着乐观向上的生活态度，在辛勤的农业生产过程中，积极学习各类技术。正是在这样的环境里，不少知识分子的个人本领得到迅速提升，个人意志得到显著增强，培养出吃苦耐劳的优秀精神。

毛泽东指出："知识分子是脑力劳动者。他们的工作是为人民服务的，也就是为工人农民服务的。"[①]在"上山下乡"运动中，广大知识分子充分吸收党的群众点和群众路线，坚持扎根基层，真心诚意地为工农群众造福。他们与工农群众朝夕相处，时刻想工农群众所想，将工农群众的衣食冷暖放置于心，与之建立了深厚的感情。一些知识分子的名字也成为父老乡亲们口中的"小李""小王""小张"等接地气的亲切称呼。经过与工农群众的长期生活，不少知识分子更为真切地了解中国，并在服务工农群众的过程中提升了自我的思想境界。

"上山下乡"运动深刻地铭记在许多知识分子的心中。在新中国迫切需要人才的时期，大约有1700多万城市青年知识分子投身于这场运动，在祖国最需要的地方，他们倾注了青春与热情。他们展现出的坚韧不拔和无私奉献的精神，成为激励那个时代知识分子为国家贡献力量、服务人民的宝贵精神财富。

（二）在抗美援朝中形成的团结一致、保家卫国精神

社会主义革命和建设时期，中国的外部威胁依旧存在，国际形势依然动荡。1950年6月，朝鲜战争的战火烧至鸭绿江畔。为捍卫新中国政权与人民利益，党带领人民展开抗美援朝运动。然而，一些曾有欧美留

---

① 《毛泽东文集》（第七卷），人民出版社1999年版，第270页。

学经历的知识分子头脑中的亲美、崇美、恐美等观念尚未完全转变,对抗美援朝运动的开展产生了诸多不利影响。为使这些知识分子清晰地认识到美帝国主义的真实本质以及中国人民的强大力量,确保抗美援朝战争取得最终胜利,党及时在全国范围内有针对性地展开一系列思想政治教育。例如 1950 年 10 月 26 日,出台《关于在全国进行时事宣传的指示》,指出美军扩大侵朝后会严重威胁我国安全,同时要求各地立即展开关于时事的宣传运动,使人民确立获胜信心;同年 11 月 1 日,《人民日报》表发了题为《开展抗美援朝的政治教育》的社论,引导国人树立打败美帝国主义的信心;同年 12 月 29 日,通过《关于处理接受美国津贴的文化教育救济机关及宗教团体的方针的决定》,要求文化教育救济机关及宗教团体不得接受美国津贴。

另外,党也组织动员广大知识分子参与抗美援朝时政学习与爱国主义宣传教育中,引导知识分子看清美帝国主义的欺骗性、反动性,使其树立正确的价值观念。在这一过程中,部分知识分子撰写了《美帝对华侵略的剖视》《美帝怎样与中国人民为敌》等文章,出版了《人类公敌美帝国主义》《腐朽反动的美国文化》等著作。这些文章和著作不仅控诉了美国的罪行,也揭露了美国的弊病,对于加强爱国主义教育、打破对于美国的幻想、推动民族团结、促进抗美援朝运动的开展等起到积极作用。

抗美援朝运动激发了知识分子的爱国情怀,促成了他们团结一心、捍卫家园的坚定意志。一方面,这场运动削弱了美国文化在知识分子群体中的影响力,使他们在政治立场上与美国明确区分;另一方面,抗美援朝运动也重塑了知识分子的思想意识,揭示了他们原有观念中的缺陷,使他们深刻认识到爱国主义教育的重要性。周恩来曾对党在抗美援朝运动中肃清亲美、崇美、恐美思想的举措给予高度评价。在他看来,党在极短的时间内就完成了放在平时需要花上几年甚至几十年的工作是十分不可思议的。在《关于知识分子问题的报告》中,周恩来高度肯定广大知识分子在社会主义革命和建设中的作用,指出绝大部分知识分子"已经成为国家工作人员,已经为社会主义服务,已经是工人阶级的一部分"①。

经历抗美援朝运动之后,广大知识分子对于中国共产党的认同感显著增强,这为他们日后自觉进一步向党组织靠拢奠定思想基础。而知识分子观念上的这一转变,更有力地彰显了党所具有的强大领导力与凝聚力,展现了共产主义在思想层面的强大号召力与信服力。

(三) 在"两弹一星"事业中形成的自立自强、勇攀高峰精神

自清政府大门被西方列强的炮火无情轰开之后,近代一些知识分子提出了"科学救国""实业救国"的思想主张。遗憾的是,由于清政府统治集团昏庸腐败,社会制度因循守旧,不少有利于壮大中华民族、驱除侵略势力的有益观点并未付诸实施,不少近代知识分子也因此而时常陷入"报国无门"的忧郁愤懑中。其间,即便有的知识分子能够在相关领域付诸尝试,但在当时所处的社会环境中,能产生的社会影响往往有限。直到新中国成立后,广大知识分子才看到了民族复兴的希望。

毛泽东曾在 1956 年初定下"要在几十年内,努力改变我国在经济上和科学文化上的落后状况,迅速达到世界上的先进水平"②的目标,并强调拥有数量充足的优秀科学家对于实现这一目标的重要性。20 世纪以来,科学技术日渐成为决定一国或一地区自身发展和国际地位的重要因素。为给新中国争取到相对和平的国际环境,党带领人民着力发展科学技术,推进"两弹一星"事业。在当时,"两弹一星"主要指原子弹、导弹和

---

① 《周恩来选集》(下卷),人民出版社 1984 年版,第 162 页。
② 《毛泽东文集》(第七卷),人民出版社 1999 年版,第 2 页。

人造卫星。不论是原子弹和导弹的制造，还是人造卫星的发射，都需要建立在坚实的专业知识之上。自然而然地，广大知识分子便成为"两弹一星"事业的主要参与力量之一。

新中国成立初期，中华民族尚未从抗日战争的影响中完全恢复，需要借助一定的外部力量来发展自身。1957年，中国与苏联签订《中华人民共和国和苏维埃社会主义共和国联盟关于生产新式武器和军事技术装备以及在中国建立综合性原子能工业的协定》。在该协定中，苏联承诺在导弹、航空技术等方面对中国予以援助，并提供相关导弹样品。不过，好景不长，囿于政治环境的变化，苏联于1959年单方面撕毁协定，并撤走了相关技术专家，销毁了诸多重要资料，企图以此来实现相关领域的技术垄断，遏制新中国发展。面对苏联的此种举动，中国并未停止"两弹一星"事业。在外部力量支持削减、资料严重不足、设备极其简陋等不利情况下，以于敏、钱学森、邓稼先等为代表的知识分子开始独立自主地从事相关研究，决心提升新中国的科技水平，勇攀科技高峰。在这些爱国知识分子的齐心协力下，我国于1964年成功爆炸第一颗原子弹，于1967年成功爆炸第一颗氢弹，于1970年成功发射第一颗人造卫星，在国际舞台站稳了脚跟。也正是在这一过程中，形成了"两弹一星"精神。

干惊天动地事，做隐姓埋名人。"两弹一星"事业是神圣而又神秘的，不仅需要参与者具备能够埋头苦干、耐得住寂寞的办事态度，也需要其贡献出巨大的时间与精力，并做到守口如瓶。在"两弹一星"事业中，不少知识分子甘愿抛妻弃子、隐姓埋名，为的是有朝一日能使新中国一鸣惊人。这些知识分子展现出鲜明的自立自强、勇攀高峰精神，流露出强烈的爱国主义、集体主义素养，成为转型期知识分子的学习典范。

二、转型期知识分子的发展机遇与精神特质

转型期的知识分子既经历了跌宕起伏的岁月，也见证了国家发展的重大变革。这是幸运与不幸交织的一代，也是迷惘无措与铸就辉煌的一代。转型期，知识分子的命运与国运更加密切地结合在一起，曾经套在知识分子身上的诸多枷锁被逐步打破，广大知识分子迎来了新的发展形势，展现出新的精神风貌。

（一）转型期知识分子的发展机遇

转型期，不少知识分子摘掉了"资产阶级代表人物""反动学术权威"等帽子，党对知识分子的政策也有所调整。就此意义而言，转型期是广大知识分子得到再次发展的阶段。

1. 改革开放的有序推进为知识分子发展提供了开阔空间

自"文化大革命"结束之后，在党的不断努力下，广大知识分子迎来发展上的新机遇。1978 年 3 月，邓小平在全国科学大会上强调"科学技术是生产力"，并指出"知识分子的绝大多数已经是工人阶级和劳动人民自己的知识分子，是工人阶级自己的一部分"[①]，认为他们与体力劳动者一样，都是社会主义的劳动者。党对知识分子态度的改变，极大地鼓舞了教育、文艺、科学等领域的知识分子。而党的十一届三中全会的成功召开，更是使党的工作重点和全国人民的注意力转移到社会主义现代化建设上来，令诸多领域的工作逐步回归正轨，让知识分子与全国人民一起参与到改革开放的伟大进程中来。

为了使知识分子在新时期更好发挥作用，党不断尝试提高知识分子的政治地位与社会地位。在《关于建国以来党的若干历史问题的决议》

---

① 《邓小平年谱（1975—1997）》（上卷），中央文献出版社 2004 年版，第 282 页。

中,党肯定了绝大多数知识分子对于国家发展的重要性,正视了知识分子的历史地位与政治地位。这标志着党从指导思想上完成了拨乱反正,为知识分子工作翻开崭新一页。1982 年,在全国人大五届五次会议通过的宪法中,党将知识分子与工人、农民并列为三支基本的社会力量,明确了他们是国家建设与发展中不可或缺的一部分。这一举措为当时人们在关于知识分子身份划分问题上的争论提供了权威解答,并为知识分子在新时期的蓬勃发展奠定了坚实的法律基础。

自 1982 年《中华人民共和国宪法》修订后,知识分子对于国家的作用更加得到重视,党关于知识分子的政策也进一步完善。例如:科技方面,邓小平于 1985 年 3 月在全国科技工作会议上作题为《改革科技是为了解放生产力》的讲话,要求每年要切切实实地为知识分子解决问题,并"要创造一种环境,使拔尖人才能够脱颖而出"①;政治方面,党注重对知识分子的思想政治教育,并在 1989 年 9 月 8 日的庆祝教师节表彰大会上再次重申知识分子是工人阶级的一部分;1992 年,邓小平在南方谈话中多次提到科技和教育对于国家经济发展与长治久安的重要性,使知识分子的地位得到进一步的巩固。

对于广大知识分子来说,转型期是其发展上的又一历史机遇期。邓小平的伟大之处在于科学应对了"文化大革命"带来的诸多消极影响,带领中国人民踏上了改革开放的康庄大道,开辟了国家发展的崭新篇章。在党的不懈努力下,广大知识分子再次受到重视,其个人发展得到了更有力的保障,社会主义现代化建设的各个领域也因知识分子的贡献而取得了显著成就。正是在这一阶段,广大知识分子与其他群体的关系变得日渐紧密,其对于中华民族伟大复兴的重要性也在不断的社会实践中得

---

① 《邓小平文选》(第三卷),人民出版社 1993 年版,第 109 页。

到逐步显现。

2. 科学理念的贯彻落实为知识分子发展提供了多元保证

党的十一届三中全会以来,在"尊重知识、尊重人才"的友好氛围下,知识分子逐步融入社会生活,他们的精神世界也得到极大的丰富与拓展。党和国家采取了一系列切实有效的措施,充分发挥了知识分子的专业优势与智慧潜能。这些举措包括但不限于:在政治与业务上广泛吸纳并充分运用知识分子的力量,积极将优秀知识分子吸收入党以作为党的干部的后备力量;同时,在坚持"双百"方针下,引导知识分子不断为人民与社会服务;此外,还包括尽可能地为知识分子提供良好的学习与工作环境等。

转型期,我国具备相对有利的发展环境,开始集中精力进行经济建设。进入 20 世纪 90 年代后,世界科技革命迎来新的发展高潮,高新技术迅猛发展,科技与经济的关系也越来越紧密。科学技术对于经济发展的重要性日益明显,成为决定一个国家综合国力的重要因素。这也表明,科学技术已超越简单的生产生活工具范畴,一种知识性的力量,正在以其独特的方式对社会发展的动力进行根本性的变革。如何更有效地发挥知识分子的作用,以及如何高效地对知识性力量进行挖掘、配置和使用,已成为经济建设中必须正视的问题。

对于知识分子的重要性,江泽民曾在多个场合进行过详细阐述。在党的十三届四中全会上,江泽民指出,知识分子"是民族的精英,是社会主义现代化建设的骨干"①。1990 年,江泽民在首都青年纪念五四报告会上的讲话中重申知识分子的阶级属性与其对于国家发展的重要性,呼吁进一步形成有利于知识分子发展的良好氛围与政策制度,主张"以推

① 《江泽民文选》(第一卷),人民出版社 2006 年版,第 61 页。

心置腹、坦诚相见的态度"①与知识分子广交朋友。同年8月,中共中央也发出通知,要求全党必须将知识分子工作置于重要日程上。

为培养大批高素质人才,江泽民十分重视教育事业的建设与发展。1989年庆祝新中国成立四十周年大会上,江泽民指出:"发展教育和科学是百年大计,对社会生产力和民族素质的提高具有重大的深远的意义。"②在庆祝中国共产党成立七十周年大会上,江泽民揭示了教育在建设物质文明与精神文明、在提高全民思想道德与科学文化素养的重要作用。③ 在党的第十四次全国代表大会上,他又明确要求"把教育摆在优先发展的战略地位"④,从而为科技进步、经济繁荣、社会发展培养大批人才。为保障教育事业的开展,党中央、国务院及教育部等相继颁布了一系列重要法律法规与文件,如《中国教育改革和发展纲要》《中华人民共和国教育法》《面向二十一世纪教育振兴行动计划》等,并且实施了旨在加强重点高校建设的"211工程"。党和政府所采取的这些举措有效保障了教育事业的开展与教育体制的改革,确保教育能够满足社会主义现代化建设的需求。

面对国情、世情的深刻变化,江泽民尤为重视科学技术人才的相关工作。早在担任电子工业部部长之时,江泽民就前瞻性地提出要加强科技队伍的管理,深化落实党的知识分子政策,科学合理地配置与利用人才资源,从而充分发挥现有科技人员的作用。⑤ 为实现这一目标,党也进行了不懈努力。1992年,国务院颁布《国家中长期科学技术发展纲

① 《江泽民文选》(第一卷),人民出版社2006年版,第132页。
② 中共中央文献研究室编:《十三大以来重要文献选编》(中),人民出版社1991年版,第626页。
③ 《江泽民文选》(第一卷),人民出版社2006年版,第160页。
④ 《江泽民文选》(第一卷),人民出版社2006年版,第233页。
⑤ 《江泽民文选》(第一卷),人民出版社2006年版,第11页。

领》,对新世纪的科学发展描绘了大致的规划。1993 年 5 月 6 日,正式提出科教兴国战略。同年 7 月 2 日,八届全国人大常委会第二次会议正式通过新中国成立以来第一部关于科学技术的法律——《中华人民共和国科学进步法》。此外,为了激起广大科技人员建功立业的热情,党和国家不断加大科技投入,并建立健全表彰激励机制。在这一系列政策与措施的激励下,王永志、谷豪超、朱光亚等杰出科技专家脱颖而出,共同书写了我国科技事业发展的新篇章。

同时,江泽民也重视其他领域人才队伍的建设。例如,在宣传思想工作人才队伍培养上,他尤为注重提升队伍的政治素养与业务能力,要求宣传思想工作者要全面掌握中国特色社会主义理论体系,在实际工作中做到学贯中西,同时坚定不移把握正确导向。又如,在文艺工作人才队伍培养上,他指出,要办好戏曲和艺术院校,努力培养面向 21 世纪的京剧、民族艺术等方面的人才等。

3. 高瞻远瞩的谋划部署为知识分子发展提供了优质环境

为了更好地尊重知识分子,党致力于营造一个有利于知识分子成长和发展的社会环境。随着"三个代表"重要思想的提出,党对知识分子的政策有了进一步的提高。在 2000 年 10 月的全国统战工作会议上,江泽民指出:"当今世界,综合国力竞争说到底是人才竞争。"[1]为此,他强调要进一步落实和完善党的知识分子政策,主张在政治上予以充分信任,在工作上放手使用,在生活上细心关怀,并着重做好人才的培养、使用与吸引工作。不仅如此,江泽民还提出"人才资源是第一资源"[2]的论断,使尊重人才、保护人才、发展人才的观念更深入人心。党的十六大更是

---

[1] 《江泽民文选》(第三卷),人民出版社 2006 年版,第 148 页。

[2] 《江泽民文选》(第三卷),人民出版社 2006 年版,第 319 页。

将"尊重劳动、尊重知识、尊重人才、尊重创造"确立为党和国家的一项重大方针政策,成了党在今后一段时间内制定知识分子政策的重要依据之一。

在党的十六大报告的指引下,以胡锦涛同志为核心的中国共产党人继承并创新了党的知识分子政策,为知识分子的全面发展搭建了坚实的桥梁,使他们在新的阶段焕发出勃勃生机。对于知识分子的重要性,胡锦涛早有洞见。早在1998年,胡锦涛在学习邓小平人才人事理论座谈会上指出:"人才是科技进步和经济社会发展最重要的资源。"[1]当时他就预测21世纪将会是一个充满机遇和挑战的世纪,人才与智力将会在综合国力的竞争中扮演越来越突出的作用,掌握人才与智力优势的国家将会得到更好发展。成为党和国家的领导人后,胡锦涛更是多次强调人才的重要性,号召全党全面贯彻"三个代表"重要思想,实施人才强国战略,构建广纳群贤、人尽其才、能上能下、充满活力的用人机制。另外,面对日益激烈的国际竞争,他立足于党和国家发展的战略全局,强调了人才强国战略实施的重要性,并要求全党必须保持人才资源为第一资源的战略思想不动摇,在人才问题上克服不科学、不合时宜的观念,坚持贯彻尊重劳动、尊重知识、尊重人才、尊重创造的方针,树立顺应新形势的科学的人才观,做到在实践活动中发现、培养和凝聚人才。

随着改革开放的深入发展,老一辈知识分子逐步淡出历史舞台,党和国家的发展重任自然而然地落到广大青年知识分子身上。因此,青年知识分子的重要性不言而喻。党的历代领导人都曾对青年知识分子寄予厚望。例如,邓小平和江泽民就曾表示,青年是祖国的未来与希望。胡锦涛从青年知识分子的数量、知识构成以及爱国情怀等方面,指出青

---

[1] 《胡锦涛文选》(第一卷),人民出版社2016年版,第305页。

年知识分子具备的巨大潜力与对党和国家事业的重要作用。但与此同时，他也清醒地认识到青年知识分子自身存在的局限性。由于许多青年知识分子没有老一辈知识分子为党和国家的浴血奋战的经历，且大多刚从高校毕业，因此在实际工作中，他们往往缺乏宏观把控和应对复杂局面的能力。

为此，以胡锦涛同志为主要代表的中国共产党人在青年知识分子的培养、教育和引导等方面倾注了大量心血。他们深知教育是百年大计之根本，不断促进教育公平，积极推动教育事业的改革与发展。早在2000年6月，胡锦涛就曾在中国少年儿童先锋队第四次全国代表大会上的祝词中强调了培养少年儿童的重要性与必要性。在党和国家的努力下，我国于2008年实现了城乡义务教育阶段学费的免除，这不仅让广大适龄儿童有了接受良好教育的机会，也缓解了亿万家庭在教育方面的经济压力。随后，党和国家又制定了《国家中长期教育改革和发展规划纲要（2010—2020年）》，并将"优先发展、育人为本、改革创新、促进公平、提高质量"这二十字作为我国未来十年进行教育改革与发展的重要方针。在此方针指引下，教育信息化加速纳入国家信息化整体战略，大批学校焕然一新，教育普及度也达到空前的规模，有知识、有理想的年轻一代也开始成为国家建设的生力军。

为开创党和国家建设新局面，以胡锦涛同志为主要代表的中国共产党人在对我国基本国情与战略需求进行科学分析的基础上，于2005年召开的党的十六届五中全会上提出了把我国建设成为创新型国家的重大战略任务。在自主创新能力逐步成为衡量国家竞争力的重要指标之一的环境下，创新型国家建设被提上日程，党将其作为充分发挥社会主义制度优越性的可行路径。为此，国务院颁布实施《国家中长期科学和技术发展规划纲要（2006—2020年）》，集中多方资源，抓紧时间培养知识型人才。

回顾整个转型期,党对知识分子的政策不断完善,广大知识分子的个人发展亦得到了较好的保障。正是在这一过程中,广大知识分子迎来了诸多发展上的机遇。

(二)转型期知识分子的精神特质

改革开放以来,知识分子被思想解放的洪流浸润。不少知识分子锚定发展新机遇,在中国式现代化事业的建设中展现出富有时代印记的精神特质。

1. 主体意识再次觉醒

总体上看,转型期的知识分子既有政策的保障,也有群众的支持。在新的社会环境中,他们以自己的方式保持自身的独立性是具备有利条件的。尤其是改革开放以来,党恢复了对知识分子历史地位与社会地位的正确认识,贯彻落实了一系列正确的知识分子政策,使知识分子的地位再次提高。正是在这一过程中,广大知识分子迎来更为广阔的发展舞台。

伴随现代化建设的向前推进,越来越多的知识分子将其自身的专业知识应用于具体实践,并以受人尊敬的身份与社会进行接触。身份上的"平反",带来的是知识分子自我意识的不断加强。在自我意识得到不断加强的情况下,最终带来的是包含个人权利、地位、价值等在内的主体意识的相对提高。在这样的社会环境下,知识分子主体意识的再次觉醒主要表现在以下几个方面:

一是职业选择上的丰富多样。改革开放以来,党和国家对知识分子的职业选择不再像以前那样"严格管理",知识分子也因此有了更自主的选择权利与更为广泛的选择范围。因此,学术领域、文艺领域、科学领域等都不乏知识分子的身影。在中国大地上,无论是在物质层面还是精神层面的多个行业领域,知识分子都生产出不少有益于国家发展的文明成果。

二是意志表达的相对自由。改革开放以来,我国政治环境相对宽松,为更好纠正"文化大革命"带来的影响,党鼓励社会各界积极思考,为党的建设与国家发展建言献策。不少知识分子也开始参与其中,并表达了自身的利益诉求。另外,相对宽松的政治环境,也为知识分子在不同区域之间的流动提供了便利,使知识分子的眼界进一步扩大、思想进一步解放。

三是个人兴趣的逐步培养。改革开放以来,我国呈现多元发展局面,对外开放的大门也越来越大,越来越多的新事物从国外传入并进入知识分子的视野。多元的事物对知识分子过去的单调生活造成冲击,使其逐步培养其新的、多元的兴趣,乃至成为日常生活的一部分。

随着主体意识的觉醒,知识分子的社会影响力逐渐增强,同时,他们在现代化建设中的重要性也日益凸显。在广大知识分子中,教育与科技领域的知识分子因其工作职责的基础性与重要性而不断获得较为有利的政策支持。当然,这些领域的知识分子也没有辜负党和国家对其的期望,为党和国家培养了无数优秀的接班人,并在相关领域不断取得重大突破,极大推动了中国特色社会主义事业的发展,让我国综合国力有了质的飞跃。在这一过程中,党也看到了保障知识分子主体意识带来的积极作用,因而更加鼓励他们具有适应国家发展的主体意识,进而实现知识分子精神发展与党和国家建设之间的有机互动。

2. 政治意识日益提高

自古以来,知识分子与政治之间的关系便十分复杂。不少情况下,知识分子都难以彻底割裂与政治的关系。回望中华民族历史,古代知识分子在政治面前主要面临以下抉择:

一是积极入仕。这些知识分子往往怀揣着谋求一官半职以实现个人抱负的梦想,当然其中也不乏希望通过入仕来谋取个人利益之辈。需要看到的是,那些处在社会边缘的知识分子有如此追求也实属情理之中,毕竟每个人都有追求过上富足生活的愿望与权利。与抢人钱财、伤人性命的土匪之类相比,这些知识分子至少是通过相对正当的途径来获取权力、地位与财富。

二是隐居山林。这些知识分子多为"看破红尘之人",有的则是不满统治阶级却又无力改变,索性选择"举世皆浊我独清"的生活方式,大有"出淤泥而不染"之风范;有的抱持"采菊东篱下,悠然见南山"的自在生活态度,过着闲云野鹤般的诗意生活。

三是隐于草野。在古代,有不少知识分子既无法进入仕途,也无法做到完全隐居。这时候,他们便选择"大隐隐于世",以普通百姓的身份过着正常人的生活。当然,如有遇到感兴趣的社会活动,他们也会适度参与。

四是随遇而安。这类知识分子属于人们口中的"千里马",他们虽然没有热衷仕途的心,但也具备进入仕途的潜力。当统治阶级因特定需求或偶然机遇,发现他们可为己所用时,便会向其"发出邀请",而他们也可能会做出为统治阶级服务的选择。当进不了仕途时,他们也会通过售卖字画、开设私塾等途径,在自己擅长的领域自给自足。

转型期的不少知识分子亦难以彻底摆脱政治的影响,部分知识分子更是迫切希望进入体制,以获得更深入的政治参与。其中,多数知识分子是一心为国的,希望能为国家建设献出自己的一份力;一小部分则是为获取较为有利的资源,以保障自身发展所需。此外,党也逐渐认识到,社会主义现代化建设不仅需要党员的参与,还需要包括知识分子在内的广大人民的共同参与。事实证明,广大知识分子的参与对于党的政策、方针与战略等的制定与实施起到积极推动作用。知识分子往往有自己独到的见解，经过他们的研究与解读，党的政策、方针与战略等也往往更易于被人民群众接受。知识分子秉持正确的政治立场，能够自觉与错误社会思潮展开斗争，在维护主流意识形态上起到积极作用。因而，党在该时期拓宽了知识分子进入政治体制的渠道，并提供了许多有利于知识分子发展的政策。越来越多的知识分子加入政治体制，并不断发挥自身的潜能。

不过，也有一些知识分子对参政、议政的诉求表现得并不那么强烈。这些知识分子大多出于特定原因而过着相对远离政治的生活。有的知识分子想开拓自己的眼界而选择移民海外，于异国他乡开启新的生活；有的则倾心于自己喜爱的事务，如科研、绘画等；有的因为生活压力，需要同时兼顾着不同的工作；有的则重视家庭建设，专注于做好为人子女与为人父母的角色。但就总体而言，转型期知识分子大多数具有正确的政治立场，能够在事关党、国家、人民核心利益的问题上做到旗帜鲜明、明辨是非、公而后私，其政治意识较前一发展阶段有了进一步的提高。

3. 文化意识更为包容

无论是过去的"百家争鸣"，还是近代的"开眼看世界"，抑或是革命年代提倡的"科学""民主"，知识分子长期以来都扮演着社会文化的研究者、阐释者和传播者。转型期，中国社会产生显著变化，社会迎来进一步的思想解放，知识分子的文化意识也变得更为开放包容。期间，多元的西方文化不断输入中国，与国内的社会主义文化发生碰撞。有的西方国家更是借机将其意识形态依附在文化观念中，试图悄无声息地进行文化渗透。同时，也通过外交、军事等手段进一步输出自己的意识形态，以创造更多的"新殖民地"。

不难发现，中西方的文化是有区别的。例如，西方文化注重个人利益,认为个人利益高于集体利益;而中国注重集体利益,推崇公而后私的价值取向。又如,西方文化在处理矛盾时多主张一方压倒另一方;而中国文化则追求和谐共生的境界,注重对立面的相互转化。来势汹汹的西方文化不仅让中华优秀传统文化的影响力遭到削弱,也使中国主流意识形态的建设面临诸多挑战。不过,即便如此,转型期知识分子对于西方文化并未采取"一刀切"的做法,也未以此而否认改革开放的现实意义。工业革命后,西方社会曾围绕"自由""平等""正义"等价值观念形成了丰富的理论学说,并借此来推动社会解放,为资本主义的发展鸣金开道。五四运动时期,中国的部分知识分子更是借用西方的"科学""民主"概念,为启迪民智、推动革命提供思想动力。可见,西方文化中虽存在不少有悖于社会主义文化的内容,但并非一无是处。与此同时,近代中国的发展史又以无可辩驳的事实揭示了"闭关锁国"并不可取。因而,转型期的不少知识分子对于西方文化并非一味排斥。于是,不少西方文化作品也开始在这一时期大量涌入中国市场。

除此之外,转型期的知识分子还面临着中国传统文化与现代文化的交汇。中华文化源远流长,即便是历经风雨如晦的革命战争年代,依旧生生不息。其中,既有着"位卑未敢忘忧国""天下兴亡,匹夫有责"等优秀品质,也有着"三纲五常"之类具有封建性、专制性意味的消极元素。而其中传统士人的精神品格,更是帮助不少知识分子在逆境之中看到希望、渡过难关。因此,在追求自由、平等、民主的转型期,不少知识分子并未舍弃中国传统文化,而是从主流意识形态出发,对之进行选择性发展。

正是如此,转型期的中国社会呈现出本土文化与外来文化、传统文化与现代文化的互动格局。这种复杂的文化图景,也进一步开拓了知识分子的眼界,为其创造新的社会主义文化提供了多元养料。同时,党也强化了对知识分子的思想引导,促使他们树立科学的世界观、人生观和价值观,从而防止他们走向封闭僵化的"老路"或改旗易帜的"邪路"。

三、转型期知识分子的精神品格与重要贡献

综观整个转型期,绝大多数知识分子保持着坚定的信仰,依旧有着优秀的精神,是国家发展的推动力量。转型期,不少知识分子主动维护中华民族的核心利益,积极弘扬中华优秀传统文化与社会主义先进文化,自觉传承社会主义革命和建设时期知识分子留下的精神养料,并以此来推进现代化建设。这不仅是时代赋予知识分子的重要使命,更是该时期知识分子坚定立场与自觉担当的重要体现。

(一)关注人民需要,创造滋养时代的文化佳作

特定文化的发展难以脱离特定时期的上层建筑,而上层建筑的变革与发展又往往需要借助特定文化的力量。现实中,多元的文化常统摄于特定的意识形态之下,两者在某些方面既有所碰撞,也保持着内在的统一。作为上层建筑有机构成的意识形态是阶级意志与利益的代表,其包含的价值观念、价值取向与理想信念等对人们的日常生活产生着潜移默化的影响。生活于特定时代的知识分子,都会受到特定意识形态的"熏陶",特定的意识形态也由此成为他们建构文化观的重要依据。

知识分子的思想观念、精神品质等与主流意识形态有着千丝万缕的关系。转型期,党带领人民有序推进现代化建设,其执政理念亦融于意识形态建设的各项事业中。这使得知识分子的文化观时常受到党的执政理念的深刻影响,而知识分子也成为有效贯彻实施党的执政理念的重要群体。知识分子不仅在阐释、传播党的理论中发挥作用,也为党的理

论"飞入寻常百姓家"提供支持,使得政治话语较为平滑地过渡至生活话语。

无论是意识形态还是文化产品,都存在着"为什么人"的问题。中国共产党自成立以来,就坚持人民的主体地位,坚持全心全意为人民服务的宗旨。在党的带领下,广大知识分子也是牢牢坚守文化创作的人民性,坚持文化创作为人民的价值理念。以是,知识分子的文化作品往往可以体现特定时期人民的精神风貌,成为反映社会环境的一面镜子。这一特质,在改革开放之后尤为突出。彼时的知识分子从浩劫中苏醒,从迷茫中回归。激情、浪漫、理想主义等词汇,用来形容这一时期的知识分子再适合不过。

在改革开放的大好浪潮中,我国涌现了一大批作家、诗人、学者。《少年文艺》《儿童文学》《钟山》等刊物的出版,《上海滩》《红楼梦》《西游记》等电视连续剧的问世,为人们的精神生活带来丰富的选择。而这些作品也成为一代人的深刻记忆,并且经久不衰。为了进一步促进人们对国外文化的了解,我国还引进了诸如《巴黎圣母院》《百年孤独》等针对不同群体的外国文学作品。广大知识分子也积极翻译这些作品,以消除民众在语言上的障碍,促进民众对国外文化的了解。

转型期的知识分子紧密结合人民的需要,在万象更新的日子里为人民提供精神上与物质上的支持。在总体和平的年代,他们依然保持深厚的人民情怀,不断进行文化传承与创新,为人民提供更多数量与更高质量的文化产物,使广大人民真正享受现代化建设的丰硕果实,努力顺应并满足人民的期待。

(二)坚守家国情怀,展现振兴中华的使命担当

历史表明,知识分子自产生的那天起,就是一个不可忽视的特殊群体。对于人类文明的形成与发展而言,他们不可或缺。究其原因,在于广大知识分子有着启迪心智、引领社会思想、化精神力量为物质力量的能力，能推动社会的发展与进步。任何一个时代，知识分子都应该是社会发展的积极力量。社会的变革和文化的转型需要他们的参与，这也是知识分子不可推卸的责任和使命。同时，知识分子也应当时刻准备着为公众的心灵和国家的发展而战。在中华民族历史上，为民族复兴而不断奋斗，是一代又一代知识分子推崇的优质精神。

转型期的知识分子经历了国家发展的巨大变革，而西方国家更是想尽办法吸引我国的知识分子，以达成壮大自己、瓦解中国的目的。在大是大非面前，广大知识分子充分发挥大公无私的家国情怀，不畏强敌，以力所能及的方式为国家发展作贡献。回望历史，中国知识分子自新中国成立以来就投身国家建设与发展，始终坚持国家利益至上。1950 年的抗美援朝战争便是一个例证。当时，全国范围内开展的"保和平，卫祖国，就是保卫家乡"的爱国教育，激发了包括先进知识分子在内的成千上万优秀中华儿女的爱国热忱。抗美援朝战争中展现的崇高爱国主义和国际主义精神，深刻地影响和塑造了广大知识分子，有效清除了他们原有的不合理观念，再次激发其革命精神与劳动热情，为其继续投身恢复国民经济、推动社会改革实践起到助推作用。

转型期，面对多元的社会思潮、西方国家的"威逼利诱"，不少知识分子不为所动。他们紧跟党的脚步，牢牢维护国家利益，深刻揭示西方国家"和平演变"的图谋，立足自身的具体实际，在各自的岗位积极作为，推动我国综合国力不断增强，努力让中华民族昂首屹立于世界民族之林。他们继承传统士大夫的优秀精神，以爱国相砥砺，以发展为己任，于市场经济的大潮中不懈探求发展的真理。总之，转型期的知识分子尽管面临着市场化的冲击、西方意识形态的侵蚀等诸多问题，一些知识分子也因此而出现背弃责任使命的情况，但绝大多数知识分子都能做到坚守道义与融入生活相统一、远大理想与现实关切相统一,以诸多方式践行自身的文化担当。

(三)正视文化交汇,践行理性审慎的文化自觉

历史上,知识分子通过投身文化事业,积极履行自身的社会责任,尽到应有的社会义务。转型期,西方文化的持续输入对中国产生了显著影响,其中一些消极元素对党和国家的事业带来诸多挑战,广大知识分子正面临如何坚守、发扬传统文化与如何正确对待外来文化等问题。为更好推动中华优秀传统文化的赓续传承、社会主义先进文化的丰富发展,就要求知识分子树立一定的文化自觉,正确处理不同文化之间的关系。

何谓文化自觉?费孝通将文化自觉定义为人们对其所处特定文化的"自知自明",不带有"文化回归",也不主张"全盘西化"或"全盘他化"[①]。简而言之,文化自觉既包括对本民族文化的自信,也包括对待外来文化的辩证取舍。文化自觉的形成,往往需要建立在长久的摸索与体悟之上。鸦片战争以降,中华民族倍受西方列强欺侮,中国传统文化亦因此招致西方文化的猛烈冲击。在此情形下,不少中国知识分子对中国传统文化的发展出路进行重新审视与审慎思考。经过无数求索,这些知识分子提出"中体西用""全盘西化""综合创新"等思想主张,对中华民族的现代化发展起到一定的推动作用。其中,"综合创新"这一观点可谓是近代中国知识分子文化自觉的典型代表。该观点认为,一个民族的文化与其他文化相遇时,应主动吸收其中的积极因素,以发展自身。从而,为文化自觉的形成提供可行思路。

转型期的知识分子面对的文化呈现出古今交织、中西杂糅的特征。不少知识分子对于中华优秀传统文化仍保持着较高的认同,大力弘扬其

---

① 费孝通:《文化与文化自觉》,群言出版社 2016 年版,第 195 页。

中的讲"仁爱"、扬"民本"、尚"和合"等有益内容并对之进行丰富发展。与此同时,不少知识分子也将中华优秀传统文化的合理元素与社会主义文化相结合,并将两者有机融合的先进文化用于对外交流。应当看到的是,中华文化在"走出去"的同时,西方文化也在"走进来"。与中华文化不同,西方文化追求个人主义与自由主义,不少文化作品中也是极力宣扬英雄主义。这些极具西方特色的文化对我国造成了不小的影响,有些甚至严重侵蚀国人的精神世界,进而危及我国文化安全。在文化安全问题日益突出的情况下,不少知识分子主动捍卫中华文化,始终坚持马克思主义的指导地位,切实践行社会主义核心价值观,时刻警惕西方文化入侵,积极维护主流意识形态安全,科学处理"一"与"多"、"主流"与"非主流"的关系。为在传承、发扬中华优秀传统文化的同时更好地了解西方文化的本质,不少知识分子奔赴海外留学,并通过广播、报纸、电视等媒体不断激发群众的文化自觉。再加上不少知识分子开始在党内担任职务,这使得他们在对待外来文化上更审慎。为了使国家得到更好的发展,发挥中华优秀文化的作用,并且吸收西方文化中有益于国家发展的内容,成了转型期知识分子的普遍共识。

(四)重视精神文明,传播科学进步的价值理念

工业革命后,生产力的变革让人类取得丰硕的物质文明成果,这极大地推动了人们认识世界、改变世界的能力。正是在此基础上,人类社会的精神文明建设不断向前推进。新中国成立后,伴随生产力的发展,我国社会主要矛盾逐步转化为人民日益增长的物质文化需要同落后的社会生产之间的矛盾。而这一社会主要矛盾也贯穿于整个转型期的发展中。对此,党大力推动中国式现代化建设,在以科学技术大力发展生产力的同时,也注重精神文明的建设,主张"两手抓""两手硬"。于是,精神文明建设成了转型期重要的工作内容。

转型期,广大知识分子是精神文明建设的重要力量。在中华民族历史上,知识分子曾扮演着启人心智、传道授业、育人解惑的角色,是中华文明生生不息、历久弥新的推动者。在社会主义现代化的建设中,知识分子更是承担着传承先进思想、发展先进文化、创造科学理论等重要责任,并逐步成为精神文明建设的"主心骨",对精神文明的发展起着重要作用。

人类社会历史表明,单纯的财富增长往往难以促进人的自由全面发展,唯有保证物质文明与精神文明的协同发展,才能为之提供充足保证。这是因为,物质文明的发展可以为人的自由全面发展提供必要的物质条件,而精神文明的发展则又为人的自由全面发展提供了必要的精神动力与智力保证。同时,物质文明是精神文明的基础,精神文明是物质文明的保障,两者不可偏废。为实现协调的现代化,转型期的知识分子主要从理想信念、思想道德、科学文化、法律法规等方面来推动社会主义精神文明的发展,以期创造与社会主义物质文明相契合的精神文明。在理想信念层面,知识分子加强自身对于马克思列宁主义、毛泽东思想等党的指导思想与党的创新理论的学习,深化对于共产主义理想、建设具有中国特色的社会主义的目标的认识,以此来树立正确的政治立场。在思想道德层面,知识分子弘扬社会主义核心价值观与中华优秀传统文化,坚持以先进的社会主义文化来影响人、教育人,不断提升教学技巧,扩大教育覆盖面,为中国特色社会主义事业的蓬勃发展培育"四有"公民。科学文化层面,知识分子在助力国家科学技术发展的同时,积极促进科学技术的普及率,从生活的诸多领域减少社会的文盲率。法律法规层面,知识分子踊跃参与民主政治,为党和国家的大政方针的制定与完善建言献策,并成为新政策、新制度的宣传者、践行者。正是如此,该时期出现了不少德才兼备、"又红又专"的知识分子,极大地推动了马克思主义普遍真理与中国式现代化建设的有机结合,为中国特色社会主义的行稳致远提供了思想、理念、文化等方面的诸多保障。

四、转型期知识分子的发展困境与精神危机

随着市场经济汹涌大潮的迎面扑来,转型期的中国知识分子所尊崇的价值理性遭遇了市场经济时代实用理性的严峻挑战。由于传统的价值观遭到瓦解,而新的价值体系又尚未深入人心,一些知识分子便成了游离于中国文化与外来文化、传统与现代、精神世界与世俗世界、乡村与都市之间无所依靠的"漂泊者",出现诸多精神上的危机。

(一) 转型期知识分子的发展困境

转型期,市场经济得到全面确立,消费时代到来,人们的视野被琳琅满目的物质产品充盈。在此情形下,部分群体丧失了对价值和意义的追问,以消费和娱乐为主体的大众文化取代精英文化,成为时代的风尚和潮流。由于外在环境和知识结构的变化,知识分子在精神上面临许多新的挑战,主要表现在以下四个方面:

1. 边缘化引起的失落惆怅

回溯历史,无论是中国传统社会中作为四民之首的"士"阶层,还是五四时期作为启蒙先锋的知识分子,他们都曾有着令人钦佩的文化素养和影响力。在中国 80 年代的新启蒙运动中,知识分子依然活跃在思想前沿,为中国未来的发展群策群力。但到了 90 年代,中国知识分子在社会层面被再次边缘化。

在邓小平 1992 年南方谈话之后,中国经济驶入快车道,"以经济建设为中心"从口号变为广泛实践。全民关注的焦点从政治和意识形态话语转向 GDP 增长和人民物质生活水平的提升。一个注重量化指标、关注米袋子和菜篮子的时代来临了,中国社会逐渐向以市场为导向的经济

社会过渡。于是,知识分子在社会意义上也就被边缘化了。如果说20世纪50年代到70年代中国知识分子的边缘化还是在政治层面的话,那么,这次的边缘化则深入社会意义层面。

伴随着经济化浪潮而来的还有拜金主义、功利主义、现实主义等社会思潮。经济理性的觉醒、物欲主义的泛滥,使彼时的人们更关注自己的钱包和现实的生活。不少人更倾向于满足于物质的享受,把目光多集中于经济领域。至于精神层面的诉求,则往往处于相对次要的地位。于是,在逐利的市场经济时代,不少知识分子的社会地位开始下降。社会上更受人关注的,也往往是适应市场经济和消费社会的富豪、明星等群体。曾经把握启蒙主动权的知识分子就这样被慢慢边缘化了。

这一转变不仅改变了知识分子的社会地位,也对其精神世界产生了深远的影响。面对被边缘化的现实境遇,有的知识分子便心生失落感与挫折感,感慨自身理想与社会现实的不协调,陷入精神层面的不知所措与惴惴不安,难以求得精神发展与现实生活的平衡点。于是,一些知识分子开始在文化作品中表达无奈之情、抒发惆怅之绪,其苦闷的内心世界与极具活力的社会发展之间便形成鲜明的对比。而后现代的崛起让知识分子陷入更深的困境。一些后现代文化的追捧者,借用福柯和利奥塔的理论,宣布了后现代社会的来临,认为后现代社会中的知识分子已经丧失了其存在的意义。在他们看来,在后现代的多元、破碎的语境之中,"宏大叙事"被解构,共同的元话语不复存在,知识分子也就自然而然地退居社会边缘。①

2. 专业化引起的认知偏差

随着社会的不断进步,科学技术日新月异,新兴学科层出不穷,知识

① 许纪霖:《中国知识分子十论》,复旦大学出版社2008年版,第15页。

总量飞速增长，人类知识更新速度空前加快。面对如此庞杂的知识体系，许多知识分子难以应付，于是一些知识分子便选择去专攻其中的部分领域。因此，知识专门化的发展趋势在所难免。诚然，这对于推动学科的深化发展具有重要意义。恩格斯曾在《反杜林论》中揭示，正是对自然界分门别类的研究使西方自然科学从 15 世纪到 19 世纪取得巨大进步。不过，恩格斯也警示了这种方法所造成的后果，即不能全面而动态地看待自然界中的各种事物及其过程、现象与本质，造成在思维上的割裂。他们在自己狭小的研究领域中无所不知，甚至还是十足的权威人物，但是一旦走出他们的专业领域，他们就立刻变成了无知者，即奥尔特加·加塞特口中的"有知识的无知者"，除了对自己的学科领域熟悉透彻之外别无其他。即便如此，他们仍然颇为自得，更欲凭借狭隘的专业知识僭越自己的领域，妄图去支配一切，导致原始主义与野蛮主义的沉渣泛起。

随着知识专门化的发展，这种负面影响愈发凸显，尤其是其极端表现形式，不仅严重限制了知识分子的视野，也给社会的全面进步带来了极大阻碍。原本应该相互补充、相互促进的不同学科领域，在知识专门化的趋势下逐渐变得孤立无援，难以形成有效的合力来解决复杂的社会问题。知识分子之间的交流与对话变得困难重重，不同领域之间的隔阂与偏见日益加深。

正如有学者所指出的那样，一些知识分子已经不是真正意义上的知识分子，只不过是拥有专业技能的学者。不过，值得欣慰的是，在这些知识分子中，有的仍旧保持着身为知识分子应有的理论自觉，希望尽可能地掌握全面的知识，以更好发挥其在教书育人、思想启蒙等方面的作用，最终却事与愿违。因此，这部分知识分子又时常陷入心有余而力不足、欲为之而不能的苦恼中。

3. 体制化引起的浮躁疲惫

在时代浪潮的推动下,高等教育体制改革的进程持续深化,中国学术体系的体系化发展态势愈发迅猛,成果不断涌现。然而,在政府宏观调控与市场资源配置的双重作用下,学术体系的发展轨迹悄然发生偏移,功利化倾向逐渐显现,复杂且僵化的量化管理模式也如影随形。这种片面追求数量和直接效果的学术体制严重违背了学术研究的自身规律,不仅令不少知识分子在复杂的考核体系下变得十分忙碌,也让学术界掀起了一股浮躁之风。社会上更是出现了不少"填表教授"(忙于填写各类表格者)、"项目教授"(忙于同时参与多个科研项目者)、"讲座教授"(忙于到处开展讲座者)等具有讽刺意味的称呼。这些知识分子内心虽然感到疲惫不堪,现实中却又无可奈何。这一时期,国内尽管学术成果日益丰富,学术质量却呈下降趋势,有见地的思想和著作越来越难觅踪迹。更为严峻的是,在学术成果高产的背后,一些知识分子实际生产的只是专业化的、技术化的知识,与批判性、公共性相去甚远。在这种体制的挤压和引导下,知识分子对于社会公共事务的关注度有所减少,日益变得局部化、专业化和学院化。结果,专业知识分子开始逐步取代公共知识分子。

4. 官僚化引起的失衡发展

在功利主义和工具理性的侵袭下,不甘于被边缘化的知识分子转而从体制内谋求另一种发展的空间,即官僚化。曾经的"学而优则仕"是几千年来文人士大夫一直追求的目标,处于边缘性尴尬境地的知识分子有如此追求似乎也无可厚非。不过,转型期知识分子的官僚化却出现了诸多问题。主要表现为一些知识分子入仕后独立品格的日渐丧失,以及一些知识分子入仕后依旧霸占着学术空间。这不仅令知识分子出现个人发展上的失衡,也使高校出现资源配分上的失衡。

转型期是知识时代,"学而优则仕"本是好事,学之优至少为"仕"积累了一定的知识储备。但在转型期专业分工如此细化的情形之下,"学"与"仕"往往很难兼得。知识分子的公共关怀要求他们具备独立判断的能力和勇气,拥有独立发挥的空间,这让知识分子和"官"具有不相容性,如同在中国历史上作为学统的"道"与作为政统的"势"相互对立一样。历史上,入仕就得为政统服务,维护统治阶层的统治和社会稳定是他们仕途上升的必然要求,转型期的官僚阶层也是如此。行政官僚系统实行首长负责制,下级官员需要服从上级官员。有时候,由于过分强调集中制,个人只能服从集体,服从多数意见和上级指示。所以,一些知识分子踏入仕途,就容易受到官场文化的影响,自身探究科学真理的能力和独立判断能力遭到不断蚕食,令自身陷入失衡的个人发展中。

此外,有的知识分子踏入仕途后依然占据着学者的头衔,甚至享有很高的学术地位。于是,学术界与政界之间便形成错综复杂的关系,官僚主义也通过这些知识分子进入学术界,并令一些尚未踏入仕途的知识分子萌生讨好型心理、形成顺从型人格、做出谄媚型举动。而且,当知识分子官僚化后,赢者通吃的情况便时有出现,官本位思想也在此时表现得淋漓尽致。入仕以后,有的知识分子掌握了丰富的社会资源,这使得其在拿课题、发文章方面变得相对容易。目睹此景,越来越多的知识分子意欲入仕以从中获得有利条件,并因此而变得趋炎附势。总之,彼时高校官本位思想的蔓延影响了学术的有序发展,令部分学术资源在分配上出现了诸多不公平、不合理等问题。

从上述四个方面我们可以看到,原来意义上的知识分子已经受到全面挑战。知识分子的专业化和体制化把知识分子改造为丧失公共关怀的技术型专家;边缘化则消解了知识分子的中心话语,令他们在茫茫人海中越来越难以发出自己的声音;官僚化更是让知识分子饱受质疑。

(二) 转型期知识分子的精神危机

转型期的知识分子面临着不少"成长的烦恼",其精神面貌也并非始终斗志昂扬,积极向上。在前述发展困境的冲击下,一些知识分子在责任使命、批判精神、道德人格等方面出现了诸多精神危机。

1. 责任使命的弱化动摇

知识分子应当承担着巨大的责任与使命,致力于超越的价值活动,守护着人性中极为珍贵的价值与尊严,坚守着正义与道德。中国的知识分子也一直在朝这个方面努力,并有不俗的表现。但进入转型期后,中国市场经济的飞速发展所带来的社会巨变,对知识分子造成猛烈的冲击。现实中,实利原则、功利主义取代原先的理想主义与英雄主义,房子、车子、票子等日常生活的琐碎代替了过去的宏大历史。于是,一些知识分子的价值取向与思想境界开始出现迷失,其责任意识与使命意识更因此弱化动摇。

改革开放后,举国上下以经济建设为中心,人们的注意力也逐渐从政治、文化等领域转向物质生活。在集中精力恢复生产、尽可能多地创造物质财富的社会环境中,一些知识分子亦将不少精力投入对物质财富的追逐中。受经济全球化浪潮的影响,功利主义、拜金主义、现实主义等流入中国,一些知识分子在这些不良社会思潮的影响下开始将自己的理想暂时"搁置一旁"。随着改革开放的不断深入,我国社会的变化越来越快,经济成分、分配方式、就业渠道等呈现出多样化发展的态势,而这也带来了人心的迷惘与利益的矛盾,进一步弱化了一些知识分子的使命感与责任感。

20世纪90年代中后期,随着经济结构的调整和社会利益的重新分化,知识精英的重要性得到凸显。在贫富差距有所拉大、公平正义尚未彻底实现的社会背景下,人们对知识分子的良知充满期待。但现实的情况是:在原本应成为公众利益代言人的知识分子中,有一些却成了资本利益的代言人,并使工人和农民的利益被迅速边缘化。知识分子为理念而生,高尚的理念是知识分子安身立命的重要基础,而非仅仅是为了养家糊口。历史上,向着公平、正义等美好愿景不断努力的知识分子曾创造无数灿烂的文化成果。然而,伴随社会的不断变化,人心也在悄然转变。层出不穷的挑战与物欲横流的不良之风在逐渐侵蚀着不少知识分子的精神世界。

转型期是一段漫长的时期。在这期间,一些知识分子依然受旧体制的影响。尽管国家的政治面貌已经发生变化,但并未完全扫除他们心中的所有不合理观念。这些知识分子由于过去一直处在压抑中,对现实缺乏理性的分析,因此在未充分认清西方文化的本质下,便容易盲目推崇西方意识形态而浑然不觉。社会上更是出现了一些对西方文化只懂皮毛却自诩为"权威"的人物,而西学也因此而逐步沦为简单的口号。这种"快餐式"的"菜肴"被不断端上餐桌,不仅对知识分子的作用发挥造成了一定的影响,也使党和国家的事业受到一定的冲击。

同时,我们也要看到进入体制内的知识分子的变化。在政治与经济的双重作用下,不少进入体制的知识分子内心产生了"鱼和熊掌兼得"的想法。相较于未进体制的知识分子,他们身上既有学术方面的职务也有行政方面的职务,因此掌握了更多的社会资源,具备了更主动、更具影响力的话语权。这些进入体制的知识分子往往有更大的概率获得优质科研资源,有更多的机会在较大的社会公共平台发表个人观点,有更容易的方式获得人民的信任。当然,也有更多的方式在与同行的竞争中获得优势。这样的情况,也使得知识分子的社会声望受到损害,道德权威受到质疑。

总之,转型期在为知识分子带来新的发展境遇之余,也令其责任意识与使命意识面临新的挑战。此外,市场与政府这"两只手"的持续作用,更让一些知识分子无所适从。

2. 批判精神的淡化衰弱

文化程度越高的人,对社会中的不正之风与不文明现象的感觉往往更加敏锐而强烈。换言之,就是更具批判精神。班迪克斯认为,"知识分子是那些受过教育并且批评这个世界的人"[①]。在科塞看来,知识分子具有强大的怀疑精神,他们对现存的一切充满质疑,"从一个更高的、更广大的真理的角度去怀疑现今的真理"[②]。批判精神是知识分子应有的精神之一,也是知识分子区别于非知识分子的重要依据。而知识分子也正是因为有了这种精神而被称为"时代的眼睛和代言人"。对社会进行监督,对社会问题进行思考,对解决问题的途径进行探索,将所思所想形成调研报告、论文等并通过多种方式使社会按照良好模式发展,以及敢于同不正之风与不文明现象展开斗争,是知识分子将批判精神用于具体实际的主要方式。

然而,在诸多因素的作用下,转型期一些知识分子的精神世界发生了蜕变,使得他们在对政治、社会、道德领域问题的理性思考与客观批判方面投入的精力有所减弱。久而久之,便逐渐从"强大的主人公"沦为"迷失的灵魂"。

无论什么时候,人都不能脱离特定的社会环境而存在。卢梭曾在《社会契约论》一书中这样说道:"人是生而自由的,但却无往不在枷锁之中。"[③]转型期的知识分子也是这样,虽然党和政府在许多领域对知识分子"松了绑",但资本却将知识分子越抓越紧,甚至出现部分知识分子离

---

① 张远新、吴素霞、张正光:《延安知识分子群体研究》,人民出版社 2015 年版,第 5 页。
② 张远新、吴素霞、张正光:《延安知识分子群体研究》,人民出版社 2015 年版,第 5 页。
③ 〔法〕卢梭:《社会契约论》,何兆武译,商务印书馆 2003 年版,第 4 页。

开资本寸步难行的局面。在向"钱"看的时代,一些知识分子不免也会耳濡目染,难以做到"不食人间烟火"。就此意义而言,在追求知识的同时实现个人生活水平的提高,也是无可厚非的。不过,有的知识分子却沉湎于不良资本带来的"甜头",令自身的批判精神进一步弱化。

3. 道德人格的矮化式微

中国是一个礼仪之邦,有着非常丰富的道德传统。以儒家为代表的传统文化中设立了诸多的道德范畴和评价准则,用以激励和规范人们道德人格的建立,从容中道的谦谦君子是儒者的首推,其次是积极进取的狂者,再次是洁身自好的狷者。这些传统也潜移默化地影响了一代又一代的士人和知识分子。然而,历经五四时期的反传统浪潮,以及"文化大革命"的冲击,知识分子的道德理想与责任意识遭遇了前所未有的困境。在经历了 20 世纪 80 年代知识分子的春天后,受 20 世纪 90 年代市场经济蓬勃发展的影响,商业文化迅速崛起,经济利益与效率日益成为我国社会的追捧价值观念,传统道德理想受到无情的冲击,经济实利主义和效率至上的原则成为社会价值判断的主要标准,利己主义、拜金主义、享乐主义、实用主义等思潮深深影响着物质上还较为匮乏的人民大众,不断侵袭人民大众的思想观念。由于社会政策的滞后,这些不良现象未能得到有效遏制,整个社会道德水平开始迅速滑坡。

当市场原则的价值观念被愈来愈多的普通大众认同和推崇、知识分子身份的光辉被金钱日益遮蔽之时,一些知识分子便变得迷茫,在坚守道德与"融入"世俗中徘徊不定。至于那些缺少道德自律和崇高信念的知识分子,则是陷入利益至上、物质主义、享乐主义的漩涡之中而难以自拔。随着利益、效率、交换日益成为主导价值体系,人们对这些价值的态度在很大程度上决定了他们的生存状况。一些原本固守传统文化价值立场的知识分子在饱受贫困、疾病的折磨时,也开始自觉或不自觉地调整着自己的人格姿态,将目光投向物质生活,而传统知识分子身上应有的道义和责任则逐渐被遗忘。至此,在物质利益的驱使和不良社会环境的影响下,一些知识分子常常脱离现实和人民的真正需要,丢弃其"公众代言人"的身份,或者沦为维护特权与不平等的工具。如葛兰西口中的"有机知识分子"一样,他们在积极地"组织利益,赢得更多的权力,获得更多的控制"①,利用自身的地位和对大众传媒的操控,兜售着诸多精神垃圾。各种知识分子道德失范的负面案例频频见诸报端,如教授抄袭、嫖娼、心理失衡扭曲、权钱交易、贪污受贿等,将知识分子再次推向风口浪尖,成为被人们批判的焦点。

这些负面案例,也引起了部分知识分子内心的警醒与反思。然而,他们深知,提升知识分子的道德人格并非易事。这时候,知识分子群体中便出现了多种心理。例如,置身事外者常心生人微言轻而避世的心理,一心为国者多萌生恨铁不成钢而遗憾的心理,幡然醒悟者则出现悔不当初而自责的心理。对于不少知识分子而言,其内心往往是因人微言轻而避世、因恨铁不成钢而遗憾等心理的多元叠加,其明知仅凭自身力量难以改变社会现状,但又渴望发挥身为知识分子应有的积极作用以实现民族复兴,促进人民幸福。结果,一些知识分子便形成了对现实的无力、对自我的怀疑与对未来的憧憬等相交织的复杂心态。

五、转型期知识分子的自我救赎与现实突围

知识分子也不是圣贤,不能完全抵抗名利的诱惑与权势的影响。尽

---

① Edward W. Said. *Representations of the Intellectual: The 1993 REITH LECTURES*. Vintage Books (1994), PP. 4.

管部分知识分子在转型期出现了精神领域的缺失，但不可否认，这一时期的知识分子并未因此而被动，不少知识分子试图从诸多方面来改变自身乃至知识分子整体的不利境遇与精神困境，以期实现有效突围。

（一）敢于尝试，接纳市场化变革

毋庸置疑，转型期的中国社会变革是巨大而显著的。一方面，随着市场经济的全面确立，市场化时代到来，知识分子的视野被丰富多样的物质产品全面包围。而科学技术带来的声、色、味等感官的全方位刺激，更是让知识分子的感官需求得到极大满足。另一方面，党对知识分子的政策变得更为科学而完善，尊重知识、尊重人才的观念亦逐步深入人心，这为知识分子的良好发展创造条件。然而，值得注意的是，制约知识分子发展的不利因素并未在短时期内消失。例如，转型期内时而出现选人用人上的论资排辈、顺我者举等不良现象，这不仅制约了人才的发掘与培养，也有悖于社会主义市场经济发展的现实需要。在市场经济的冲击与制约自身发展的不利因素的交织作用下，部分知识分子开始选择拥抱市场化，试图在"喻于利"中使自身的学识、能力得到充分运用，以使自身得到较好发展，满足自身在物质、心理、地位等方面的现实需要。于是，转型期的一些知识分子纷纷"下海"，选择与市场"共舞"。

在转型期，中国坚持以经济建设为中心，工作中心的转变，使得知识分子与经济、政治之间的关系发生了重大变化。马克思曾将人类社会的发展划分为三大阶段，即"人的依赖关系"阶段、"物的依赖关系"阶段、"人的自由全面发展"阶段。显然，转型期的中国属于第二阶段。虽然，该时期制约人自由全面发展的消极因素并未彻底根除，但与以政治权力为中心的传统社会相比，无疑是巨大进步。转型期，人与人之间不再是旧社会那样的依附关系，人们可以在法律法规允许的范围内展开自主、自由的活动。而市场经济的到来，更是为广大知识分子提供更开阔的生存空间与更多样的生活选择。伴随市场经济的不断发展，产业结构也不断优化升级。这时候，单纯依靠体力劳动者的力量已难以保障经济的持久发展，吸引更多具有相关领域学识、技能的知识分子参与到经济建设中，成为发展高质量市场经济的必然选择。是故，该时期的知识分子在与政治保持相对密切的联系的同时，与经济的关系也变得紧密，知识分子的身影也因此而散布于不同岗位中。有了知识分子的加入，中国特色社会主义市场经济也展现出了巨大的生机与活力，为中国式现代化事业的稳步推进提供了充足的物质保障。

（二）顺势而为，吁求精尖化发展

在转型期，我国社会不断发展，伴随而来的是科学技术的日新月异与新兴学科的不断出现，信息化、知识爆炸等成为这一时期的代名词。面对如此之快的社会变革以及与日俱增的生活压力，不少知识分子难以在短时间内学习大量知识。因而，将有限的精力投入某些专业领域以实现精尖化发展，成为他们的普遍选择。如果说专业化发展是转型期知识分子在特定阶段的被动选择，那么精尖化发展则是他们为应对专业化发展趋势的主动作为。

知识分子的精尖化发展不仅使其对某些领域的知识有了更为透彻的理解与精准的把握，也使该领域的有关研究往更为深入的方向发展。在该领域，前人不曾尝试与难以想象的成就得以实现，知识分子也逐渐从业余化变为专业化乃至职业化。随着社会分工的进一步细化，各领域用各自的专业术语进行交流，这彰显了知识分子精尖化对社会造成的深远影响。当不同领域内的知识分子共同发声时，我们就会意识到知识分子原来已经遍布中华大地的各行各业。他们已不再仅仅是知识分子这一群体，他们的发声，实则是成千上万普通群众的心声。而那些经过精细化发展的知识分子在取得成功并获得外界的认可、赞美以及生活水平的提高后,其内心常常会萌生自信心与满足感,转而以更昂扬的斗志投入相关工作。在这一过程中,一些知识分子成了相关领域的权威,并从特定的领域为人民造福,进而充分发扬其身为知识分子应有的公共关怀精神。

与此同时,我们也应当看到知识分子精尖化带来的消极影响。功利主义、工具理性和消费主义大规模入侵学术界,有力地诱导着知识分子在体制内部谋求个人发展。大批学者成为某个领域的专家,然而他们只称得上是技术性专家,因为他们缺乏知识分子该有的人文关怀。就此意义而言,有的知识分子只不过是熟悉某一领域的学者,而非知识博雅的通人。恩格斯曾持这样的观点:知识的专门化使知识分子抛弃了公共关怀并逐渐蜕变为驯服的专业人士。无独有偶,郑也夫在《知识分子研究》中也表达了类似的观点[1]。在这些学者的眼中,知识分子的此类发展是人类文化领域内的退化。虽然,他们的说法未免有些以偏概全,但从现实看,这一变化的确存在着缺陷。专注于某一领域的知识分子无法像亚里士多德、达芬奇等人一样具备全面的知识,无法像他们一样从更高的视野与更宽广的知识面来认识世界,这使他们在实践过程中难免受到思维、知识等方面的局限。换言之,这些知识分子往往只能在自己熟悉的领域内发展,难以运用多元的知识与方式进行创新,对于公共的关怀也容易逐渐被自己专业领域内的有关事项取代。这一点,无论对个人成长,还是对人类社会整体的进程,显然都是不利的。

对于知识分子的精尖化发展,我们不能只谈益处而不谈坏处,也不能只谈消极影响而不谈积极影响,而是要以中国转型期的社会主义的建设状况来理性判断。毋庸置疑,我国在转型期中取得的成就是举世瞩目

---

① 郑也夫:《知识分子研究》,中国青年出版社 2004 年版,第 88 页。

的,有的领域甚至实现了"零"的突破。这就表示,知识分子的精尖化虽然在某些方面看来是一种"倒退",但这样的变化确实为我国培养了一大批专业领域内的高精尖人才,并将这些领域的研究成果进一步扩大,这对于国家建设来说具有深远意义。

(三) 向往自由,渴求独立化人格

在 20 世纪 80 年代"知识分子热"的讨论中,其中很有价值的成果就是关于知识分子的自由意志和独立人格的探究。在转型期,一些知识分子由于攀附权贵、过分追求功利而使他们的独立人格和自由思想受到腐蚀。但也有不少知识分子依旧保持了自身人格的独立自主,并将其体现于其文化产物中。知识分子的独特作用在于从哲学的高度审视人们的生活和社会发展趋势,塑造时代精神,思考人类命运,而这一切都必须以人格的独立为基础。

转型期,社会真正需要的文化成果不是被当成消费品的文化快餐,不是歌功颂德的赞美诗,也不是为少数人谋利益的宣传广告,而是蕴含纯正的精神品质,体现知识分子严肃思考和深刻领悟的独特思想见解,折射出知识分子勇气和独立人格的文化成果。独立人格犹如人的筋骨,是骨子里的一种精神,这种精神是支撑知识分子得以傲立天地的一根柱子,柱子倒了,再美丽的躯壳也成了行尸走肉。

遏制了知识分子独立人格的发展,削弱了他们的批判精神,甚至让他们产生无力感,但这并不意味着知识分子可以毫无作为。在对自身角色、社会责任进行再认识和重新定位的基础上,不少知识分子掌握了基本的政治参与技能,科学而富有韧性地向主流政治源源不断地输入自身的价值。如萨义德所说,知识分子可以从业余和边缘的角度来提出中心议题,并担负起从旁监督政府的责任。真正的知识分子不应该仅仅是心系其职的教授、专家,也应当包括处江湖之远的赤子。

伴随中国式现代化建设的向前推进和市场经济的蓬勃发展,现代性所展现的技术理性精神和现代人文精神在一定程度上使部分知识分子头脑中固有的官本位思想发生动摇,促进了他们自我意识、主体意识和创新意识的自觉培育。因而,转型期后期的知识分子的独立人格得到一定的恢复,相关文化产物也是耳目一新。抓住有利时机,以公共话语积极参与公共事务,进一步提高自身的参与度、影响力与话语权,也成为众多知识分子拥抱自由、试图重拾独立人格的生动写照。

第四章

新时代知识分子的现实状况与精神境遇

　　自人类文明诞生起,知识、观念和思想就以超越人们想象的方式深刻影响着人类历史的进程。优秀知识分子以崇高的家国情怀、强烈的责任担当以及卓然的人格精神,为国家、民族的发展进步贡献力量。中国特色社会主义进入新时代,世界之变、时代之变、历史之变正以前所未有的方式展开,我们比以往任何时候都更加需要知识分子的智慧与力量。习近平总书记指出:"一个民族的复兴需要强大的物质力量,也需要强大的精神力量。"①作为一种由价值取向、精神品质与理想追求等凝结而成的精神成果,知识分子精神随着时代发展被赋予新的内涵与特点。新时代知识分子精神在新时代中国特色社会主义伟大实践基础上形成,传承和发展传统士人、近代知识分子以及转型期知识分子的精神品格,其所蕴含的激励价值、创新价值、育人价值与导向价值等,为我们接续推进现代化事业、实现中国梦愿景提供强大精神动力。

　　新时代知识分子精神建构离不开对其精神主体的深刻理解。因此,本章对新时代知识分子的经济地位、政治认同、价值认同以及道德素质等情况进行深入考察,从而对其思想动态、工作状态以及生活样态等形

---

① 中共中央党史和文献研究院编:《习近平关于社会主义精神文明建设论述摘编》,中央文献出版社 2022 年版,第 19 页。

成较为全面的了解。同时,新时代知识分子精神建构离不开对其外在机遇、挑战的准确把握。当前世界百年未有之大变局加速演进、中国式现代化事业接续推进以及党的知识分子政策持续完善都呼唤着广大新时代知识分子有所作为,这形成了新时代知识分子精神建构的历史机遇。然而,需要引起重视的是,快节奏高压力社会所引发的挑战、西方意识形态渗透所形成的风险以及数字媒介迭代更替所带来的冲击,都对新时代知识分子精神的建构提出全新挑战。如何科学认识和分析新时代知识分子的现实状况,如何正确认识和应对新时代知识分子精神建构的新机遇、新挑战,成为本章所要探讨的主要内容。

一、新时代知识分子的现实状况

随着科学技术迅猛发展、经济社会持续进步,新时代知识分子的思想动态、工作状态以及生活样态等,较之以往各个时期发生深刻变化,这成为新时代知识分子精神建构的独特境遇。因此,调查和研究新时代知识分子的经济地位、政治认同、价值认同以及道德素质等情况势在必行。在此背景下,本章着重探讨下列问题:新时代知识分子的年收入、生活满意度以及受社会尊重程度如何?他们对党的路线、方针、政策,特别是对党的十八大以来改革进展情况的评价如何?社会主义核心价值观对他们日常行为的影响如何?他们对新兴社会思潮的辨析能力如何?当面对"老人摔倒扶不扶"等具体道德事件时,他们作何反应?他们的责任担当意识如何?他们能否将自身专长与责任担当相结合?利用大规模抽样调查所得到的数据资料对上述问题进行初步探讨,以增进社会各界对新时代知识分子群体状况及特征的认识和理解,是本研究的主要目标。

基于上述目的以及新时代知识分子群体的多元化特征,研究将调查对象确定为:高校知识分子、媒体知识分子与青年知识分子。其中高校知识分子主要为高校教师,媒体知识分子主要为报刊、期刊从业人员,青年知识分子主要为高校在读硕士、博士研究生。研究采用抽样调查的方式收集数据资料。在问卷设计上,研究注重根据不同知识分子群体设置专项问题。例如,面对高校知识分子群体,侧重对其学术道德问题的调查;面对媒体知识分子群体,侧重对其媒体素养问题的调查;面对青年知识分子群体,侧重对其价值认同问题的调查。通过对专项问题的调查与分析,以形成对不同知识分子群体特征、思想状况的立体见解。截止调查结束,共回收 1764 份有效问卷。其中,对于高校知识分子的调查,回收 460 份有效问卷;对于媒体知识分子的调查,回收 68 份有效问卷;对于青年知识分子的调查,回收 1 236 份有效问卷。

(一) 调查对象的基本信息

本研究首先对新时代知识分子的性别、年龄、学历、政治面貌和宗教信仰情况进行了调查,以形成对这一群体的初步认知。具体结果见下列表 1。

	高校知识分子	媒体知识分子	青年知识分子
性别	男性 260 人占 56.52%,女性 200 人占 43.48%	男性 38 人占 55.88%,女性 30 人占 44.12%	男性 494 人占 39.97%,女性 742 人占 60.03%
年龄	30 周岁(含)以下 100 人占 21.74%,30—45 周岁 226 人占 49.13%,45—60 周岁 126 人占 27.39%,60 周岁(含)以上 8 人占 1.74%	30 周岁(含)以下 6 人占 8.82%,30—45 周岁 48 人占 70.59%,45—60 周岁 14 人占 20.59%,60 周岁(含)以上 0 人	由于选取对象为高校在读硕士、博士研究生,因而年龄调查结果在 22—31 周岁之间

	高校知识分子	媒体知识分子	青年知识分子
学历	大专 20 人占 4.35%,大学本科 88 人占 19.13%,硕士研究生 118 人占 25.65%,博士研究生 234 人占 50.87%	大专 0 人,大学本科 14 人占 20.59%,硕士研究生 16 人占 23.53%,博士研究生 38 人占 55.88%	硕士研究生 1 218 人占 98.54%,博士研究生 18 人占 1.46%
政治面貌	中共党员(含预备党员)338 人占 73.48%,共青团员 44 人占 9.56%,民主党派成员 8 人占 1.74%,无党派人士 16 人占 3.48%,群众 54 人占 11.74%	中共党员(含预备党员)64 人占 94.12%,共青团员 2 人占 2.94%,民主党派成员 0 人,无党派人士 2 人占 2.94%,群众 0 人	中共党员(含预备党员)446 人占 36.08%,共青团员 732 人占 59.22%,民主党派成员 8 人占 0.65%,无党派人士 0 人,群众 50 人占 4.05%
宗教信仰	无宗教信仰 420 人占 91.31%,佛教 10 人占 2.17%,道教 0 人,基督教 18 人占 3.91%,伊斯兰教 0 人,其他 12 人占 2.61%	无宗教信仰 64 人占 94.12%,佛教 2 人占 2.94%,道教 0 人,基督教 0 人,伊斯兰教 0 人,其他 2 人占 2.94%	无宗教信仰 1 200 人占 97.09%,佛教 10 人占 0.81% 道教 6 人占 0.49%,基督教 12 人占 0.97%,伊斯兰教 4 人占 0.32%,其他 4 人占 0.32%

表 1　调查对象的基本信息

性别方面,在高校知识分子和媒体知识分子中,二者比例相对均衡,体现出这些领域性别平等趋势更为明显;在青年知识分子中,女性占比高于男性,反映出女性在追求高等教育中具有更高的积极性。年龄方面,高校知识分子和媒体知识分子主要集中在 30—45 岁,而青年知识分子则主要集中在 22—31 岁。学历方面,高校知识分子拥有较高学历,具有硕士研究生及以上学历者占 76.5%,这反映出高学历在学术领域的重要性;在本研究所调查的媒体知识分子中,博士研究生比例最高,其次是硕士研究生,而本科学历者比例相对较低,反映出该领域对高层次人才的重视;青年知识分子大多为在读研究生,显示出他们正通过接受学术锻炼等提升自身竞争力,为未来职业发展做准备。政治面貌方面,三类群体中中共党员(含预备党员)比例均较高,尤其是媒体知识分子达 94.1%,这表明新时代知识分子的政治参与度有所提升,体现了其对中国共产党领导下的中国道路的总体认同与支持。宗教信仰方面,大多数知识分子表示无宗教信仰,特别是青年知识分子有宗教信仰者比例仅为 2.9%,这其中有多种原因,最为主要的在于科学和理性思维的普及。

(二)经济收入与社会地位有所提高

经济及地位情况是考量新时代知识分子群体生活状况的重要参照。本研究将分析的重点聚焦于对其年收入、生活条件满意度以及受社会尊重程度等指标。具体结果见下列表 2 至 4。

第一,年收入情况。表 2 结果显示,不同知识分子群体的年收入分布存在一定差异。在高校知识分子中,年收入 10 万—15 万元者占31.3%,15 万—20 万元者占 19.1%;在媒体知识分子中,年收入 15 万—20 万元者占 35.3%,10 万—15 万元者占 29.4%;在青年知识分子中,年收入绝大多数在 6 万元以下。综合来看,高校和媒体知识分子在收入分布上较为均衡,显示出其职业发展和收入水平的相对稳定性;比较而言,青年知识分子的收入水平较低,原因在于本研究的青年知识分子多为高校在读生,没有固定社会工作收入来源,而对于刚毕业的研究生而言,职业发展也尚处于起步阶段,需要更多的发展机会和支持。

	高校知识分子	媒体知识分子	青年知识分子
6 万元以下	76 人占 16.52%	4 人占 5.88%	1084 人占 87.70%
6 万—10 万元	74 人占 16.09%	10 人占 14.71%	34 人占 2.75%

	高校知识分子	媒体知识分子	青年知识分子
10 万—15 万元	144 人占 31.30%	20 人占 29.41%	30 人占 2.43%
15 万—20 万元	88 人占 19.13%	24 人占 35.30%	14 人占 1.13%
20 万—25 万元	36 人占 7.83%	2 人占 2.94%	6 人占 0.49%
25 万—35 万元	20 人占 4.35%	4 人占 5.88%	54 人占 4.37%
35 万元以上	22 人占 4.78%	4 人占 5.88%	14 人占 1.13%

表 2　知识分子的年收入情况

第二,生活条件满意度。表 3 结果显示,不同知识分子群体对生活条件满意度存在差异。在高校知识分子中,12.6%的人表示非常满意,57.4%的人表示较为满意,表示不大满意或很不满意者占 30.0%,显示出这一群体的生活条件仍有提升空间。在媒体知识分子中,14.7%的人表示非常满意,70.6%的人表示较为满意,表示不大满意或很不满意的人占 14.7%,表明这一群体对现有生活条件普遍较为满意。在青年知识分子中,9.4%的人表示非常满意,53.7%的人表示较为满意,表示不大满意或很不满意者占 36.9%,反映出这一群体对生活条件存在更多改善需求。综合来看,媒体知识分子对生活条件的满意度最高,高校知识分子次之,青年知识分子最低,这可能与他们的职业发展阶段和收入水平有关。

	高校知识分子	媒体知识分子	青年知识分子
非常满意	58 人占 12.61%	10 人占 14.71%	116 人占 9.39%
较为满意	264 人占 57.39%	48 人占 70.59%	664 人占 53.72%

	高校知识分子	媒体知识分子	青年知识分子
不大满意	120 人占 26.09%	8 人占 11.76%	394 人占 31.88%
很不满意	18 人占 3.91%	2 人占 2.94%	62 人占 5.01%

表3　知识分子的生活条件满意度

第三,受社会尊重程度。表4结果显示,不同知识分子群体普遍认为当前社会对其尊重程度较高。在高校知识分子中,对受社会尊重程度表示较为充分或一般者占 76.1%,表示较为缺乏或非常缺乏者占 15.2%;在媒体知识分子中,表示较为充分或一般者占 73.5%,表示较为缺乏或非常缺乏者占 11.8%;在青年知识分子中,表示较为充分或一般者占 79.9%,表示较为缺乏或非常缺乏者仅占 5.4%。这表明媒体知识分子和青年知识分子对受社会尊重的感受较高校知识分子更积极,进一步反映出不同群体在社会角色和价值认同上的差异。

	高校知识分子	媒体知识分子	青年知识分子
非常充分	40 人占 8.69%	10 人占 14.71%	182 人占 14.72%
较为充分	132 人占 28.70%	22 人占 32.35%	504 人占 40.78%
一般	218 人占 47.39%	28 人占 41.18%	483 人占 39.08%
较为缺乏	46 人占 10.00%	2 人占 2.94%	48 人占 3.88%
非常缺乏	24 人占 5.22%	6 人占 8.82%	19 人占 1.54%

表4　知识分子受社会尊重程度

(三) 政治立场坚定且政治担当强化

知识分子的政治认同在凝聚社会共识、推动政策实施以及维护国家稳定等方面发挥着重要作用。本研究注重分析知识分子对党的路线、方针、政策的认同程度,对当前改革进展情况的评价以及对中国梦的看法。具体结果见下列表5至7。

第一,对新时代以来党的路线、方针、政策的总体评价。表5结果显示,新时代知识分子群体对以习近平同志为核心的党中央推出的一系列政策措施的评价总体上是积极的,尤其是在媒体和青年知识分子中,分别有85.3%和71.0%的人认为这些政策措施非常好,这反映出新时代知识分子群体对党和国家大政方针的信任与支持。与此同时,在对部分知识分子的访谈中,我们发现三类知识分子大多通过互联网来了解党和国家的大政方针,其中"学习强国"是他们经常使用的 APP 软件。然而,在高校和青年知识分子中,均有 30% 左右的人认为这些政策举措比较好或一般,这表明他们认为这些政策举措仍有提升与完善的空间。

	高校知识分子	媒体知识分子	青年知识分子
非常好	296 人占 64.35%	58 人占 85.30%	877 人占 70.96%
比较好	132 人占 28.70%	8 人占 11.76%	314 人占 25.40%
一般	22 人占 4.78%	2 人占 2.94%	32 人占 2.59%
不太好	2 人占 0.43%	0 人	4 人占 0.32%
不清楚	8 人占 1.74%	0 人	9 人占 0.73%

表5 知识分子对新时代以来党的路线、方针、政策的总体评价

第二,对当前改革进展情况的总体评价。表6结果显示,大多数新时代知识分子认为当前改革力度很大且成效明显。其中,在高校和媒体知识分子中,均有 60% 左右的人持这种观点,这一比例在青年知识分子中为 72.2%。然而各群体中仍有相当一部分人认为改革过多停留在政策层面,缺乏具体措施,成效不明显。其中,在媒体知识分子中持这一观

点者占比 35.3%，高校知识分子为 30.4%，而青年知识分子为 20.7%。这反映出在当前改革事业的推进中，其整体方向和初步成果得到了广大知识分子的高度认可，但在落地和执行层面仍有改进空间。

	高校知识分子	媒体知识分子	青年知识分子
改革力度很大，成效明显	284 人占 61.74%	42 人占 61.77%	892 人占 72.17%
过多停留在政策层面，缺乏具体措施，成效不明显	140 人占 30.43%	24 人占 35.29%	256 人占 20.71%
贯彻落实情况不好，没有什么效果	8 人占 1.74%	2 人占 2.94%	26 人占 2.10%
改革动力不足，进展缓慢，效果难以预期	16 人占 3.48%	0 人	16 人占 1.30%
不清楚	12 人占 2.61%	0 人	46 人占 3.72%

表 6　知识分子对当前改革进展情况的总体评价

第三，对中华民族伟大复兴的中国梦的看法。表 7 结果显示，绝大多数新时代知识分子对中国梦表示完全认同。其中，媒体知识分子中表示完全认同者占比为 94.1%，高校和青年知识分子中占比分别为 87.4% 和 87.9%。

	高校知识分子	媒体知识分子	青年知识分子
完全认同	402 人占 87.39%	64 人占 94.12%	1 087 人占 87.94%
不确定能否实现	48 人占 10.43%	4 人占 5.88%	132 人占 10.68%
实现意义不大	4 人占 0.87%	0 人	7 人占 0.57%
不关心、不了解	6 人占 1.31%	0 人	10 人占 0.81%

表 7　知识分子对中华民族伟大复兴的中国梦的看法

（四）总体认同社会主义核心价值观且自觉践履

知识分子的价值观认同在引领社会风尚、促进文化传承和推动创新发展等方面具有重要意义。本研究注重分析社会主义核心价值观对知识分子日常行为的影响，知识分子面对新兴社会思潮或价值观念时的辨析情况，同时围绕部分专项问题展开调查。具体结果见下列表 8 至 9，以及图 1 至 2。

第一，社会主义核心价值观对知识分子日常行为的影响。表 8 结果显示，大部分知识分子认为社会主义核心价值观对其日常行为有显著影响。尤其是在青年知识分子中，73.1% 的人表示影响很大，显示出其对社会主义核心价值观的认同度和实践度较高。此外，少部分知识分子群体表示没有影响或说不清楚，其在高校和媒体知识分子中占比分别为 5.7% 和 5.9%，在青年知识分子中占比为 3.2%。综合来看，大多数知识分子日常行为会受社会主义核心价值观的影响。

	高校知识分子	媒体知识分子	青年知识分子
影响很大	270 人占 58.70%	38 人占 55.88%	903 人占 73.06%
影响一般	164 人占 35.65%	26 人占 38.24%	294 人占 23.78%
没有影响	10 人占 2.17%	4 人占 5.88%	20 人占 1.62%
说不清楚	16 人占 3.48%	0 人	19 人占 1.54%

表 8　社会主义核心价值观对知识分子日常行为的影响

第二，知识分子面对新兴社会思潮或价值观念时的辨析情况。表 9 结果显示，大多数知识分子在面对新兴社会思潮或价值观念时，首先会对这种思潮进行初步辨别，然后分析其影响、成因等深层次问题。高校和媒体知识分子持此观点者占比相对较高，这或许与其职业特点和习惯有一定联系。此外,各类群体中均有 20% 左右的人不会对新兴社会思潮或价值观念进行深究。先进的社会思潮可以促进社会发展和时代进步,错误的社会思潮则会误导人们对社会现实的认知,扰乱社会思想,甚至引发社会动荡。因此,引导这一群体在面对新社会思潮或价值观念时保持清醒头脑、明辨是非界限、深刻认识本质是十分必要的。

	高校知识分子	媒体知识分子	青年知识分子
会辨析其合理性,并形成深入认识	358 人占 77.83%	56 人占 82.35%	925 人占 74.84%
会辨析其合理性,但不深究其成因	92 人占 20.00%	12 人占 17.65%	288 人占 23.30%
很少会辨析其合理性	10 人占 2.17%	0 人	23 人占 1.86%

表 9　知识分子面对新兴社会思潮或价值观念时的辨析情况

第三,专项问题调查情况。首先,青年知识分子作为社会的未来栋梁,其价值认同事关国家的长治久安和社会的长远发展。本研究注重调查"部分青年知识分子价值认同不坚定的主要原因"的问题。图 1 结果显示,青年知识分子的回答从高到低分别是受到价值取向多元化的影响、个人理想与社会理想存在差距、受到外来思想文化的冲击、主导价值教育缺乏吸引力。

同时,新闻舆论工作事关全党全国各族人民的凝聚力和向心力。本研究注重调查"对于媒体工作者来说,大局意识与传播事实哪个更为重要"的问题。图 2 结果显示,绝大多数媒体知识分子认为两者同等重要或大局意识更重要,体现出其对社会责任和整体利益的高度关注。此

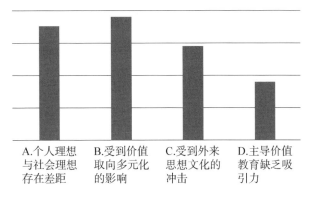

图1　部分青年知识分子价值认同不坚定的主要原因

对于媒体工作者来说，大局意识与传播事实哪个重要？

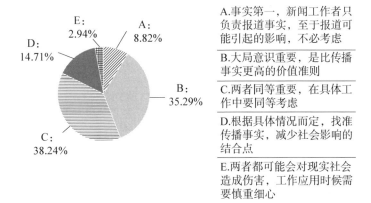

A.事实第一，新闻工作者只负责报道事实，至于报道可能引起的影响，不必考虑

B.大局意识重要，是比传播事实更高的价值准则

C.两者同等重要，在具体工作中要同等考虑

D.根据具体情况而定，找准传播事实，减少社会影响的结合点

E.两者都可能会对现实社会造成伤害，工作应用时候需要慎重细心

图2　媒体知识分子在大局意识与传播事实之间的选择情况

外，也有部分媒体知识分子强调事实报道的独立性和客观性，而少数媒体知识分子认为需要根据具体情况灵活处理，找准传播事实、减少社会影响的结合点。习近平同志明确指出要坚持党的新闻舆论工作的正确政治方向，"党性原则是党的新闻舆论工作的根本原则。党管宣传、党管

意识形态、党管媒体是坚持党的领导的重要方面"①。当前,社会舆论纷繁复杂,瞬息万变,新时代媒体知识分子在进行新闻宣传时始终坚持讲政治、围绕中心、服务大局、弘扬主旋律尤为重要。

(五)积极回应社会的道德期待且保持道德自律

道德的力量是一个民族振兴、国家发展、人民幸福的重要因素,知识分子在社会道德建设中发挥着极其重要的作用。本研究注重调查知识分子对具体道德素质事件的应对情况,同时围绕环境道德等专项问题进行调查。具体结果见下列表 10,以及图 3。

	高校知识分子	媒体知识分子	青年知识分子
经常会	294 人占 63.91%	53 人占 76.47%	547 人占 44.25%
偶尔会	138 人占 30.00%	14 人占 20.59%	632 人占 51.13%
基本不会	20 人占 4.35%	2 人占 2.94%	51 人占 4.13%
完全不会	8 人占 1.74%	0 人	6 人占 0.49%

表 10 知识分子在日常生活中意识到自己的行为对环境所产生的影响情况

第一,对具体道德素质事件的应对情况。本研究设置"老人摔倒扶不扶"的问题。图 3 结果显示,绝大多数人选择"可以考虑让周围人作证再扶",相当一部分人认为"可以选择打电话叫救护车的方式"或"需要因情况而定",相对少数人认为"必须扶,救人要紧"。研究表明新时代知识分子面对"老人摔倒扶与不扶"时,大多数人愿意提供帮助,但也注重自我保护,倾向于采取安全和合理的救助方式。虽然有一部分人强调见义勇为和人道主义精神,但更多的人担心遇到诈骗或被诬陷,因此倾向于

---

① 《习近平著作选读》(第一卷),人民出版社 2023 年版,第 451 页。

在有证人或其他保障措施的情况下施加援手。

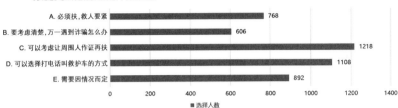

图3　知识分子对于老人摔倒扶与不扶的应对情况

第二,环境道德意识情况。表10结果显示,不同群体知识分子环境道德意识存在一定差异。媒体知识分子环境道德意识最强,其中76.5%的人表示经常会意识到自己的行为对周围环境带来的影响,且没有人表示完全不会意识到这一点。高校知识分子环境道德意识较强,其中63.9%的人表示经常会意识到自己的行为对周围环境所带来的影响,30.0%的人表示偶尔会意识到。青年知识分子环境道德意识相对较低,其中只有44.3%的人表示经常会意识到,而51.1%的人表示只是偶尔会意识到。研究结果反映出不同知识分子群体在环境道德意识上的差异,这可能与其职业特点和生活经历有关。

(六)自觉承担社会责任且立足自身专长善作为

在现实生活中,每一社会成员都要承担一定社会责任,知识分子也是如此。本研究调查知识分子责任担当意识水平,以及对自身社会责任的认知情况以及将专业特长与责任担当相结合情况等。具体结果见下列表11至13,以及图4至6。

第一,责任担当意识。作为社会成员中掌握科学文化知识较多、思想意识较强的群体,知识分子往往承担着更大的社会责任。本研究注重调查新时代知识分子对于"与他人相比,知识分子肩负的责任更大"观点的看法。表 11 结果显示,在媒体知识分子中,有 70.6% 的人非常认同这一观点;在高校和青年知识分子中,这一比例也在 50% 左右。这表明新时代知识分子非常清楚自己肩负着强国建设、民族复兴的使命与责任。

	高校知识分子	媒体知识分子	青年知识分子
非常认同	220 人占 47.83%	48 人占 70.59%	716 人占 57.92%
较为认同	168 人占 36.52%	18 人占 26.47%	404 人占 32.69%
一般	56 人占 12.17%	2 人占 2.94%	96 人占 7.77%
不太认同	16 人占 3.48%	0 人	20 人占 1.62%

表 11　知识分子对"与他人相比,知识分子肩负的责任更大"观点的看法

第二,对自身主要责任的认知情况。图 4 至 6 结果显示,不同知识分子群体在责任认知上具有共性,即都强调为国家和社会服务的重要性。在高校和青年知识分子中,大多数人认为"科研教学报国""为国家献计献策"以及"推动社会文明发展进步"是其应承担的主要责任,这反映出其对科技进步、国家发展的高度责任感。在媒体知识分子中,大多

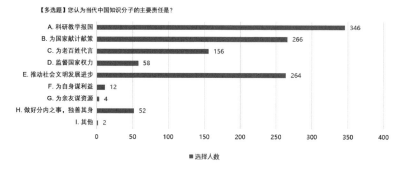

图 4　高校知识分子认为当代中国知识分子应该承担的主要责任

数人认为"关注社会民生""社会监督"以及"舆论导向"是其应承担的主要责任,这反映出其更关注社会的实际问题和公平正义的实现,强调发挥媒体的监督职能和社会责任。

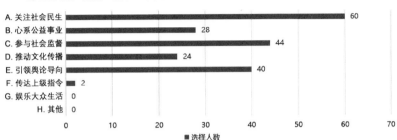

图5 媒体知识分子认为当代中国知识分子应该承担的主要责任

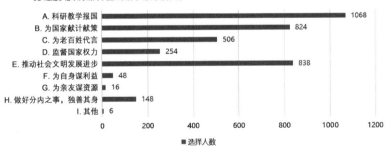

图6 青年知识分子认为当代中国知识分子应该承担的主要责任

第三,将专业特长与责任担当相结合情况。本研究设置"知识分子是否应借助专业知识就社会不良现象提出观点和建议"问题。表12结果显示,绝大多数知识分子认为借助专业知识就社会不良现象提出自己的观点和建议是必要的。此外,也有小部分知识分子选择不采取行动或视具体情况而定。研究结果表明绝大多数知识分子愿意通过专业知识为社会发展贡献智慧和力量,同时我们需完善相应政策、制度环境,鼓励更多知识分子为社会治理建言献策。

	高校知识分子	媒体知识分子	青年知识分子
是,很有必要	380 人占 83.61%	64 人占 94.12%	1045 人占 84.55%
不是,没什么用	12 人占 2.61%	0 人	35 人占 2.83%
视具体情况而定	68 人占 14.78%	4 人占 5.88%	156 人占 12.62%

表 12　知识分子借助专业知识就社会不良现象提出观点和建议情况

第四,面对切身利益与社会责任发生冲突时的选择情况。表 13 结果显示,大多数知识分子在面对切身利益与社会责任发生冲突时,倾向于优先考虑社会责任,但也表现出一定的灵活性和务实态度,会根据具体情况做出调整。

	高校知识分子	媒体知识分子	青年知识分子
社会责任优先	286 人占 62.18%	46 人占 67.65%	667 人占 53.96%
切身利益优先	14 人占 3.04%	0 人	26 人占 2.11%
视具体情况而定	118 人占 25.65%	16 人占 23.53%	281 人占 22.73%
两者相结合,做出中立选择	42 人占 9.13%	6 人占 8.82%	262 人占 21.20%

表 13　知识分子切身利益与社会责任发生冲突时的选择情况

总体来说,新时代知识分子结构呈现出年轻化、高学历化的趋势,他们对自身的要求往往高于其他人群,普遍追求更高层次的自我价值与社会价值的实现。党的十八大以来,我国创新驱动发展战略大力实施,创新型国家建设成果丰硕，知识分子功不可没，尤其是广大科技工作者充分体现了时代担当，其社会地位也不断提高。当然，一些行业领域的知识分子的社会地位仍处于边缘地带，需要反思其中的缘由。在政治认同方面，新时代知识分子政治立场坚定、拥护党的路线、方针、政策，关心国家大事和社会热点问题。总体而言，他们能够为助力中国式现代化建设建言献策。然而，受社会上一些追求物质享受的不良风气影响，部分知识分子对现状不满，思想上出现偏差，这一现象必须引起重视。在价值认同方面，广大知识分子以深刻把握社会主义核心价值观的重大意义为前提，以维护价值共识为基础，以促进社会主义核心价值观的大众认同为己任。他们注重在实处用力，在知行合一上下功夫，自觉做践行社会主义核心价值观的模范。在道德素质方面，新时代知识分子勇于坚守公平和正义的立场，能够回应社会期待，以高尚的人格示范他人。不过，受一些不良社会风气影响，部分知识分子在施以人道主义援助时，会考虑自我保护问题，采取合理且安全的救助方式。在责任担当方面，广大知识分子铭记肩上的重任，借助知识和精神的力量，在建功立业中结合自身优势，为社会提供智力支撑和创新支撑。但是，由于实际经历有限，有时候成效不够明显。知识分子的素养、努力和奋斗，是国家核心竞争力提升的重要内容。新征程中知识分子不能缺席，知识分子精神更不能缺席。

二、新时代知识分子精神建构的历史机遇

自人类文明诞生之日起，知识、观念和思想就以超越人们想象的方式深刻影响着人类历史的进程。中国知识分子素来具有强烈的爱国传统、忧患意识，尤其是当国家、民族处在发展的关键时期，这种意识就愈发强烈。当前世界百年未有之大变局加速演进，以中国式现代化全面推

进中华民族伟大复兴成为新时代新征程中国共产党的中心任务,这迫切要求广大新时代知识分子在中国共产党的领导下锐意进取、积极作为,不断发扬新时代知识分子精神,为推进现代化事业、实现中国梦愿景贡献智慧和力量。

(一)百年未有之大变局积极应对的需要

回顾中华民族的悠久历史,特别是近代以来波澜壮阔的历史进程,知识分子都是一个被寄予厚望的群体。他们以崇高的家国情怀、强烈的责任担当以及卓然的人格精神,为民族的进步与兴盛作出了巨大贡献。当今世界之变、时代之变、历史之变正以前所未有的方式展开,世界百年未有之大变局加速演进,这召唤着广大新时代知识分子努力彰显忧国忧民、济世报国的家国意识,革新求变、勇立潮头的创新精神以及自信包容、守正创新的文化品格,为应对大变局、实现中国梦贡献智慧和力量。

百年未有之大变局召唤新时代知识分子忧国忧民、济世报国的家国意识。回顾中华民族的数千年历史,特别是近代以来的百余年历史,中国知识分子的命运与国家、民族的命运紧密相连。1840 年鸦片战争后,西方列强凭借着船坚炮利,打开了古老中国的大门。在 1874 年给同治皇帝的一封奏折中,李鸿章不禁感慨彼时的中国正经历"数千年来未有之变局"。变局之中的中国知识分子开始意识到世界格局的变化,思考救亡图存的道路。从龚自珍、魏源到康有为、梁启超,从孙中山、黄兴到李大钊、陈独秀,一代代知识分子秉持着强烈的家国情怀,探索着救民族于危难、拯黎民于水火的道路。最终,随着中国共产党的成立,由毛泽东等先进知识分子领导的无产阶级革命斗争拉开帷幕,在马克思主义的指导下,中国知识分子引领、成就了革命与建设的辉煌事业。百余年来,世界多极化、经济全球化、社会信息化、文化多样化深入发展,当前世界百年未有之大变局加速演进。大变局中,综合国力成为国家、民族安危的重要变量,而综合国力的强弱很大程度上取决于高质量人才和优秀知识分子的拥有量。"当今世界的综合国力竞争,说到底是人才竞争,人才越来越成为推动经济社会发展的战略性资源……源源不断的人才资源是我国在激烈的国际竞争中的重要潜在力量和后发优势。"①因此,在这一背景之下,全社会应尊重知识分子、支持知识分子,为知识分子发挥才能创造条件,从而吸引和培育出更多具有深沉爱国情怀和崇高理想信念的时代人才,为应对世界百年未有之大变局提供智力支持。

百年未有之大变局召唤新时代知识分子革新求变、勇立潮头的创新精神。纵观人类发展历史,创新始终是推动一个国家、民族发展进步的不竭动力。从工业革命时期的蒸汽机、电力技术,到信息时代的计算机、互联网、生物技术、人工智能等,每一次科学技术的创新都极大提升生产力,进而推动世界现代化的进程。众多历史先例表明,一些国家率先成为世界科学中心和创新高地,就能快速推进自身现代化进程,跻身于世界强国之林。而一些传统强国的衰落也与其失去或缺乏创新精神和创新能力密切相关。新时代以来,以习近平同志为核心的党中央高度重视创新在治国理政中的重要地位。党的二十大报告明确指出:"必须坚持科技是第一生产力、人才是第一资源、创新是第一动力,深入实施科教兴国战略、人才强国战略、创新驱动发展战略,开辟发展新领域新赛道,不断塑造发展新动能新优势。"②作为先进生产力和先进文化的重要创造者和传播者,知识分子对于推进理论创新、制度创新、科技创新、文化创新具有无法替代的重要价值。因此,在数字化、智能化飞速发展的今天,

① 中共中央文献研究室编:《习近平关于社会主义社会建设论述摘编》,中央文献出版社 2017 年版,第 50 页。
② 《习近平著作选读》(第一卷),人民出版社 2023 年版,第 28 页。

无论是在自然科学领域还是在人文社会科学领域，广大新时代知识分子都应该积极投身创新发展的大潮。只有发扬勇立潮头、敢于开拓，发扬攻坚克难的精神，增强善作善成的本领，才能让知识分子的精神生命在创新创造中得以强壮，为应对百年未有之大变局、实现中华民族伟大复兴贡献创新力量。

百年未有之大变局召唤新时代知识分子自信包容、守正创新的文化品格。文化是一个国家、一个民族的灵魂，国家的富强、民族的振兴，无不伴随着文化的历史性进步。当前世界百年未有之大变局加速演进，文化的力量越来越受到人们的关注。新时代以来，我国文化建设内外部风险挑战叠加。着眼国内，意识形态领域斗争复杂，历史虚无主义、文化虚无主义等错误思潮频现，社会文明水平尚需提高，网络舆论乱象丛生；放眼国际，文明冲突、文明等级、历史终结等论调沉渣泛起，东西方文化碰撞加深，意识形态领域硝烟弥漫。与此同时党的二十大报告指出，中国式现代化是物质文明和精神文明相协调的现代化，这表明只有物质文明建设和精神文明建设都搞好，国家物质力量和精神力量都增强，全国各族人民物质生活和精神生活都改善，中国特色社会主义事业才能顺利向前推进。面对上述种种挑战与目标，客观上亟需广大知识分子具备深厚的知识积累、高尚的文化素养以及较敏锐的思维能力，需要他们勇于担当新时代新的文化使命。因此，新时代知识分子，尤其是从事人文社会科学工作的知识分子，应始终坚定文化自信、秉持开放包容、坚持守正创新，立足新时代中国特色社会主义伟大实践，创作生产出无愧于我们这个伟大民族、伟大时代的优秀作品，为人民群众提供更多更好的精神食粮。

（二）中国式现代化事业接续推进的呼唤

推进中国式现代化，人才是战略性支撑。党的二十大报告强调："教育、科技、人才是全面建设社会主义现代化国家的基础性、战略性支撑。"①当前,我国正进入重要的发展动力转换期、发展模式升级期和国家战略进阶期,必须以创新为第一动力,提供高质量科技供给,以创新驱动内涵型增长,加快建设现代化经济体系。人才是创新的根基,是推动高质量发展和高水平科技自立自强的基础性、战略性资源。为实现以发展新质生产力提升全要素生产率、攻克关键核心技术难题、提高劳动者综合素质并且大力提升自主创新能力的目标,就必须充分发挥教育、科技、人才在推进中国式现代化进程中的重要作用。对此,应该整体谋划教育、科技、人才三大战略,使它们共同服务于创新型国家建设。这不仅是对国家总体战略体系的一次重要完善,也为充分发挥人才的引领驱动作用、人才工作更好落到实处提供有利条件。在聚焦科技创新发展,实施人才引领驱动下,广大人才和新时代知识分子的独立自主精神、爱国奉献精神、勇于创造创新精神等都将充分地释放其强大力量。

推进中国式现代化需要一支规模宏大的高素质知识分子队伍。中国共产党领导的中国革命从一开始就重视知识分子。中国共产党由小到大、由弱到强,不断走向胜利的一个重要因素就是我们党高度重视知识分子,广泛吸收大批知识分子参与到革命队伍中来。特别是改革开放后,党和政府更大规模、更有成效地培养社会主义现代化建设急需的各级各类知识分子。如今,我国已经从人才资源相对匮乏的国家发展成为世界第一人力资源大国。"实现中华民族伟大复兴,人才越多越好,本事越大越好。"②团结广大知识分子实现强国建设、民族复兴的浪潮已势不可挡,中国式现代化的推进必将凝聚起一支强大的知识分子队伍,使人

---

① 《习近平著作选读》(第一卷),人民出版社 2023 年版,第 27—28 页。

② 《习近平谈治国理政》(第一卷),外文出版社 2018 年版,第 127 页。

力资源大国建设成为人力资源强国。

推进中国式现代化需要知识分子队伍全面发展。伴随着社会的不断发展和进步,我国知识分子队伍逐渐遍布全社会各个领域。科学技术工作者作为知识分子队伍的主体,是先进生产力的开拓者,是推动实施创新驱动发展的主要力量。推进中国式现代化需要广大科学技术工作者自觉谋划创新、推动创新、落实创新。哲学社会科学工作者是思想的生产者和传播者,推进中国式现代化需要广大哲学社会科学工作者从我国改革开放和社会主义现代化建设的实践中发现新问题、开掘创新点、提炼有学理性的新理论、概括有规律性的新实践。文艺工作者是灵魂的工程师、时代发展的反映者。推进中国式现代化需要广大文艺工作者高扬社会主义核心价值观的旗帜,做到文艺创作从群众中来、到群众中去、讲好中国故事、传播好中国声音。教师是学生心灵的照看者,行为世范的先行者。在推进中国式现代化的征途中,需要广大教师时刻铭记教书育人的使命,以人格魅力引导学生心灵,以学术造诣启迪学生智慧。广大教师要不断寻求自身专业的可持续发展,积极应对社会信息化、知识多元化的挑战,不断增强自身的教学能力。同时,他们更要继承士大夫的精神传统,彰显"天下兴亡,匹夫有责"的家国情怀。媒体工作者是社会舆论的"扩音机",社会现象的"放大镜"。推进中国式现代化需要广大媒体知识分子时刻坚持正确的立场,始终和党的路线、方针和政策保持一致,切实维护新闻的真实性和公正性,为现代化建设营造良好舆论氛围、输送正能量。青年知识分子是国家的希望、民族的未来。推进中国式现代化需要广大青年知识分子既忠于祖国又忠于人民,时时想到国家,处处以人民利益为重,深深扎根于人民群众,无私奉献于国家的繁荣发展。他们应该做新时代的奋斗者,开拓创新、顽强拼搏、永不气馁;同时,不断锤炼自身,练就高强本领,在持续不断的学习和实践中更好为国争光，为民造福。

推进中国式现代化需要加快建设国家战略人才力量。党的十八大以来，以习近平同志为核心的党中央在准确把握我国经济社会高质量发展需要和人才工作面临的新形势新任务的基础上指出："战略人才站在国际科技前沿、引领科技自主创新、承担国家战略科技任务，是支撑我国高水平科技自立自强的重要力量，要加快建设国家战略人才力量，把建设战略人才力量作为重中之重来抓。"[①]所谓国家战略人才力量，主要指在关键科技领域中引领科学和技术发展方向的高素质人才群体。他们不仅具备深厚专业知识和卓越创新能力，还拥有敏锐的战略眼光和强烈的使命感。这一群体才能解决关键核心技术问题，领军国家重大科技任务，为国家发展和安全提供强大智力支持。全面推进中国式现代化，不仅需要系统构建符合时代要求和事业需要的人才队伍，更要抓住战略人才这个关键，由此才能带动人才队伍建设水平整体快速提升。作为新一轮科技革命和产业变革的重要驱动力量，人工智能的研发和应用需要一批科学家和工程技术专家、人工智能学者。每一项国家重大科技任务不仅是科技攻关的舞台，还是培养和锻炼广大科学家的难得机会。它激励着科学家深入学习科学技术，满怀热情地投身国家科技伟业之中。这也为他们积极发扬爱国报国、自立自强、持续创新、胸怀天下的知识分子精神提供广阔舞台。

（三）党的知识分子政策持续完善的保障

党的知识分子政策制定的正确与否，关乎着能否充分发挥知识分子的价值和作用，关乎着能否顺利推进党和国家各项事业以及实现民族复

---

① 中共中央宣传部，国家发展和改革委员会编：《习近平经济思想学习纲要》，人民出版社、学习出版社 2022 年版，第 113 页。

兴。近代以来,中国在人才培养与使用方面相对封闭落后,阻碍了中国经济社会的进步发展。在民族危急关头,中国共产党担起历史重任,"集中中国工人阶级和中国人民、中华民族的先进分子,集中全国各个领域中德才兼备的优秀人才,充分发挥出他们在人民群众中的先锋模范作用"①,在革命、建设和改革中千方百计网罗人才、培养人才,为中华民族伟大复兴奠定了坚实基础。纵在革命、建设和改革中,中国共产党科学运用马克思主义基本原理,并且认真研究中国知识分子的理论与实践,从而制定出党的知识分子政策。党的知识分子政策的持续完善为知识分子建功立业、知识分子精神建构提供了重要保障。

党的十八大之前,知识分子政策经历了复杂的发展过程,但正是在不断总结经验教训、不断更正错误的过程中,党学会了根据形势的发展变化对知识分子政策作出相应的调整,在处理知识分子问题上逐渐走向成熟。根据各个历史时期不同工作重心的需要,党制定和实施了如"争取""改造""培养""依靠"等政策。从1921年中国共产党成立到1949年中华人民共和国成立,这28年间党对知识分子从团结争取到怀疑轻视再到大量吸收、教育和任用,其政策经历了一个复杂的发展变化过程。此间既有成功经验,亦有失败教训。新中国成立后,在继承新民主主义革命时期知识分子政策成功经验的基础上,我们党根据当时国内形势变化和知识分子群体变化,采取了"团结、教育、改造"的知识分子政策,为促进新中国的稳步向前发展提供了人才保障。从1957年下半年到1976年近二十年的时间里,党的知识分子政策经历了迂回曲折的过程。尤其是十年动乱中"左"的错误指导思想对知识和知识分子的轻视,严重影响

---

① 中共中央文献研究室编:《十七大以来重要文献选编》(下),中央文献出版社2013年版,第1018页。

知识分子政策的落实,这一问题值得我们深刻反思。党的十一届三中全会以来,在党中央的正确领导下,知识分子问题方面的一系列"左"倾错误得以纠正。邓小平强调"尊重知识,尊重人才"①的思想,充分肯定了知识分子在改革开放和社会主义现代化建设中不可替代的作用。在"两个尊重"思想的指导下,以江泽民同志为核心的党的第三代中央领导集体提出了"尊重劳动,尊重知识,尊重人才,尊重创造"②的重大方针,充分体现了对知识分子的尊重和信任;提出要坚定不移地实施"科教兴国"战略,为知识分子发挥作用提供广阔舞台。进入 21 世纪,以胡锦涛同志为总书记的党中央综合国际国内形势适时提出人才强国战略,抓住了科教兴国战略的关键问题,开创了人才工作的新局面。

党的十八大以来,以习近平同志为核心的党中央立足于国内外发展对知识分子的需要,以历届党的领导集体关于知识分子政策的正确论断为理论基础,运用马克思主义的基本原理和方法,在理论与实践双重互动下逐渐形成新时代党的知识分子政策。在继承"四个尊重"知识分子政策基础上,根据新时代形势和知识分子新特点,将改革开放以来"政治上要充分信任,工作上要放手使用,生活上要关心照顾"③的方针政策创新发展为"政治上充分信任、思想上主动引导、工作上创造条件、生活上关心照顾"④。新时代知识分子政策以识才、爱才、敬才、用才、聚才为核心内容。在知识分子吸收和聚集方面,党中央大力培育国内创新人才,积极主动地引进国外人才特别是高层次人才,推动对内对外开放相互促

---

① 《邓小平文选》(第二卷),人民出版社 1994 年版,第 41 页。
② 中共中央文献研究室编:《十六大以来重要文献选编》(上),中央文献出版社 2005 年版,第 12 页。
③ 《江泽民文选》(第三卷),人民出版社 2006 年版,第 148 页。
④ 习近平:《论党的宣传思想工作》,中央文献出版社 2020 年版,第 239 页。

进,不唯地域、不求所用地引进人才、开发人才,做到"广开进贤之路、广纳天下英才"①。与此同时,更加注重做好党外知识分子工作,将党外知识分子工作从统一战线的基础性工作提升到战略性工作的高度,提出要把党外知识分子紧紧团结在党的周围,针对他们的不同特点而分类施策,充分发挥他们的智慧与才能。在知识分子培养方面,党中央遵循社会主义市场经济规律和知识分子成长规律,精心制定知识分子发展的战略规划。通过引导知识分子根据自身的优势和专业特长进行区域流动,不仅促进各类知识分子的合理分布,还与市场化配置形成有效互补。同时,党中央充分发挥教育对知识分子的基础性作用,进一步提升"四有"好老师标准。针对当前教育教学中出现的问题,要求广大教师做到政治要强、情怀要深、思维要新、视野要广、自律要严、人格要正的标准。此外,加强对知识分子的政治引导和思想引领,激发他们进行技术创新、知识创新的积极性与主动性,鼓励他们争当新时代的创新者、筑梦人。在知识分子使用方面,党中央坚持以用为本的用人原则,坚持德才兼备的用人标准,积极营造良好的用人环境,实现在使用中发现知识分子、发挥知识分子的作用、增长知识分子的本领。在知识分子管理方面,党中央坚持党管人才原则,坚持问题导向,建立健全知识分子体制机制,着力破解知识分子发展难题。新时代党的知识分子政策无不体现新时代知识分子在民族复兴伟业中的重要地位和时代价值,强调树立知识分子意识的重要性和必要性,为知识分子建功立业营造良好氛围并提供体制机制保障,增进广大知识分子对党的情感认同和矢志不渝坚持跟党走的决心,充分激发广大知识分子在新时代建功立业的积极性与主动性。

---

① 中共中央文献研究室编:《习近平关于社会主义政治建设论述摘编》,中央文献出版社 2017 年版,第 124 页。

三、新时代知识分子精神建构的现实困境

新时代以来,以习近平同志为核心的党中央高度重视知识分子在治国理政中的地位作用,根据国际国内形势的新变化以及知识分子群体的新动态,不断完善党的知识分子政策,这为新时代知识分子精神建构提供了重要保障。然而,必须认识到,新时代知识分子精神建构仍然面临不少现实困境,其中主要包括快节奏高压力社会所引发的挑战、西方意识形态渗透所形成的风险以及数字媒介迭代更替所带来的冲击。

(一)快节奏高压力社会所引发的挑战

当代中国社会给广大知识分子带来各种发展机遇,同时也带来了诸多挑战。在快节奏、高压力的社会环境之下,社会价值标准和取向愈发变得多元,知识分子遭遇体制化、专业化、功利化和媚俗化的困境。

体制化的束缚。在20世纪90年代后期,随着中国的知识体制越来越趋向健全,高校体制改革逐步采用西方官僚式的科层化管理制度,政府主导作用亦愈发凸显。在这场体制变革中,一些高校被"体制化"席卷裹挟。知识分子面对科研量化考核等压力,纷纷涌入创造学术GDP的大潮中。片面追求数量和直接效果的学术体制,使一些学者不惜学术造假、学术剽窃,让学术这一方净土在某种程度上遭到污染。在这种趋利性极强的学术体制下,知识分子越发忙碌和焦躁,逐渐失去了长期积累、认真思考的时间和心态。

专业化的屏障。现代社会的日益复杂化导致社会分工不断细化,加之人类知识快速更新,知识总量飞速增长,必然导致知识分子的专业化倾向。虽然专业化使得知识分子成为某个领域的拔尖人物,但也会使他们抛弃总体性联系和整体视角的公共关怀。专业化使得知识分子把自己的精神和思想局限于一亩三分地的专业领域,对于专业领域外的知识

几乎不曾涉猎。在功利主义和工具理性大规模侵入中国学界后，大批知识分子为在体制内部谋求个人发展，放弃了公共关怀而成为某个领域的专家，但他们的知识活动和学术创作已经背离学术精神的初衷，自身带着那种僵化的学匠气息，只能称其为技术性专家、有一技之长的学者，而非学识渊博、具有深厚人文情怀的知识分子。

功利化的诱惑。在市场经济条件下，每个人追求利益最大化的行为都得到了市场的认可与接纳。在追逐利益的过程中，越来越多的知识分子变得急功近利，虚无、此刻和感官代替了实在、未来和思考。在当今"信息大爆炸"的时代，人们不太愿意费心费力去深入解读一个人的思想，而更倾向于用身份标签来判断其价值。如是，快速获取某种身份标签便成为市场经济时代里一些知识分子的优先选择，反而放弃进一步的学术创作与独立思考。

媚俗化的羁绊。真正的知识分子应具有独立之精神、自由之思想。当然，他们需要了解、深入社会，在为社会大众所接受的同时，也要为其做出实质性贡献。正如习近平总书记所强调："文艺工作者要想有成就，就必须自觉与人民同呼吸、共命运、心连心，欢乐着人民的欢乐，忧患着人民的忧患，做人民的孺子牛。"①但知识分子不能一味迎合、不加甄别地满足公众的所有需求。对于那些不合乎情理、不符合时代价值观念的要求，知识分子理应加以拒绝并作出合理引导。

（二）西方意识形态渗透所形成的风险

当今世界，多元文化交流成为潮流，意识形态斗争风云激荡。随着全球化和信息化的深入发展，西方发达国家加紧利用错误社会思潮对我国进行意识形态渗透。借助渗透领域全面化、渗透渠道隐蔽化、渗透手

---

① 《习近平著作选读》（第一卷），人民出版社 2023 年版，第 292 页。

段智能化等,西方意识形态不断加大对我国知识分子特别是青年知识分子的渗透,极大影响这一群体的思想、观念和行动,给我国主流意识形态带来巨大挑战。

渗透领域的全面化。当前西方意识形态不仅注重从政治、经济、文化等领域进行渗透,而且重视从衣、食、住、行等领域渗透。日常生活作为知识分子群体的重要组成部分,青年知识分子处于人生成长和三观形成的"关键期",其思想、观念和行动容易受到西方意识形态的影响。从好莱坞电影到麦当劳快餐文化,从阿迪达斯、耐克到 NBA,从精致利己主义到"内卷""躺平"文化,无不反映西方意识形态渗透的影子,它们越来越多地借助日常消费、休闲、交往等活动渗透到知识分子的日常生活之中,从而体现出渗透领域的全面化特征。

渗透方式的隐蔽化。西方发达国家在意识形态渗透过程中,整合了多种不同的力量不断美化西方社会,积极开展多种形式的跨文化合作,使其意识形态渗透更不易被察觉,更具隐蔽性。西方国家不再简单地否定和攻击马克思主义,也不再直接攻击中华优秀传统文化,而是利用一些"基金会""研究会""培训中心""研究中心""社会调查"等作掩护,以文化产品、文化服务、文化交流的形式出现,通过俘获知识精英群体进行文化渗透。比如,通过开展正常的国际经济、政治、文化交流,特别是利用国际学术交流、人员教育培训、项目合作研究、资助留学生等方式,掺杂西方的道德观念、思想文化、生活方式、政治标准和价值标准等意识形态"私货",在潜移默化中影响中国知识分子的思想观念和价值标准,以达到文化渗透和意识形态渗透的目的。如果任由这些意识形态渗透在我国自由进行,任由这些夹带"私货"的产品在我国泛滥成灾,就会不断冲击、消解我国的主流意识形态认同。

渗透手段的智能化。随着人工智能的快速崛起,西方意识形态注重以新一代人工智能技术为平台和载体,向我国知识分子灌输西方价值观念。作为新一代人工智能代表性技术,ChatGPT 上线后,迅速吸引大批用户,其中知识分子用户不在少数。然而西方科技公司研发的产品在价值认知和内容输出上不可避免带有西方特点,由此会引发意识形态渗透的风险。例如,从对历史问题与热点事件的作答来看,ChatGPT 表现出较强西方中心主义的倾向与偏见,特别是在人权、宗教、新疆、涉藏等问题上严重损害了我国利益和形象。这一现象背后的原因在于算法霸权的冲击,新一代人工智能技术的数据库主要源于美西方国家,其主导的话语体系是欧美文化,这就决定这些技术以维护资本主义利益、价值和意识形态为基本导向。由此看出,随着信息化、智能化的发展,西方意识形态渗透的手段更加多元化,其依托互联网、人工智能等技术实现了广泛、快速且隐蔽的传播。

(三)数字媒介迭代更替所带来的冲击

科技的迅猛发展为知识传播带来巨大助推力。互联网、移动通信、大数据、人工智能等新兴技术的飞速发展和广泛应用,使得信息的获取、处理与传输更加便捷与高效,知识的表达与传播获得广阔空间。作为知识的代言人,知识分子的影响力本应随着互联网兴起而进一步提升,但这一预期情况却没有发生。[①] 网络媒体的更新迭代以及人工智能的出现发展,带来的是公开性与不平等性的矛盾、碎片化与理性逻辑的冲突、平民化与追求真理的冲突以及知识属性与整体关怀的分离等问题。对新时代知识分子而言,如何找到自己的位置、如何守住自己、如何不被边缘化,成为一个全新的挑战。

"流量至上"迫使知识分子边缘化发展。21 世纪以来,新媒体大致

---

① 王峰:《弥散:数字日常下的公共知识分子》,《广州大学学报(社会科学版)》2023 年第 5 期。

经历了 BBS、微博、自媒体、短视频四个时代,这四个时代相互迭代且彼此交叉。① BBS 时代属于知识分子,他们能在其中保持理性、客观、中立的气质。自微博时代起,知识分子则逐渐从中心位置移向边缘位置。微博时代信息爆炸和信息多元,以名人、商人为核心的"网络意见领袖"通过各种出彩甚至刺激的话术和修辞代替客观说理,以鲜明或极端的立场去赢得受众和粉丝。自媒体时代,微信公众号的出现更是在第一时间就能向公众输出大量未经核实、真假难辨的信息,为了流量、为了赢利,用尽手段去制造虚假的"10 万 +"阅读量,以"标题党"博眼球。以抖音、微信视频号、快手等为代表的短视频的兴起,吸引了各个年龄段的受众。这种视觉化和既视感有时会搁置受众的理性思考,使得大脑完全在这种碎片化的信息中放空,因而那些更加情绪化、极端化的视频能快速获得流量和影响。知识分子以理性思考为本位、以说理为己任,在无法提供说理的话语空间、技术空间中被挤出中心位置,在碎片化的海量信息下吞没其理性分析,被那些无所不评的"知道分子"所代替,被流量逻辑和资本逻辑所抛弃。这些都严重影响了知识分子批判精神、理性精神等的构建与发扬。

"信息茧房"造就知识分子"单向度"发展。面对新媒体更新迭代而产生的流量化、商业化、碎片化等负面效应,知识分子开始远离微博、微信公众号等公共空间,转而在微信群、粉丝群等社交小圈子中,与志同道合的群友交换见解。这种投其所好式的信息投喂不断重复强化他们的自我偏见和喜好。如此循环往复,每个群里的参与者都日趋同质化和内闭化,就像蚕宝宝吐出来的丝,用"自我偏好""自以为是"织就的丝网把

---

① 许纪霖:《新媒体的迭代更替与知识分子的边缘化》,《广州大学学报(社会科学版)》2023 年第 5 期。

自己包裹、封闭,全然缺乏自我反思。这种封闭性的"信息茧房"使一些知识分子蜕变为缺乏反思能力的"单向人",失去了包含不同立场、观点的真诚对话与真理追求。

数字媒介时代的公共表达易于产生顺从数字压迫的言论。在"以量取胜"的媒介困境中,受众的思维模式被改变,他们无法判断事件的真假,更无法判断哪个影响更深远,只能唯数据论。这种数据庸人主义不仅压缩着知识分子的言说空间,而且降低了知识分子言说的有效性。此外,随着媒体日趋发达,表达的方式越多样,渠道越顺畅,听众的注意力也逐渐弥散。为了满足听众的需求,知识分子不得不随时变换话题的表达方式,甚至附加表演性,喂给消费者愿意接受的言论。但这又会导致文化的媚俗,成为公众诟病知识分子的直接理由。

第五章

新时代知识分子精神建构的主要内容与实现路径

　　知识分子不仅是一个阶层、一种职业，更应该是一种精神、一种标志。在新的历史时期，当代知识分子既充分继承了传统知识分子的精神余韵，更在转捩嬗变的时代中塑造出与时俱进的知识分子精神。新时代知识分子作为思想文明的先行者和建设者，在精神建构中注重内外兼修，在厚植家国情怀、重塑道德人格、坚守人文精神、构建核心价值、思考人类命运上持续发力。新时代新征程，要立足知识分子的发展脉络和精神特质，从政策、方法、环境、主体、制度等全方位出发挖掘其精神力量和实践指向，不断凸显知识分子精神的价值维度，增强知识分子精神的阐释力度，为书写新时代知识分子建功立业的新篇章提供重要的精神支撑。

一、新时代知识分子精神建构的主要内容

　　习近平总书记指出："伟大的事业，决定了我们更加需要知识和知识分子，更加需要知识分子为国家富强、民族振兴、人民幸福多作贡献。"①新时代实现中华民族伟大复兴离不开知识分子的奋斗与担当，更

---

① 习近平：《论坚持人民当家作主》，中央文献出版社 2021 年版，第 172 页。

需呼唤中国知识分子精神的回归与重塑。厘清新时代知识分子精神建构的主要内容有助于为新时代知识分子精神的发展提供一定的指引,促使当代知识分子既注重其内在修为,更强调其外在追求,主动扛起新时代开拓发展的大旗,为新时代各项事业改革发展作出应有成绩。

(一)厚植家国情怀,砥砺知识分子的品质

"我国知识分子历来有浓厚的家国情怀,有强烈的社会责任感,重道义、勇担当。一代又一代知识分子为我国革命、建设、改革事业贡献智慧和力量,有的甚至献出宝贵生命,留下了可歌可泣的事迹。"[①]爱国是知识分子永恒的精神动力。时代在变,但是爱国精神薪火相传、弦歌不辍。修齐治平、横渠四句、"天下兴亡,匹夫有责",这种为国分忧、为国解难的天下意识、家国情怀,让古代优秀知识分子从"小我"走向"大我"。在中国近现代史上,知识分子心系国家命运、思索民族未来、忧虑人民疾苦,成为推动社会进步的重要力量。中国共产党诞生以后,党领导人民实现了中华民族从站起来、富起来到强起来的伟大飞跃。钱学森、邓稼先、郭永怀等优秀知识分子响应党的号召和祖国召唤,投身"两弹一星"的研制,西安交通大学"西迁人"坚持"党让我们去哪里,我们背上行囊就去哪里""始终与党和国家的发展同向同行"。黄大年对祖国的赤子之心和对党的忠诚之心,"心有大我、至诚报国"。"太行山上新愚公"李保国,在太行山区一干就是 35 年,表现出对党和人民事业的绝对忠诚。新时代知识分子要继承和发扬这种家国情怀,许党许国、报党报国。

当前,我国正处于实现中华民族伟大复兴中国梦的关键时期,在这一"筑梦圆梦"伟大历史进程中,中国知识分子的家国情怀有了时代的延

---

① 习近平:《论坚持人民当家作主》,中央文献出版社 2021 年版,第 173 页。

展和升华,既有扎根本土、面向世界的伦理格局,也有立足传统、着眼未来的宏大视野,已经并将持续成为"圆梦"的持久精神动力。

干一行,爱一行,坚守自己的岗位是新时代知识分子爱国之心的直接表现。爱国精神要落到实处、要付诸实施,离不开奋斗,离不开立足本职工作,发扬敬业精神。习近平总书记指出:"伴随党和人民事业不断发展,我国知识分子队伍越来越大,遍布全社会各个领域。在全面建成小康社会进程中,广大知识分子要肩负起自己的使命,立足岗位、不断学习、学以致用,做好本职工作。"①爱岗敬业是每个人都应该具备的职业道德,立足岗位,做好自己的本职工作,踏实肯干、求真务实,才能不断增长知识、增长才干。敢于担当、积极作为,坚守在自己的岗位上,有一分热,发一分光,广大知识分子才能够肩负起使命,为实现中华民族伟大复兴贡献自己的智慧与力量。

深入基层,把文章写在祖国的大地上是新时代知识分子报国之情的具体体现。科研和学问从来就不是高阁之上的玄想,而必须根植实践、服务实践。习近平总书记强调:"科学研究既要追求知识和真理,也要服务于经济社会发展和广大人民群众。广大科技工作者要把论文写在祖国的大地上,把科技成果应用在实现现代化的伟大事业中。"②一方面,知识分子想国家之所想,急国家之所急,要有强烈的理论前沿意识,掌握所属领域最新的理论、方法、发展趋势等,紧紧围绕国家发展的核心关键、瓶颈制约和重大挑战等开展深度调查研究,获得真实可靠、全面系统的一手资料,并通过深入思考与细致研究,为国家治理建言献策。另一方面,要树立为人民做学问的理想,以人民需要为研究对象,将个人的学

① 习近平:《论坚持人民当家作主》,中央文献出版社 2021 年版,第 155 页。
② 《习近平著作选读》(第一卷),人民出版社 2023 年版,第 494 页。

术追求与人民利益紧密结合起来,用自己的研究成果为祖国的发展和人民的美好生活作出贡献。

建构具有中国特色的话语体系,讲好中国故事是新时代知识分子强国之志的应有之意。习近平总书记在给《文史哲》编辑部全体编辑人员回信中指出:"增强做中国人的骨气和底气,让世界更好认识中国、了解中国,需要深入理解中华文明,从历史和现实、理论和实践相结合的角度深入阐释如何更好坚持中国道路、弘扬中国精神、凝聚中国力量。"①近代中国遭遇了百年耻辱,中国的现代化和学术话语建构基本上都是在西方话语的范畴内运作并形成。西方的概念、理论与方法固然有其一定的基础和市场,其背后存在着相应的价值观与政治立场,无疑包含着西方话语霸权。今天,中国重新崛起,为建设人类命运共同体、创造人类文明新形态、推进世界现代化进程贡献了中国智慧、提供了中国方案。然而,"在解读中国实践、构建中国理论上,我们应该最有发言权,但实际上我国哲学社会科学在国际上的声音还比较小,还处于有理说不出、说了传不开的境地"②。对此,广大知识分子"要按照立足中国、借鉴国外,挖掘历史、把握当代,关怀人类、面向未来的思路,着力构建中国特色哲学社会科学,在指导思想、学科体系、学术体系、话语体系等方面充分体现中国特色、中国风格、中国气派"③。对于广大哲学社会科学研究者来说,当前要着力已有的哲学社会科学各学科知识体系的核心概念、理论范式与研究方法等,进行必要的扬弃和学理化的创新;对当代中国发展的成功经验所孕生的中国式现代化道路及其内蕴的特殊性与一般性兼具的大国发展与治理规律,有充分认知和整体把握。

---

① 《习近平书信选集》(第一卷),中央文献出版社 2022 年版,第 327 页。
② 《习近平著作选读》(第一卷),人民出版社 2023 年版,第 486 页。
③ 《习近平著作选读》(第一卷),人民出版社 2023 年版,第 478 页。

（二）重塑道德人格，提升知识分子的素养

重德行、讲道德、好修身是传统士人普遍具有的优秀素养，是传统士人关于"内圣"追求的基本要求。中国式现代化是物质文明和精神文明相协调的现代化，"物质富足、精神富有是社会主义现代化的根本要求。"①仅追求物质财富的极大丰富远远不够，只有精神财富与物质财富都足够丰富，中华民族才可谓真正强大起来，才能真正以高昂的姿态屹立于世界民族之林。正如物质财富的极大丰富离不开人民群众同心协力为之拼搏，精神财富的极大丰富也需要人民群众的自觉参与和共同奋斗。重视自身道德修为、强化自身道德建设绝不只是空洞的宣言，而是要深深烙印在人们的心中，是每个人义不容辞的义务。与法律具有的既定成文的、强制性的约束力量不同，道德的践行更多依靠的是一种个体内在的自觉与认同。这就意味着，当代知识分子在加强自身道德建设、规范自身道德行为过程中，必须要使社会公德、个人私德、家庭美德等内化于心、外化于行，真正将其作为自身行为操守的标准与要求，而非仅仅停留于表面的敷衍。

随着 20 世纪 90 年代市场经济的蓬勃发展，人们在物质上获得了极大满足和丰富，在精神生活上也取得了进步。但在拜金主义、享乐主义、利己主义等西方资本主义意识形态的侵袭下，人民大众的思想、价值观念和传统道德理想遭受了无情的冲击，社会出现了一些亟待解决的道德问题。正如习近平总书记所说："当代人类也面临着许多突出的难题，比如，贫富差距持续扩大，物欲追求奢华无度，个人主义恶性膨胀，社会诚信不断消减，伦理道德每况愈下，人与自然关系日趋紧张，等等。"②在西

---

① 《习近平著作选读》（第一卷），人民出版社 2023 年版，第 19 页。
② 《习近平著作选读》（第一卷），人民出版社 2023 年版，第 277 页。

方资本逻辑的驱使和不良社会环境的影响下，个别知识分子在金钱和权力的诱惑面前变得浮躁不安，并将道德让位于名利，失去了应有的道德素养和精神气质。

随着改革开放的进一步深入，知识分子价值观的多元化发展倾向开始突显。价值取向的多元化是社会进步的路标，但这也使知识分子在对价值主导的认同上较以往更加复杂和困难。与此同时，随着传统的价值观念、思维方式和行为方式发生剧烈变化，部分知识分子的价值目标愈加具体现实，呈现出功利化、世俗化的倾向。这种趋利化使得知识分子逐渐丧失自己的理性社会批判精神和对社会道德的引导和示范作用。许纪霖曾在《知识分子死亡了吗？》中说："今天许多以知识分子自命的人，他们恰恰与19世纪的俄国知识分子相反，谈论得太多太多，实践得太少太少。他们习惯于唱道德高调，以此来实践他们的道德理想，以掩盖自身人格上的弱点。"[①]毫无疑问，知识分子道德失范弱化对其自身、对国家和民族都是无所裨益的。

作为具有高度专业素养与文化修为，且又具备一定影响力、号召力与传播力的群体，新时代知识分子是否重视自身道德修为、拥有高尚的道德品质、做出道德表率等，将对他人、社会乃至国家造成重大的影响。新时代知识分子作为"时代的良心"与"时代的脊梁"，要比他人更加重视道德建设，更加自觉贯彻道德要求，更加严格践行道德操守。诚如法国社会学家埃米尔·涂尔干所言："我们要提防那些聪明敏捷的天才，他们会让自己擅长于各种职业，而不肯选择一种专门职业从一而终。我觉得我们应该对这类能人冷淡一些，他们只有一个念头，就是要游刃有余地利用自己的所有天资，而不肯把它牺牲在某个专业方面，这就像他们每

---

① 许纪霖：《中国知识分子十论》，复旦大学出版社2003年版，第25页。

个人只想着自得其乐,只想建造自己的世外桃源一样。对我们来说,这种与世隔绝、飘忽不定的状态多少有些反社会的性质。"①埃米尔的话绝对不是要给专注于某个领域的专业人才扣上自娱自乐、自私自利甚至反社会的帽子,也并非要求知识分子保持道德上的纯洁无瑕。他的这段话是要强调知识分子作为特定专业领域的高素质人才,应具有高度的道德自觉,主动承担应有的社会责任,并将这种道德自觉与社会责任外化为实实在在的行动,这些是知识分子与生俱来的职责。换言之,当一个社会中的知识分子群体缺乏足够的道德承担与人文关怀,必将造成社会的悲哀与灾难。广大知识分子扛起时代重任,不仅要学有所长、术有专攻,更要有过硬的道德修养和道德品行。他们应该致力于做真善美的追求者和传播者,始终坚守正道、追求真理,胸怀天下、心有大我,在为祖国和人民立德立言中成就自我、实现价值。

坚守信仰,崇尚实际行动。理想信念如同一座灯塔,指引知识分子扬起自信的风帆,驶向胜利的彼岸。实现中华民族伟大复兴的中国梦,需要广大知识分子树立坚定正确的政治方向,主动想国家之所想、急国家之所急,坚持国家至上、民族至上、人民至上,坚守好自己的岗位,履行好工作职责,用社会主义核心价值观衡量自己的言行,为开展生活中各项工作奠定良好的思想基础。道不可坐论,德不能空谈。知识分子应该致力于遵照道德行事,夯实道德根基,及时作为、主动担当,从我做起、从现在做起、从日常生活中做起,以自身的实际行动坚定信仰、传递信仰、凝聚力量。

严于律己,注重自我约束。面对经济全球化、文化多元化、信息网络

---

① [法]埃米尔·涂尔干:《社会分工论》,渠东译,生活·读书·新知三联书店 2000 年版,第 5 页。

化的时代特点,知识分子道德人格的重塑离不开严于律己、自我约束的自律精神。强化自我约束,就是要时常清理思想垃圾,随时调整道德之舵,时刻自省自警自励,自觉做到戒骄戒躁、谦虚谨慎。要自觉向模范人物、先进代表看齐,为自己"修剪枝叶",使自己始终保持思想道德的纯洁性。同时,要在纷繁复杂的社会中勇于锻造自身,心存定力、不逾矩不越轨,严格要求自己,以身作则。

(三)坚守人文精神,彰显知识分子的底色

树立高度的人文关怀对于新时代知识分子而言极为重要。是否具有人文关怀与社会责任感是评判一名知识分子是否为真正意义上的知识分子的重要标准之一,也是知识分子坚守的一抹亮丽底色,其形成与发展甚至可以追溯到人类历史的神话时期。知识分子的出现与人类历史早期的巫文化有分不开的联系,处于该历史阶段的巫被认为是人类社会最早从事专门职业的人群。巫可通圆地方,下可降神明之意至人间,上可升与神明相汇聚,是人类历史上神话时期鬼神与人类相联系的中介。尤西林将巫视为人文知识分子的原型,提出作为最早的知识系统,巫术"不是阐述客体规律,而是侧重于支持主体方面的自我意识信心。因此,受巫的影响,知识分子自始即禀有'神圣使命''自我牺牲''终极关怀''超越性'诸人文本性"[1]。

社会关怀等崇高品格历来被视为知识分子不可或缺的品质。鲍曼指出,"超越对自身所属专业或所属艺术门类的局部性关怀,参与到对真理(truth)、判断(judgement)和时代之趣味(taste)等这样一些全球性问题的探讨中来。是否决定参与到这种特定的实践模式中,永远是批判'知

---

① 尤西林:《巫:人文知识分子的原型及其衍变》,《文史哲》1996年第4期。

识分子'与'非知识分子'的尺度"①。这些都充分说明，局限于某一职业或是某一领域的知识分子不足以成为真正意义上的知识分子。一名真正的知识分子，必然是具有深刻的社会关怀、高度的社会责任感以及无私的牺牲意识的人。

知识分子之为知识分子，绝不仅在于他们有知识。只拥有知识或从事与知识相关的工作和职业的只能称得上是"文化人"。知识分子需要具备"一种摆脱眼前经验的能力，一种走出当前实际事务的欲望，一种献身于超越专业或本职工作的整个价值的精神"②。只有那些超越了个人得失，而心怀国家乃至天下，并对公共领域怀有强烈的责任感与高度的人文关怀，将天下事视为与自身息息相关的事的人，才堪称是真正的知识分子。也只有胸怀人文关怀的知识分子，担当得起引领社会价值、规范社会道德、促进社会进步的重大使命。

树立知识分子的人文关怀，就必须要发扬传统士人心忧社会、关怀天下的精神文化传统，承担起知识分子的社会责任，践行知识分子的公共精神。知识分子的社会责任与公共精神是当代知识分子不能推脱的天职和使命。不论在哪个时代，知识分子都以各种各样的角色存在于社会的各个领域与各个行业。他们肩负重任，是知识的传播者、智慧的播种者，是社会价值的引领者、社会道德的规范者、社会进步的推动力，是揭示社会丑恶的"侦探"，是普罗大众中走在时代前沿的"引航员"。而正因为如此，唯有知识分子自觉地将遵循关怀天下的公共精神作为义不容辞的使命与责任，在物欲横流的物质世界里端正本心，以"出淤泥而不

---

① ［英］齐格蒙·鲍曼：《立法者与阐释者——论现代性、后现代性与知识分子》，洪涛译，上海人民出版社 2000 年版，第 2 页。

② ［美］刘易斯·科塞：《理念人：一项社会学的考察》，郭方等译，中央编译出版社 2001 年版，第 308 页。

染,濯清涟而不妖"的理想品格作为鞭策,才能在社会利益与个人利益的平衡中做出正确的取舍。只有避免实用主义、拜金主义、利己主义与功利主义主宰自己的肉体与灵魂,才能保证知识分子的精神气质与人格力量不被瞬息万变的世俗世界所摧毁,才能保证知识分子不忘初心,坚持立足于自身的使命与责任,以一颗积极向上、刚直不阿的纯净的心坚守在他们的位置上。

传统士人"为天地立心,为生民立命,为往圣继绝学,为万世开太平"的人文关怀与社会担当是建构新时代知识分子精神的重要养分。新时代知识分子要完成时代赋予他们的诸多任务,不辱其作为知识分子的使命,就必须要传承这一宝贵的精神内涵。坚持人民群众的历史主体地位,强调人类文明统一性、个人与社会发展的统一性,最终走向自由而全面发展的共产主义社会,是马克思主义意识形态的崇高道义追求。新时代知识分子确立公共精神,并非要求他们完全压抑自己,甚至完全抛弃自我,或是将自己变为"精神的孤岛",与世俗世界相隔离开来。相反,树立新时代知识分子的公共精神,需要其在"自我"和"公共"之间找到一个平衡点,将公共关怀作为自觉意识,从而内化于心、外化于行。不仅如此,广大知识分子要做好带头,引领普罗大众树立人文关怀,逐渐提升精神境界,从而将人文关怀的精神品格推广至社会整体,形成整体积极向善、精神丰富的社会环境与氛围。

（四）构建核心价值,担负知识分子的使命

"人类需要一种生活哲学、宗教或一种价值体系,就像他们需要阳光、钙和爱情一样。"①一个国家、一个民族不是随波逐流的漂浮物,必须

---

① ［美］弗兰克·G.戈布尔:《第三思潮——马斯洛心理学》,吕明、陈红雯译,上海译文出版社1987年版,第103页。

要有扎实的深根才能长成挺拔、雄伟、枝叶繁茂的参天大树。同样,只有树立起符合本国和本民族的核心价值观,一个国家及其民族才能茁壮成长,展现独特的魅力,其国民也才能真正站立起来。

知识分子要做中华民族传统核心价值观的科学继承者。核心价值观是一个国家、一个民族治国安邦的精神之魂。在中国五千多年的文明发展中,中华民族的生存与发展孕育的中华民族传统核心价值观,是中华民族屹立于世界民族之林的精神旗帜,是中华儿女安身立命、为人处事的价值标准,是中华民族进步发展的精神支柱,是国家和谐稳定的价值追求。中华民族传统核心价值观的核心范畴是"三纲五常"和名教观念。在我国封建社会两千多年的历史进程中,"三纲五常"和名教观念极大地巩固了封建主义制度,维护了封建君主专制政治的等级制度和统治秩序。① 近代以降,清政府的腐朽衰败和外国侵略者的武力冲击唤醒了中华民族的仁人志士。他们开始从物质和精神两个层面思考中华民族落后挨打的原因。在价值观念和思想文化层面,他们基于新的时代要求,为中华民族的传统核心价值观注入了新的时代内涵。这时,中国近代民族资产阶级的思想价值观念开始萌发。谭嗣同的"相仁之道"、严复的"义利合一"、孙中山的"三民主义"等深入挖掘了中华民族传统核心价值观中的优秀价值元素,是对中华民族传统核心价值观的创新性发展。当然,由于缺乏马克思主义辩证唯物主义和历史唯物主义的科学世界观和方法论,民族资产阶级的思想价值观念没有彻底批判封建专制制度,其局限性也最终导致失败。

总结历史经验教训,将中华民族传统核心价值观作为培育和践行社会主义核心价值观的基本价值资源,需要取其精华、去其糟粕,继承弘扬

---

① 戴木才:《继承和弘扬中华民族优秀传统核心价值观》(上),《唯实》2014 年第 4 期。

"仁义礼智信"的合理内核,并根据时代要求进行创造性转化和创新性发展。社会主义核心价值观是社会主义意识形态的本质体现,是随着马克思主义中国化实践发展而建立起来的,反映了马克思主义的科学本质。广大劳动人民创造了中华民族传统核心价值观这颗璀璨的明珠,但若没有知识分子的升华,这颗明珠也无法散发出世人所钟爱的光泽。知识分子作为中华民族传统核心价值观的重要弘扬者,基于社会主义发展的时代要求和人类文明发展进步的时代潮流,赋予中华民族传统核心价值观以新的时代内涵,做到在批判中传承、在传承中创新、在创新中发展。

知识分子要做世界先进文明的传播者。价值观是意识形态的核心,不同的意识形态根本差异在于核心价值观的不同。不同民族、国家和地区由于其自然环境、社会环境和历史文化传统的差异,思想、道德和文化也不尽相同。例如,西方崇尚"自由""民主""平等",日本崇尚"武士道"精神。正是由这些不同的价值观念和道德精神区分了世界上的各个民族、国家和地区。而世界文明的传承与发展,正是以各民族、国家和地区的核心价值观、特色文化和道德精神为基础和载体,两者之间同向而行、相辅相成。

世界上的一切优秀文明,应该是兼容的,是"和而不同"的,是人类的共有财富。品质优秀的民族和健康向上的国家对世界先进文明总是抱着积极的态度,自觉主动地去学习,最后做到掌握和运用,为本国或本民族的进步和发展服务。在社会变革此起彼伏、知识经济迅猛崛起、科技网络交缘丛生的新时代,知识分子不仅要立足于本民族优秀传统价值,还要传播一切有利于人类社会健康发展的先进文明。他们应该致力于取长补短,促进不同文明的浑然交融,从而构建起一种以本民族优良传统价值观为本、世界先进文明为辅的更加丰富、更具魅力的社会核心价值。

社会主义核心价值观是无产阶级的社会意识，是个人梦、民族梦与国家梦的有机统一。社会主义核心价值观从国家、社会和个人三个层面，阐述了中国梦、人民追求和向往的社会主义理想状态，以及公民应该遵守的基本准则和道德规范。中国知识分子一直是社会主义核心价值观的守护者和实践者。在集中力量进行社会主义现代化建设的进程中，广大知识分子扮演着至关重要的角色。他们积极传播并践行社会主义核心价值观，并且为社会良性发展提供内在精神动力。

党的二十届三中全会明确提出要完善培育和践行社会主义核心价值观制度机制。作为社会的精英，知识分子要自觉成为社会主义核心价值观的实践者、捍卫者，要以高尚的人格示范他人，积极回应社会的道德期待。知识分子应站在构建中华民族精神家园、实现中华民族伟大复兴的战略高度，深刻把握社会主义核心价值观的重大意义。他们应该认真研究、积极宣传，以推动人民群众对社会主义核心价值观的认同。对于广大文艺工作者来说，要把培育和弘扬社会主义核心价值观作为根本任务，以属于中国人的风格和审美去创作时代之优秀作品，用其传递世间的真善美；对于广大科技工作者来说，要发扬我国科技界爱国奉献、淡泊名利的优良传统，以身作则、行为世范，带动科技界乃至全社会践行社会主义核心价值观；对于广大教师来说，要用社会主义核心价值观润物细无声地浸润学生们的心田，做好人类灵魂的工程师，指引学生健康成长。

（五）思考人类命运，承担知识分子的责任

全球化和现代化是 21 世纪人类社会生存和发展的鲜明特征。当前，世界多极化、经济全球化、社会信息化、文化多样化深入发展，全球范围内新一轮科技革命和产业变革带来的新陈代谢和激烈竞争前所未有，世界正经历着百年未有之大变局。人类社会在快速变革中取得巨大成就，但也面临着共同的全球性生存危机。例如，自然环境的恶化：全球变暖、环境污染、能源匮乏等问题正在对人类社会施压；全球性社会危机：经济发展动能不足、国际社会合作缺乏等正在对人类社会长远发展发起挑战……全球化和经济化开始逐渐将人类推向一个共生共在的境遇，人类社会整体面临着极大的风险性和不确定性。纵观国内，在以中国式现代化全面推进强国建设、民族复兴伟业的当下，一方面，以习近平同志为核心的党中央展现出非凡的政治勇气和强烈的责任担当，成功解决了许多长期想解决而没有解决的难题，办成了许多过去想办而没有办成的大事，推动党和国家事业取得历史性成就、发生历史性变革；另一方面，党的二十大擘画了全面建设社会主义现代化国家的宏伟蓝图，在面对人类全球化交往不断深入发展、各国经济依存度不断加深、世界各国命运与共的形势下，推动构建人类命运共同体是中国式现代化的本质要求，中国以现代化发展为纽带，将中国命运与人类命运紧密相连，共同描绘未来新篇章。习近平总书记自提出"人类命运共同体"概念以来，始终站在世界一体化的层面提出"综合国力竞争归根到底是人才竞争"①的结论，以"聚天下英才而用之"②的理念进一步推动我国知识分子工作。

　　法国学者托克维尔指出："一个没有共同信仰的社会，就根本无法存在，因为没有共同的思想，就不会有共同的行动。"③人类是社会历史性的存在，人与人之间必然产生相互交往和协作，保证人类社会的良性合作需要确立大家一致认可的价值。在当今国际社会面临强权政治、单边主义、贫富悬殊、恐怖主义、战乱纷争、环境污染等众多挑战下，习近平总书记提出构建人类命运共同体的重要思想，勇于直面现实世界的层层难

① 中共中央文献研究室编：《习近平关于科技创新论述摘编》，中央文献出版社 2016 年版，第 107 页。
② 《习近平著作选读》（第二卷），人民出版社 2023 年版，第 519 页。
③ ［法］托克维尔：《论美国的民主》，董果良译，商务印书馆 1988 年版，第 524 页。

题,切实回应世界人民的现实关切,为全世界各国人民的未来发展提供新方向与新智慧。人类命运共同体符合马克思主义关于解放和造福全人类的宗旨,凸显着对人类命运的终极关怀,为世界未来发展指明方向,也得到国际社会的广泛认同和支持。

作为社会良知的代表,知识分子历来关注天下苍生、体察民生疾苦;作为人民群众的代言人,知识分子更是敢于为民众发声、极力维护民众利益。一名合格的知识分子应该关心社会的发展和人类的命运,正如萨特认为,无论研究哲学还是从事文学创作,目的都是为了改善人类对自身的认知,以维护人的尊严。构建人类命运共同体主要是促进民心相通,形成情感共同体,进而形成利益共同体、命运共同体。站在新时代"人类命运共同体"的高度,知识分子应该用所学来服务于社会、服务于人类,担负起对整个国家、民族乃至整个人类的大大小小的责任。

对全人类的理解和关怀,是新时代知识分子勇毅担当的一份责任,更是其需要面对和思考的重要议题。新时代知识分子为人类发展和全球秩序演进勾画新的蓝图,不再局限于为本国本民族服务,而是要寻求人类发展的"最大公约数",以谋求最大福祉。首先,强化人类命运共同体的理论研究。作为知识的生产者、创造者和创新者,知识分子要充分发挥其智力优势,不断深化对构建人类命运共同体的理论研究。基于对当前人类命运共同体构建的主客观条件的充分认识,进一步阐释其深刻内涵和重大意义,使其不仅在国内学术界产生广泛影响,更在国际学术界中产生深远影响。其次,积极探究构建人类命运共同体的实践路径。作为文化的传承者和创新者,知识分子要促进不同文化、不同思想的交流碰撞与共融共通。作为先进生产力和先进文化的重要创造者和传播者,知识分子的观点要避免陷入狭隘,要将视线从自身推及世界,与整个人类文化融合起来。同时,新时代知识分子应该构建融通中外共同价值的话语体系,积极向外传播好中国声音和中国理念。

二、新时代知识分子精神建构的实现路径

知识分子工作是党的一项十分重要的工作,事关党的长期执政、事关国家长治久安、事关民族的凝聚力和向心力。我国发展新的历史方位赋予知识分子工作新的根本任务,新时代知识分子作为推动科技进步的主力军、真善美的追求者和传播者,应积极承担知识分子的责任和使命,充分彰显新时代知识分子的精神追求。新时代知识分子精神建构的实现路径应从打造政策引领新格局、实现方式方法新突破、营造知识分子发展的良好环境、提升知识文化新水平、健全知识分子干事创业的体制机制等方面发力。

(一)掌握主导权,打造政策引领新格局

新时代知识分子精神建构,需要以党的知识分子政策为指引,遵循科学、包容、理性的方法与路径。在此过程中,需加强党对知识分子工作的领导,不断健全党的知识分子政策,进一步完善知识分子法律法规。通过掌握知识分子精神建构的主导权,为新时代知识分子精神建构和建功立业提供政策支持。

1. 加强党对知识分子工作领导,坚定政治方向

党的百年奋斗重大成就离不开一代又一代杰出人才的接续努力,而这一代代杰出人才也正是在中国共产党的领导和召唤下,在不同时期、领域、行业中建功立业。2002 年,中共中央召开了全国组织工作会议,会中首次提出"党管人才的原则"。党管人才的目的在于更好地发挥人才引领作用,促进经济社会高质量发展。此后党的知识分子政策制定始

终坚持这一原则。"办好中国的事情,关键在党,关键在人,关键在人才"。①加强党对知识分子工作的领导,是中国特色社会主义制度优势的重要体现,是做好新时代知识分子工作的根本保证,也是新时代知识分子精神建构与弘扬的重要保障。唯有培育好、团结住、汇聚起各领域各层次人才,才能不断推进中国特色社会主义伟大事业蓬勃发展。

加强政治引领和政治吸纳。党的二十大报告指出:"坚持党管人才原则,坚持尊重劳动、尊重知识、尊重人才、尊重创造,实施更加积极、更加开放、更加有效的人才政策,引导广大人才爱党报国、敬业奉献、服务人民。"②这不仅进一步深化和发展了党管人才原则,而且为知识分子工作提供了重要的政治保证和组织保证。时势造英雄,在这一场全面而深刻的改革中,知识分子发挥着不可或缺的重要作用。纵观党的百年历史,在中国革命、建设和改革的事业中,党一直欢迎爱党爱国爱人民的知识分子加入自己的队伍,并培养造就了大量与党同德同心的优秀知识分子,保证了事业的胜利。可以说,"没有知识分子的参加,革命的胜利是不可能的"③。新时代要形成人才辈出的局面,就需要先进政党、先进势力制定有效政策和组织工作。

不断加强党对知识分子的团结凝聚,有利于把握知识分子发展的正确方向,从而保证知识分子精神建构遵循科学正确的道路。党管知识分子,首先要解决如何吸收吸引知识分子的问题,其中涉及知识分子的政治立场、政治观点和方法等因素。改革开放初期,党中央吸收使用知识分子的政治标准是,是否能够为发展生产力、为人民造福、为社会主义事

---

① 中共中央党史和文献研究院编:《习近平关于全面从严治党论述摘编(2021年版)》,中央文献出版社2021年版,第268页。

② 《习近平著作选读》(第一卷),人民出版社2023年版,第30页。

③ 《毛泽东选集》(第二卷),人民出版社1991年版,第618页。

业作出积极贡献。在经济全球化和文化多元化的今天，这些标准仍适用于新时代知识分子的政治引领。但随着时代的变化，我国知识分子队伍的状况也发生了变化：队伍构成日益复杂化、价值取向多元化、利益诉求多样化等。因此，对新时代知识分子的政治引领需要从实际出发，并做到分类施策。与此同时，党中央按照控制总量、优化结构、提高质量的总要求，把社会先进分子和优秀知识分子吸纳到党内，努力建设一支规模宏大、质量优良的党员队伍，不仅为知识分子工作提供坚强的组织保证，也为建设社会主义现代化强国提供坚强的组织保证。与此同时，各地还应积极完善政治吸纳制度，并对高端稀缺知识分子进行重点培养使用和项目扶持，将各类优秀知识分子凝聚到党的周围。

在党的二十届三中全会中，习近平总书记反复强调坚持政治方向的重要性，指出应统筹推进教育科技人才体制机制一体改革，健全新型举国体制，提升国家创新体系整体效能。高校办学要坚持社会主义办学方向，分类推进高校改革，建立科技发展、国家战略需求牵引的学科设置调整机制和人才培养模式；文艺工作者创作要坚持以人民为中心的创作导向，坚持出成果和出人才相结合、抓作品和抓环境相贯通，改进文艺创作生产服务、引导、组织工作机制；科技工作者创新要坚持推进社会主义现代化建设方向，坚持科技革命为发展我国经济社会服务，坚持科技创新成果由人民乃至世界共享。接下去要不断完善青年创新人才发现、选拔、培养机制，更好保障青年科技人员待遇。

抓好顶层设计和系统规划。抓好知识分子工作顶层设计，系统规划知识分子发展大局，用发展眼光、战略思维和开放视野谋划和推动知识分子工作，是知识分子精神建构的有力抓手。所谓党管知识分子，实质上就是站在党和国家事业的高度，充分发挥中国共产党的资源整合力、统筹协调力、决策执行力和组织动员力，以此对知识分子发展大局进行顶层规划。党管知识分子最直接有力的手段就是领导制定知识分子政策,通过政策的不断创新和完善来解决知识分子发展中的重大问题,有利于更好弘扬新时代知识分子精神。因此,党中央要坚持问题导向,科学制定并贯彻执行重大知识分子政策,不断加强对各类知识分子的领导,着眼于破解知识分子发展难题。

党的十八大以来,党中央明确提出党管人才要继续按照"管宏观、管政策、管协调、管服务"①的要求,强化战略性管理,加强对知识分子工作的顶层设计、宏观指导和统筹协调。同时,加大对基层一线的知识分子倾斜支持力度。"宰相必起于州部,猛将必发于卒伍。"只有从有基层实际工作经验的人中选拔国家高层官员和领导,才能在处理国家大事中更好树立群众观点、了解国情,知道广大人民群众真正需要什么。

2. 健全党的知识分子政策,明确政策导向

毛泽东指出:"没有知识分子的参加,革命的胜利是不可能的。"②"政策和策略是党的生命。"③政策,是一个国家或政党为实现一定历史时期的目标而制定并实施的一般步骤和具体措施。政策的推行基于一定时间内的历史条件和国情条件。党的知识分子政策在中国革命、建设和改革的实践中不断丰富和完善,体现了中国共产党与时俱进的精神和品格。纵观百年大党的知识分子政策发展历程,虽然党对知识分子的认识有过偏离,政策制定也出现过失误,但总体来讲,我们党能够及时在实践中总结经验教训,及时纠正自己的错误,不断完善和发展党的知识分子政策,从而实现全面有效地贯彻党的知识分子政策。

---

① 中共中央文献研究室编:《十六大以来重要文献选编》(上),中央文献出版社 2005 年版,第 637 页。

② 《毛泽东选集》(第二卷),人民出版社 1991 年版,第 618 页。

③ 《毛泽东选集》(第四卷),人民出版社 1991 年版,第 1298 页。

"为了更好地了解今天的政策,有时不妨回顾一下昨天的政策。"①党的十一届三中全会以来,党中央不仅在理论上做了许多拨乱反正的工作,而且在落实政策方面也采取了一系列措施。例如,彻底清算"四人帮"破坏党的知识分子政策的滔天罪行,肃清其毒瘤;基本平反了"文革"中及之前的冤假错案,妥善安排其中大部分人的生活与工作;吸收一批优秀知识分子入党,选拔一批优秀中青年知识分子充实各级领导班子;初步改善了知识分子的生活条件和工作条件等。② 进入新时代,知识分子越来越受到党和国家的重视,受到人民群众的尊重。新时期需要结合当下世情国情党情,在实践中贯彻落实党的知识分子政策,使知识分子政策与知识分子作用的发挥构成良性互动。新时代背景下,作为科技革命的骨干、社会改革的参谋、思想解放的先驱,知识分子肩负着时代和人民赋予他们的重任。因此,党中央要关心广大知识分子的思想困惑、事业发展和生活之忧,不断提升他们的获得感和幸福感,并在营造良好的社会环境和建立良好制度等方面增强他们对党组织的信任和归属感。

　　中国特色社会主义进入新时代,根据时代的新变化特征,党的知识分子政策得到了深化与完善。具体来说,以习近平同志为核心的党中央继承并丰富了马克思主义知识分子观和党的知识分子工作理论,从新的历史方位与新的时代使命出发,系统论述了广大知识分子在实现中华民族伟大复兴中国梦中的重要贡献、地位和作用,指明了做好知识分子工作的途径,确立了知识分子工作的目标,为知识分子在新时代建功立业

---

①　《列宁全集》(第十二卷),人民出版社 2017 年版,第 21 页。

②　中共中央组织部、中共中央研究室编:《知识分子问题文选》,湖南人民出版社 1983 年版,第 86 页。

提供广阔舞台,也为新时代知识分子精神建构提供充足养料。

新时代不断深化、完善和落实党的知识分子政策是一项漫长且艰巨的任务。党的知识分子政策的制定和执行,必须做到更加科学与准确、更加合理与合法,才能使知识分子的作用充分发挥,才能更好地推进党和国家各项事业的大发展大繁荣。全党全国解决知识分子问题必须以马克思主义的基本观点为基础,科学判定新时代知识分子的阶级属性与社会角色,在结合当下时代特点、遵循知识分子成长规律和党的知识分子工作规律的基础上,全面把握新时代知识分子群体的社会地位和在实践中发挥的作用。在推进落实党的知识分子政策平稳有序发展的过程中注重创新,始终保持知识分子政策发展的稳定性与连续性,正确处理好政策发展中的"变"与"不变"之间的关系。既要坚持知识分子政策的指导思想与前进方向始终不变,更要不失时机地完善创新政策,做到"该改的、能改的我们坚决改,不该改的、不能改的坚决不改"①。如此,党的知识分子政策才能显示出正确性和科学性,才能在工作实践中充分发挥知识分子的智慧才华,才能成为我们做好当前和今后一个时期知识分子工作的基本指引。

3. 完善知识分子法律法规,强化法治保障

法律是以国家意志表现出来的全民意志。法律是治国之重器,良法是善治之前提。因此,它所强调的是其不可动摇的权威性和不可抗拒的强制性。征之于行为学的角度,个体行为的规范既要靠思想教育引导,也要靠法律规范约束。道德规约与法律底线要相辅相成,对于违反内部规定或者是道德规则的,给予批评或行政处分加以引导;对于违反国家法律的,则要追究其相应的责任并加以制止。现代社会的发展,需要同

---

① 《习近平著作选读》(第二卷),人民出版社 2023 年版,第 226 页。

时依靠自觉的道德力量和外在的法律强制加以规范,在一定的程度上,只有落实人人平等的意识和观念,才是提升道德水平的根本。

全面依法治国营造知识分子发展良好环境。依法治国是中国共产党一以贯之的优良传统和持之以恒的实践探索。2014 年,习近平总书记在江苏调研时提出"四个全面"战略布局,开辟了我们党治国理政的新境界,推动我国改革开放和社会主义现代化建设迈上新台阶。"全面"发展对新时代知识分子也提出了前所未有的"全面"要求。把"四个全面"战略布局落实到位,需要党和国家及时发现、培养并使用各级各类知识分子,引导他们发扬时代精神,激励他们担当进取,在"四个全面"战略布局中攻坚克难、建功立业。全面依法治国凝聚了百年来党治国理政的大智慧,在继承中创新,在创新中发展,在新的起点上创造了新的辉煌成就,为推进国家治理体系和治理能力现代化提供新经验,为新时代知识分子精神建构提供新保障。

"法治兴则国家兴,法治衰则国家乱。什么时候重视法治、法治昌明,什么时候就国泰民安;什么时候忽视法治、法治松弛,什么时候就国乱民怨。"[1]法治在现代化建设中是繁荣稳定的基石。同样,良好的法治环境是新时代知识分子智慧与才能充分发挥的重要条件,是新时代知识分子全神贯注地从事自己本职工作的安全保障。可以说,法治环境对知识分子的保护、鼓励是最直接最有效的。[2] 因此,新时代知识分子精神建构需要知识分子工作突出法治思维,加快知识分子工作法制化建设,使法治成为知识分子精神弘扬、建功立业的稳定支撑。

---

① 中共中央文献研究室编:《习近平关于全面依法治国论述摘编》,中央文献出版社 2015 年版,第 8 页。

② 本书编写组:《聚天下英才而用之:学习习近平关于人才工作重要论述的体会》,中国社会科学出版社、党建读物出版社 2017 年版,第 27 页。

加快推进知识分子法制建设。党的二十大报告首次提出："在法治轨道上全面建设社会主义现代化国家"①的重要论断，充分彰显了法治建设在全面建设社会主义现代化国家总体布局中的战略地位及其对知识分子精神建构的基础性、保障性作用。加快推进知识分子法制建设，是依法治国的重要组成部分，也是更好推进知识分子工作的必由之路。在全球化进程愈演愈烈、科技革命方兴未艾的时代，只有加快推进知识分子法制建设，我国知识分子才能更快由国内开发转向国外开发，积极应对激烈的国际人才竞争，我国知识分子工作才能更好由政策推动转向制度创新，开创知识分子工作更加科学化、制度化的新局面。

纵观历史，我国知识分子法制建设历经了孕育、初创、调整、发展几个阶段。② 既取得了许多突出成绩，但仍面临诸多艰险与挑战。当前，我国知识分子法制建设存在的主要问题有立法体系不够健全、立法主体责任不清、立法质量有待提升、法规修订不够及时等。③ 建构新时代知识分子精神，使知识分子在黄金时代更好建功立业，必须推进知识分子法制建设，建立与新时代知识分子工作相适应的知识分子法律法规体系，依法保障知识分子权利。加强国家层面知识分子相关立法，把零散的、碎片化的知识分子法律法规政策有机整合，为我国知识分子法制建设的全面推进创造条件；健全专业技术人员的立法，建立健全适应不同知识分子队伍的专门立法体系，使专业技术人员的合法权益在社会中得到应有保障；及时对我国知识分子法律法规进行清理和修订，立足新时代我国知识分子发展的实际情况，结合知识分子工作实践需要和研究成

---

① 《习近平著作选读》(第一卷)，人民出版社 2023 年版，第 33 页。
② 南连伟：《我国人才法制建设的历史进程》，《中国人才》2014 年第 9 期。
③ 袁娟，南连伟，陈璐维：《人才法制建设的现状分析与对策建议》，《中国人事科学》2018 年第 4 期。

果,逐步消除阻碍知识分子发展的瓶颈,实现知识分子工作法治化。

通过法律手段对知识分子权益实施法治保障。用法律保障知识分子的个体权益,是保证知识分子进行创造性劳动的重要前提。首先,保障知识分子的社会地位。当前,中国正处在一个实力和地位由量变向质变飞跃的关键阶段,我们比历史上任何时期都更需要知识和知识分子。我们不仅要在全社会树立强烈的知识分子意识,营造"尊重知识,尊重人才"的良好氛围,还要通过制定法律来确实保障知识分子的社会地位。其次,保障知识分子的经济权益和知识产权。在影响新时代知识分子生活质量因素的调查研究中,我们发现经济收入问题是重要影响因素之一。保障知识分子的经济权益要真正做到按功分配,构建合理的激励机制,福利待遇要档次分明。同时高度重视知识分子的智力劳动,真正从法律制定和坚决执行上保障知识分子的知识产权,实现以效益体现价值、以财富回报才智。

(二) 站稳主战场,实现方式方法新突破

理论一经群众掌握,也会变成物质力量。加强对党内外知识分子的思想政治引导,实现方式方法新突破,既要在实践中予以展开和体现,也必然会对引领实践产生巨大的推动力。在实践过程中,应坚持以增进政治认同为基础,以扩大政治参与为路径,以强化政治共识为目标,不断加强统战管理工作、创新协商民主方式、发挥典型引导作用,为新时代知识分子精神建构提供更好条件。

1. 以增进政治认同为基础,加强统战管理工作

政治上的认同是达成政治共识、增进政治信任、提高政治能力、实现政治参与的基础。新时代知识分子最基本的是要从政治、思想、理论和情感上增进对党和中国特色社会主义制度的认同。增进政治认同首先要加强统战管理工作。统一战线是中国共产党取得革命、建设、改革等

辉煌成就的政治密码之一,是增强党的阶级基础、扩大党的群众基础、巩固党的执政地位、凝聚广泛力量支撑以及全面开启建设社会主义现代化强国的重要法宝。充分发挥统一战线凝聚人心、汇聚力量的政治作用"着力把党内和党外、国内和国外各方面优秀人才集聚到党和人民的伟大奋斗中来"①。在中国,知识分子群体中大多是党外知识分子,做好党外知识分子工作,是历届中国共产党主要领导人都充分重视的问题。毛泽东认为,要与党外知识分子共同合作、携手共进,以尽快将本国的科学水平拉升到世界平均水平。邓小平指出,党外知识分子不仅是工人阶级的一部分,还是统一战线的工作对象。江泽民、胡锦涛都强调,要加强同党外知识分子的团结与联系。在新时代,习近平总书记站位于中华民族伟大复兴战略全局和世界百年未有之大变局,把党外知识分子工作提高到一个新的高度,指出其是"统一战线的基础性、战略性工作",②要不断完善党外知识分子和新的社会阶层人士政治引领机制。

团结和鼓励党外知识分子。党外知识分子广泛分布在经济、文化、科技、教育、卫生等各个行业及领域,其队伍成分愈发复杂,特点愈发多样。因此,党不仅要关注到党内知识分子,还要重点关注党外知识分子,不仅要关注国内知识分子,也要关注留学人员,把他们都聚集到中国特色社会主义伟大事业中来,使之充分发挥聪明才智,为现代化强国做出贡献。在中央统战会议上,习近平总书记指出,团结党外知识分子要"善于联谊交友"③,积极发挥联谊组织在强化思想引领、培养代表人士、推进政治参与、服务社会民生等方面的重要作用,画好党外知识分子"同心圆"。

---

① 《习近平著作选读》(第二卷),人民出版社 2023 年版,第 517 页。

② 中共中央文献研究室编:《习近平关于社会主义政治建设论述摘编》,中央文献出版社 2017 年版,第 133 页。

③ 《习近平著作选读》(第一卷),人民出版社 2023 年版,第 358 页。

进行分类施策,管理好党外知识分子。习近平总书记指出:"现在,党外知识分子队伍构成更加多样,需要针对不同特点分类施策。"①在党外知识分子传统工作领域——国家机关和国有企事业单位,存在重业务水平、轻思想政治工作的问题。在《中国共产党统一战线工作条例》中,提出要"加强思想引导,支持发挥作用,组织党外知识分子参加统一战线工作和活动"②。新经济组织和新社会组织中的党外知识分子思维活跃,倾向于根据自己的职业或兴趣加入各种社会组织。对此,要以他们加入的社会组织为抓手,重点关注并密切联系其中的代表性人士,从而通过他们来引导和带动此类知识分子。对于留学人员,应坚定不移地贯彻支持留学、鼓励回国、来去自由、发挥作用的方针。在此过程中,充分发挥欧美同学会的作用,以此作为联系广大留学人员的桥梁,把他们紧密地团结在党的周围。同时,重视并强调留学人员在我国社会主义现代化强国建设中的重要地位,鼓励他们发挥作用,并且关心他们的生活问题。新媒体从业人员和网络"意见领袖",平均年龄低、受教育程度高、思维活跃、观点个性、影响力大,其言论往往能够引导舆论走向。对此,要用新眼光和新方式吸引、团结他们,将他们中的代表性人士纳入统战工作视野,引导其政治观点,使他们在网络空间发挥正面作用。

2. 以扩大政治参与为路径,创新协商民主方式

协商民主作为一种民主理论和治理形式,强调公共决策的公开性、公共参与的广泛性和决策过程的论辩性。③党的二十大报告中有一个重大理论创新,即协商民主是实践全过程人民民主的重要形式。社会主

① 中共中央文献研究室编:《习近平关于社会主义政治建设论述摘编》,中央文献出版社 2017年版,第 133—134 页。
② 《中国共产党统一战线工作条例》,人民出版社 2021 年版,第 15 页。
③ 王俊玲,齐祥明:《基于党外知识分子的高校协商民主实践探究》,《学理论》2016 年第 5 期。

义协商民主及其制度化理论的确立,彰显着中共中央坚定不移地发展社会主义民主政治的决心和信心。习近平总书记在中央统战工作会议上指出,坚持和完善中国共产党领导的多党合作和政治协商制度,关键在于发挥好民主党派和无党派人士的积极作用。[①] 党外知识分子在多党合作的制度中发挥参政议政、民主协商的作用,在自己的专业领域为社会主义协商民主建设贡献智慧才干。保护和提高党外知识分子政治参与热情,丰富和明确政治参与形式和路径,引导其依制依规、守规循章地实现政治参与,是发展社会主义民主政治的重要内容,也是实现国家治理体系和治理能力现代化的重要保障,更是党领导的多党合作和政治协商制度持续健康发展的必由之路。

新时代以来,在"两个大局"交织激荡的时代背景下,我国社会主义协商民主也开始向制度化、多层化发展,但党外知识分子在参加协商民主建设中仍存在参与内容有限、层面不广、深度不够等问题。因此,创新协商民主方式方法,调动和发挥党外知识分子政治参与的积极性是当前面临的重要问题。新时代背景下,党和国家要积极推进协商民主制度化、创新完善协商形式、营造良好的政治氛围,为党外知识分子更好参与协商民主助力。

推进协商民主制度化,完善创新协商形式。推进协商民主制度化是在政治领域坚持党的群众路线的重要体现,有利于实现人民当家作主。在社会结构多元化、利益诉求多样化的今天,推进广泛多层制度化的协商民主,可以使社会中的各种意见得以充分交流、各种诉求得以充分表达,充分提高和调动公众参与协商的意识和热情。

---

① 中共中央文献研究室编:《习近平关于社会主义政治建设论述摘编》,中央文献出版社 2017年版,第 75 页。

充分发挥党外知识分子在协商民主中的重要作用,党和政府要完善知情通报制度,确保政府信息能够及时、充分且准确地公开,进一步提升政治透明度。同时,要完善定期联系沟通制度,通过定期召开民主协商会、听证会等活动,与党外知识分子交流信息,为他们提供多样化的参与民主协商的平台和渠道。此外,还要完善协商成果反馈制度,通过政协信息、大会发言、新闻报道等多种途径推动协商成果转化,切实提高协商的实际效果。在逐步构建多层次、全方位的协商格局中,确保党外知识分子有规可守、有序可遵。

营造良好的政治氛围,提高参与者政治素养。营造良好的政治氛围,是党外知识分子参与协商民主的关键。协商民主是建立在利益各方充分表达自己意愿的真正意义上的平等机制。协商就是要有事多商量,诚心诚意、认认真真。因此,党和政府要积极营造宽松和谐的政治氛围,带头开展协商民主工作,鼓励党外知识分子弘扬科学批判精神,发挥建言献策、民主监督职能。

作为协商民主主体之一的党外知识分子,是推进社会主义协商民主建设的重要力量。党和政府要增强民主意识,注意提升党外知识分子的政治素养,着力加强他们的政治把握能力、参政议政能力。为此,需加强他们对党的理论政策等知识的学习,使他们明确自己在国家政治生活中的责任与使命。同时,应积极探寻参与民主协商的有效途径,以便更好地反映人民大众的利益诉求,从而充分发挥知识分子应有的社会作用。

加强对党外知识分子协商参与的引导。面对新时代党外知识分子群体成员构成的复杂性,以及他们思想价值的多元性与利益诉求的多变性等特征,党和政府要强化对这一群体协商参与的引导与疏导。这不仅要夯实对党外知识分子的思想引导,提高他们的参政议政水平,还要坚持平等文化、宽容文化等新型文化引导,提升他们对协商民主的认同度和参与度。同时,通过树立榜样、培育典型,使广大党外知识分子学有榜样、赶有目标,激励他们在协商民族中发挥更加积极的作用。

随着互联网信息技术的发展与普及,党和政府还应该促进对党外知识分子的网络引导,拓宽他们参与民主协商的渠道,鼓励充分利用微信、微博等现代信息技术扩大和创新协商民主的方式方法。但网络参政具有匿名性,如若不加引导、规范,会导致参与者的行为失范。因此,要加强对党外知识分子协商参与的引导,确保网络协商成果产生实效,有效化解社会矛盾和冲突。在更好为人民服务的同时,促进党外知识分子理性发声,进一步弘扬知识分子精神,充分发挥党外知识分子在社会主义协商民主建设中的关键作用、显著功效和良好形象。

3. 以强化政治共识为目标,发挥典型引导作用

习近平总书记指出:"崇尚英雄才会产生英雄,争做英雄才能英雄辈出。"①党和国家历来高度重视英雄模范的表彰。榜样是"看得见的哲理"。运用典型力量做好示范引导,是新时代知识分子精神弘扬的重要途径之一。在知识分子精神建构中,发挥典型的引导作用尤为关键,其核心目标是强化政治共识。用身边事教育身边人,积极发现、发掘身边人的先进事迹,把知识分子精神形象化、具体化,引导广大知识分子对照身边的榜样找方向,引导广大知识分子达成政治共识,明确其肩负的历史使命与奋斗目标,以起到春风化雨、润物无声的效果。于日常工作中学好用好先进典型。学习老一辈和新时代优秀知识分子的感人事迹和崇高精神,是新时代知识分子精神建构的必然要求。广大知识分子要学习并积极弘扬"时不待我"的创新精神、"脚踏实地"的实干精神,为实现

---

① 中共中央党史和文献研究院编:《习近平关于社会主义精神文明建设论述摘编》,中央文献出版社 2022 年版,第 204 页。

中华民族伟大复兴的中国梦贡献智慧和才华。

厚植"时不待我"的创新精神。"勇立潮头、引领创新,是广大知识分子应有的品格。"①建设创新型国家,知识分子发挥着积极作用。近年来,我国科技创新综合实力显著提升,重大创新成果不断涌现,科技创新人才队伍也进一步壮大。"天眼之父"南仁东、新时代太行山上的新愚公李保国、"抗疫"先锋钟南山将自己的一生奉献于科技创新事业之中,为中国科技事业作出杰出贡献。站在科技文化知识前沿的新时代知识分子要做引领创新的"领头羊"。在立足国情的基础上,他们需注重经济社会发展和人民群众的需求。要在依托储备丰富的知识,他们需加强创新意识,并潜心钻研,在"十年磨一剑"中勇于创新。同时,他们还应致力于促进生产力发展和推动中国特色社会主义现代化建设事业,使创新成果造福社会和人民。

保持"脚踏实地"的实干精神。古往今来,我国知识分子都用其行动书写报国之志。"天下兴亡,匹夫有责",在国破家亡之际,中国古代的文人志士无不体现他们浓厚的家国情怀。文天祥的"人生自古谁无死,留取丹心照汗青"、林则徐的"苟利国家生死以,岂因祸福避趋之",无不是深厚的爱国主义情怀的真实表现。近代以来,不少仁人志士为了中华民族的独立和振新,为国抛头颅洒热血。新中国成立后,以钱学森、邓稼先、郭永怀等"两弹一星"元勋为代表的知识分子,立足本职、呕心沥血、为国无私奉献。新时代优秀知识分子黄大年,怀揣"心有大我、至诚报国"的爱国情怀,不舍昼夜地刻苦钻研,在航空地球物理领域取得一系列成就。新长征路上的播种者和筑梦人钟扬,把心血和汗水倾注在国家和人民最需要的地方,高度契合了不忘初心,牢记使命,永远奋斗的时代号召。

---

① 习近平:《论坚持人民当家作主》,中央文献出版社 2021 年版,第 155 页。

进入新时代，把个人理想自觉融入国家发展伟业，在祖国最需要的地方建功立业，仍是广大知识分子的职责。各地区各部门各单位要积极开展先进群体和个人选树工作，统筹举办模范人物先进事迹巡回报告会，以博物馆和各级教育基地为平台展开模范人物先进事迹，充分讲好优秀知识分子的优秀事迹，激励广大知识分子为国为民自觉贡献自己的智慧与才干。

（三）弘扬主旋律，营造知识分子发展的良好环境

"环境好，则人才聚、事业兴；环境不好，则人才散、事业衰。"[①]新时代知识分子的精神弘扬和才干施展需要良好的环境。能否大力弘扬新时代知识分子精神，一方面取决于个人的主观努力，另一方面取决于社会的客观环境。良禽择木而栖，建构新时代知识分子精神，需要为知识分子营造备受尊重的社会氛围、成长成才的教育环境和干事创业的工作环境。

1. 营造知识分子备受尊重的社会氛围

"广开进贤之路，广纳天下英才，是保证党和人民事业发展的根本之举。要尊重劳动、尊重知识、尊重人才、尊重创造，加快确立人才优先发展战略布局。"[②]要广泛动员全社会尊重知识分子、理解知识分子，营造"四个尊重"的浓厚氛围，形成爱才敬才的社会舆论环境。

"思皇多士，生此王国。王国克生，维周之桢；济济多士，文王以宁。"尊重人才、尊重知识分子是一个国家繁荣发展的必要条件。尊重知识分子，首要之务是要做到信任知识分子。我们不可委之以事权后又滥加猜疑，要坚持用人不疑、疑人不用。应放手让他们施展才华，给予充分信任，为新时代知识分子创造有利的环境，并提供必要的支持，从而激发他

---

① 《习近平谈治国理政》（第一卷），外文出版社 2018 年版，第 61 页。
② 《胡锦涛文选》（第三卷），人民出版社 2016 年版，第 656 页。

们积极弘扬知识分子精神,传播积极向上的时代新风。其次,要做到尊重知识分子的个性。"骏马能历险,力田不如牛。坚车能载重,渡河不如舟。"每个人的个性、特点各不相同。譬如,习近平总书记在谈到互联网领域人才时,说他们大多人"不走一般套路,有很多奇思妙想",所以对他们"不要求全责备,不要论资排辈,不要都用一把尺子衡量"①。在谈到哲学社会科学方面的专家学者时,习近平总书记强调要正确区分学术问题和政治问题。一方面,科学把握学术问题"知"的范围,不要把一般的学术问题当成政治问题;另一方面,科学把握政治问题"行"的范围,谨慎政治对学术过度干预,处理好实现学术问题探究和政治问题处理的良性互动。在谈到科学家时,习近平总书记提出:"要尊重科学研究灵感瞬间性、方式随意性、路径不确定性的特点,允许科学家自由畅想、大胆假设、认真求证。"②对待有个性的知识分子,要持一种宽容态度,尊重个性,坚持用当其长,避免大材小用、浪费人才,也避免小材大用、贻误大业。"只要出发点是好的,就要热忱欢迎,对的就要积极采纳。即使一些意见和批评有偏差,甚至不正确,也要多一些包容、多一些宽容,坚持不抓辫子、不扣帽子、不打棍子。"③鼓励成功、宽容失败的社会氛围可以使广大知识分子尤其是青年知识分子在没有压抑的氛围中,积极发挥自身的聪明才智,在新时代创造出可喜的成绩。

2. 营造知识分子成长成才的教育环境

营造知识分子成长成才的教育环境,要不断深化教育体制改革,合理配置教育资源,为广大知识分子提供公平的教育机会,为他们提供不

---

① 习近平:《论党的宣传思想工作》,中央文献出版社 2020 年版,第 209—210 页。

② 《习近平著作选读》(第一卷),人民出版社 2023 年版,第 499 页。

③ 中共中央文献研究室编:《习近平关于社会主义政治建设论述摘编》,中央文献出版社 2017年版,第 142 页。

断学习深造的机会。"致天下之治者在人才,成天下之才者在教化。"自古以来教育在传承文明、培育人才中占据十分重要的地位。邓小平提出:"一个十亿人口的大国,教育搞上去了,人才资源的巨大优势是任何国家比不了的。"[1]在党的二十大报告中,习近平总书记强调"教育是国之大计、党之大计"[2],需"实施科教兴国战略,强化现代化建设人才支撑"[3],培养人才与充分发挥知识分子的作用都离不开发展教育。

注重对知识分子的素质教育和继续教育。首先,开展素质教育是现代社会发展和个人发展的要求。"发展素质教育"是党的二十大提出的重大任务。数字化时代下,劳动者不仅要有丰富的知识、不断学习的能力,还要有较高的科学文化素质、思想道德素质、审美艺术素质,特别是自主创新素质。实施素质教育,能够培养全面发展的、有创造能力的、高素质优秀知识分子。其次,开展继续教育培养知识分子终身学习的能力。作为现代教育体系的重要组成部分,继续教育在科学技术飞速发展的今天有着举足轻重的作用。不断扩大的生产规模、与日俱增的信息量等,对知识分子的知识结构提出新要求。开展补充、更新、拓展新知识的继续教育活动,有利于培养出掌握新知识和新技术并能创造性地解决经济社会发展中实际问题的知识分子,在此过程中知识分子勇于创新的精神、追求真理的精神等也能够得到不断升华。

加强高校育人工作,培养高素质青年知识分子。高素质青年知识分子是在社会主义现代化建设中可堪大用、能担大任的栋梁之材。作为培养青年和青年知识分子的主阵地,高校是我国发展教育事业的重要基地。全国各大高校要紧紧围绕为中国社会发展培育合格接班人的

---

① 《邓小平文选》(第三卷),人民出版社1993年版,第120页。
② 《习近平著作选读》(第一卷),人民出版社2023年版,第28页。
③ 《习近平著作选读》(第一卷),人民出版社2023年版,第27页。

重要任务,将满足当下紧迫需求与着眼长远发展相结合,不断提高人才自主培育质量。一方面,应以协同贯通为依托,开辟知识分子培养道路。当前,国家实施"双一流"工程建设,聚焦立德树人根本任务,为高校更好更全面的发展提供有利条件,让广大青年知识分子成为强国建设的排头兵和生力军。另一方面,应以大师引领为依托,培厚知识分子成长沃土。发挥"大先生"的示范引领作用,进一步加强师资队伍建设,坚持以教育家精神涵养大国良师。习近平总书记要求全国广大教师以政治要强、情怀要深、思维要新、视野要广、自律要严、人格要正的标准严格要求自己,从而引导学生扣好人生第一粒扣子,为学生心灵埋下真善美的种子。此外,党和国家还应该提高教师待遇,制定合理的教学评价制度,关心教师的思想困惑、生活及工作情况,为他们创造良好的教学环境,使广大教师能够为祖国优秀知识分子的健康成长做出自己的贡献。

3. 营造知识分子干事创业的工作环境

树木择地而繁荣,名花适土而独秀。一个风清气正、劲足气顺、相互信任、拴留人心的工作环境,会使知识分子更加主动乐观、激发潜能与活力。

讲究领导艺术。领导干部作为班子和单位的"一把手",需具备崇高的人格力量、高度的敬业精神和巨大的创新能力。"打铁还须自身硬",领导干部只有心清气正、公正无私,以德服众、以才增辉、以干树信,才能聚人聚心聚财聚威,为营造广大知识分子干事创业的工作环境奠定关键而坚实的基础。

提供合适的平台。"用人得当,就要科学合理使用干部,也就是说要用当其时、用其所长。"①把各级各类优秀的知识分子安排在合适的工作

---

① 《习近平谈治国理政》(第一卷),外文出版社 2018 年版,第 419 页。

岗位,挖掘他们的优势,发挥其所长,不浪费资源;抓住使用知识分子的最佳时机,实现个人价值与社会效益的最大化;为广大知识分子提供广阔的创新创业平台和事业发展空间,形成人尽其才、人尽其用的良好局面。

营造宽松的环境。习近平总书记指出:"要遵循知识分子工作特点和规律,减少对知识分子创造性劳动的干扰,让他们把更多精力集中于本职工作。"①譬如,加强对科研知识分子的激励,改革科研经费激励机制,让他们各得其所。同时也要合理调整科研成果考核机制,遏制"五唯"倾向,优化考核主体,改革考核方式,让科研人员能够更加专注于基础研究或长期研究。

加强知识分子成果知识产权保护。以效益体现价值,以财富回报才智,才能更好激发知识分子的创造性和潜能。鼓励企业使用知识产权共有方式,激发广大优秀知识分子的积极性与创新热情。加强知识产权法律法规体系建设,为知识分子创新创业提供支持。

(四) 锻造主力军,提升知识文化水平

新时代知识分子精神的建构,不仅需要科学的政策引导、良好的社会氛围,同时也要求知识分子不断提升自身知识文化水平,以勤于治学、久久为功的学习精神鞭策自身,以创新发展、善于思辨的建设能力要求自身,以自信昂扬、舍我其谁的担当精神浸润自身。

1. 抱持勤于治学、久久为功的学习精神

马克思曾言:"在科学上没有平坦的大道,只有不畏劳苦沿着陡峭山路攀登的人,才有希望达到光辉的顶点。"②智慧是知识凝结的宝石,文化是智慧放出的异彩。不论是知识分子,还是普罗大众,都要珍视知识

---

① 中共中央文献研究室编:《习近平关于社会主义政治建设论述摘编》,中央文献出版社 2017年版,第 141 页。

② 《马克思恩格斯全集》(第二十三卷),人民出版社 1972 年版,第 26 页。

与文化,效仿士人"悬梁刺股"的学习精神。一方面,关于知识分子身份的界定,不同学者从不同角度有不同看法,但毫无疑问的是,知识分子首先一定是在特定领域拥有较高文化水平的人。身为知识分子,就必须要落实、贯彻好"知识"二字。换言之,缺乏一定的知识文化素养,离开"知识"二字,知识分子便名不符实。另一方面,正如古希腊米南德所言,学会学习的人,是非常幸福的人。知识与学习对于普通人来说同样至关重要。教育改变了个人的命运,知识打开了灵魂的窗户,文化开启了对美的认知与追寻。对于任何人而言,只有真正理解文化的重要,才能掌握自己的命运,也只有真正潜心地学习,才能真正感悟这个世界。

古往今来,那些卓越人物无一不具有勤奋学习、终身学习的精神。勤于治学、久久为功的学习精神是古代士子文人的优良品格,也是"士人精神"中具有恒久价值的基本内涵。大千世界,瞬息万变。即便是高度发展的当代社会,人类也远没有穷尽世间所有的真理,远没有极致地探寻到世界、遑论宇宙的根本。前路漫漫,生活在当今时代的人们仍然任重而道远。因此,知识分子惟有再次树立"书山有路勤为径,学海无涯苦作舟"的学习态度,意识到"学问之道无穷,而总以有恒为主"的客观真理,不论是对待教育学习还是学术研究都秉持"傲不可长,欲不可纵,志不可满,乐不可极"的谦逊原则。同时,新时代知识分子以"求问渡学海,觅知攀书山"的求知精神引领前路,才能做到与时俱进,不断刷新并升级自我认知,确保自己跟上时代前进的脚步。

2. 练就创新发展、善于思辨的建设能力

"哲学家们只是用不同的方式解释世界,而问题在于改变世界。"①批判意识是知识分子的核心特征。当代知识分子应当以理性批

---

① 《马克思恩格斯选集》(第一卷),人民出版社 2012 年版,第 140 页。

判的武器和扎实的学术功底为基地,以深刻的社会关怀为出发点维护社会公平。后现代主义大师福柯提出,特殊知识分子的工作不是要改变他人的政治意愿,而是要通过自己专业领域的分析,不断对设定为不言自明的公理提出疑问,拆解人们熟悉的和被认可的事物,重新审查规则和制度,在此基础上重新问题化,从而完成其知识分子使命,同时参与政治意愿的形成,从而完成其作为一个公民的角色。如果没有积极的建言献策,仅仅停留在批判的层面,那么批判只能流于批判,现实并不会变得更美好。理性批判应该是具有创新性的、建设性的、有益于广大人民的。

新时代知识分子要时刻保持敢于质疑、敢于创新的态度。习近平同志曾指出:"天下无尽善尽美之事,世上无十全十美之人。问题在于往往自病不知,识己更难。于是,工作中有不足,干事业有失误,如果有人及时指出,自己及时觉察和改正,于工作和事业有利,对自己成长和进步也有好处。这是多好的事!"[①]诚然,我们正处于一个从必然王国到自由王国的转变过程之中,对事物发展规律的认识仍然存在一定的局限性。时刻保持敢于质疑的态度本身就是为了正确认识和利用规律而进行的,体现了知识分子敢于修正错误的大无畏精神,更生动彰显了马克思主义的批判精神。马克思在以"人类幸福"为己任的奋斗过程中,勇于质疑,敢于发声,对"旧世界观"的理论展开批判,对资本主义社会进行现实批判,对无产阶级革命实践提出自我批判。马克思正是在这样的批判中发现了历史唯物主义和剩余价值理论,为人类的解放事业建立了不朽的功勋。新时代知识分子发扬理性批判精神应该以马克思为榜样,在质疑中批判,在批判中创新,在创新中发展自身。

新时代知识分子要以辩证思维武装头脑,进一步激发思辨精神。

---

① 习近平:《之江新语》,浙江人民出版社 2007 年版,第 134 页。

"新时代的中国青年,更加自信自强、富于思辨精神。"①思辨精神是一种以马克思主义理论为指导的理性辨析思维方法在精神世界的体现,即用马克思主义辩证思维武装头脑,用联系和发展的视角看问题,对社会出现的各种现象、各种问题亲眼看、亲耳听,并投入认真独立的思考,从而认清事物的本质。避免将批判等同于一味的质疑,要全面地看问题,从不同角度、不同层次看事物,抓住问题的主要矛盾和矛盾的主要方面,真正做到把握事物的全貌。更要从实际出发,坚持理论联系实际,在网络信息化的社会中以批判的眼光、辩证的思维分析各种鱼龙混杂的思潮、消息,以直面问题的勇气、破解难题的智慧担负起全面建成社会主义现代化强国的重任。

3. 强化自信昂扬、舍我其谁的担当精神

"我们国家,国力的强弱,经济发展后劲的大小,越来越取决于劳动者的素质,取决于知识分子的数量和质量。"②知识分子是先进生产力的开拓者,是我国社会主义现代化的主导力量。把中国式现代化宏伟蓝图一步步变成美好现实,也是新时代知识分子自觉的、神圣的历史使命。"应对重大挑战、抵御重大风险、克服重大阻力、解决重大矛盾,迫切需要迎难而上、挺身而出的担当精神"③,作为中华民族精神谱系的重要组成部分,自古以来是知识分子深层次的精神追求。新时代知识分子处在形势复杂、挑战严峻的历史节点上,更需要自信昂扬、舍我其谁的担当精神。近年来,以美国为首的西方资本主义国家对我国科技创新的围堵、对我国主流意识形态的侵蚀等威胁,极大地影响着我国经济社会等领域的健康

① 《习近平谈治国理政》(第四卷),外文出版社 2022 年版,第 274 页。
② 《邓小平文选》(第三卷),人民出版社 1993 年版,第 120 页。
③ 习近平:《论中国共产党历史》,中央文献出版社 2021 年版,第 244 页。

发展,亟需知识分子以自身的专业储备在自然科学、社会民生、经济发展、精神文明等领域勇担大任,不断强化自信昂扬、舍我其谁的担当精神。

始终秉持公平正义的信念是知识分子担当精神的题中应有之义。[①] 作为社会及人类的良知,知识分子历来关注天下苍生、体察民生疾苦。作为道德和正义的化身,知识分子痛恨社会不公现象,十分关注和同情社会弱势群体。从知识分子的经历看,很多知识分子出身于社会底层、有过贫困生活的经历,因此他们能够更深刻地体会到普通劳苦大众生活的艰辛,对社会民生疾苦有深切的同情感。大声疾呼社会公平正义,需要知识分子准确理解新时代公平正义的新内涵,积极宣传共享发展理念,引导人民群众凝聚成同心协力的"共同体",充分调动并发挥全体人民的积极性和创造力,确保让人民有更多的获得感和幸福感。同时,要理性认识新时代公平正义的现实基础,牢牢立足我国社会主义初级阶段这一基本国情,秉持尽力而为、量力而行的原则,从实际出发渐进地推动社会公平正义。

积极投身经济建设主战场,成为经济理论的创新者、经济改革的推动者和科学精神的弘扬者。首先,创新经济观念与经济理论。知识分子需要具备创新性思维,夯实理论基础,在深入贯彻落实新发展理念的基础上对经济理论不断进行创新,以进一步推动社会经济快速向前发展。其次,传播科学知识,弘扬科学精神。科技创新是新时代增强国家竞争力的重要依托。广大知识分子不仅要继续弘扬以爱国主义为底色的科学家精神,以探究真理、发现新知为使命,勇攀世界科技高峰,在解决关键核心技术问题上强化担当作为,"以与时俱进的精神、革故鼎新的用心、坚韧不拔的定力"抢占先机,迎难而上,努力实现更多"从 0 到 1"的突

---

① 王桂兰主编:《当代中国知识分子论》,中共党史出版社 2013 年版,第 140 页。

破。更要"以提高全民科学素质为己任,把普及科学知识、弘扬科学精神、传播科学思想、倡导科学方法作为义不容辞的责任,在全社会推动形成讲科学、爱科学、学科学、用科学的良好氛围"①,从而让蕴藏在亿万人民中间的创新智慧充分释放、创新力量充分涌流。

充分发挥精神文明骨干力量的作用,承担起推动社会进步、提升人类精神向度的文化使命。首先,继承和弘扬中华优秀传统文化。"中华优秀传统文化是中华文明的智慧结晶和精华所在,是中华民族的根和魂,是我们在世界文化激荡中站稳脚跟的根基"②。推动中华优秀传统文化创造性转化和创新性发展是习近平文化思想"七个着力"的具体要求之一。新时代知识分子要立足于当代文化建设需要,在"古为今用"和"洋为中用"方针的指导下,对中国传统文化和世界文明成果进行梳理和扬弃,在继承发扬中华优秀传统文化的同时又批判地吸收人类文明的优秀成果,创造出既是民族的、又是世界的优秀文化,让中华优秀传统文化更好地展现永久魅力与时代风韵,为实现中华民族伟大复兴奠定坚实的文化基础。其次,把握先进文化的发展方向。在社会主义文化建设中,作为掌握着较多科学文化知识的知识分子,必须积极发挥先进文化的引领作用。要始终代表先进文化的前进方向,做到以党的创新理论为指导,并将其运用于各项工作的实际,在实践中不断发展健康向上、具有中国特色的社会主义文化。与此同时,广大知识分子还应该保持高度的文化自觉。进入数字化时代,社会的发展更加需要知识,需要科学技术的创新。作为中华优秀传统文化的继承者和弘扬者,知识分子只有不断提升自己的文化自觉,先进文化才能与时俱进不断发展,我们的文化建设

① 《习近平著作选读》(第一卷),人民出版社 2023 年版,第 500 页。
② 中共中央党史和文献研究院编:《习近平关于社会主义精神文明建设论述摘编》,中央文献出版社 2022 年版,第 236 页。

才能不断地创造出先进的社会主义崭新文化。

（五）筑牢主阵地，健全知识分子干事创业的体制机制

"要深化科技、教育、文化体制改革，深化人才发展体制改革，加快形成有利于知识分子干事创业的体制机制，放手让广大知识分子把才华和能量充分释放出来。"①知识分子体制机制改革是党的建设制度改革的重要内容，也是全面深化改革的重要组成部分。加快理顺知识分子干事创业的体制机制，是推进知识分子工作的关键，同时也为新时代知识分子精神建构提供制度保障。

1. 以改进培育机制保障知识分子培养的可塑性

知识分子的培养过程是一个完整的链条。唯有遵循社会主义市场经济规律和知识分子成长规律，不断改进培育机制，才能为党和国家各项事业的发展培养出更多的优秀知识分子，保障知识分子培养的可塑性，为实现中华民族伟大复兴提供不竭动力。

创新知识分子教育培养模式。与主要发达国家相比，我国在科学研究、科技创新等方面差距较为明显，且创新型科技人才、国家高层次人才结构性不足的矛盾突出。党中央基于国内外形势的科学研判，提出实施创新驱动发展战略。新时期推进知识分子工作，要加强产业人才需求预测，加快培育重点行业、重要领域新兴产业人才，同时注意各类优秀知识分子的创新意识和创新能力培养，建立以创新创业为导向的知识分子培养机制。此外，结合新时代各类知识分子的实际情况，制定切实可行的教育计划，完善产学研用结合的协同育人模式。

建立有效的竞争机制。在社会主义公有制的基础上，知识分子之

---

① 中共中央文献研究室编：《习近平关于社会主义政治建设论述摘编》，中央文献出版社 2017 年版，第 141 页。

间的竞争是建立在地位平等、团结协作、共同进步上的竞争。最大限度地调动知识分子的积极性和创造性,使知识分子积极弘扬新时代知识分子精神,需要强化知识分子队伍的科学竞争意识,为他们营造公平公正公开的竞争环境、提供均等的竞争机会,最终实现人尽其才、才尽其用。

强化青年优秀知识分子培养发展机制。全国各大高校要紧紧围绕为培养社会主义建设者和接班人的重要任务,科学有序地开展日常教学活动,加大教育、科技等对青年知识分子培养支持力度。充分发挥青年知识分子组织力量,构建知识分子价值生态自我修复体系。通过新媒体技术等手段,依托学生会、学生社团等学生组织,着力培养"学生理论领袖",不断增强青年知识分子对主流意识形态教育的向心力和认同力。为拓宽青年学生的国际视野,设立青年人才海外交流专项基金,鼓励青年知识分子参与国际会议,促进多学科交叉融合,激发创新活力。大力发展来华留学事业,让越来越多的国外优秀青年知识分子在中国学习和发展。

2. 以健全流动机制保障知识分子培养的科学性

知识分子的顺畅流动是其充分发挥作用的前提条件。在新时代背景下,我们要科学合理地建立和完善人才流动配置机制,该机制由政府部门宏观调控、引导和规范,促进市场主体良性发展与公平竞争,同时依托社会组织提供专业服务,并且充分尊重知识分子自主择业,以此保障知识分子培养的科学性。

破除身份壁垒。目前的身份管理制度在一定程度上限制了知识分子的流动。例如,体制内和体制外的身份差别,公有制和非公有制的身份界限等,都阻碍着知识分子的流动。"英雄不问出处",知识分子在身份上是平等的,要打破身份制约,形成各行各业各类知识分子顺畅流通的新机制。

打破户籍限制。我国的户籍制度改革是一项复杂的系统工程,既要统筹考虑,又要因地制宜。新时代创新创业是更多人实现梦想的机会,让更多的千里马奔腾,需要让更多的知识分子从户籍、土地等的捆绑中挣脱出来,让他们实现创业自由、有机会通过努力拼搏实现自我价值,推进我国大众创业、万众创新的生动局面。

完善社会保障。在发展中保障和改善民生是中国式现代化的重大任务。党的十八大以来,党中央针对长期以来存在的社会保障"双轨制""待遇差"的矛盾,大力推进机关事业单位社会保障制度改革。为此,党中央出台了一系列相应政策,旨在打破知识分子在机关事业单位和企业间的流通障碍,从而为建立公平公正的社会保障体系奠定坚实的基础。

鼓励知识分子向艰苦边远地区和基层一线流动。当前我国还存在各类优秀知识分子分布不合理的现象,在东部发达地区和大中城市人才集中,中西部欠发达地区和农村基层人才匮乏。新时代实现区域经济社会均衡发展,推动城乡一体化建设,需要鼓励和引导优秀知识分子向艰苦边远地区和基层一线流动,并不断完善人才引进、培养、使用、流动、评价、激励机制,在岗位设置、职称晋升、薪资待遇、人才项目等方面向基层倾斜,切实解决他们的后顾之忧。

3. 以创新评价机制保障知识分子培养的全面性

知识分子评价机制贯穿于知识分子工作全过程,在知识分子管理过程中发挥着关键性作用。通过知识分子评价机制,可以更加全方位地展现各类知识分子的价值,激励他们通过自己的努力来不断提升自身的综合素质和专业技能,从而确保知识分子培养的全面性。

突出品德、能力和业绩评价。德与才是对立统一的,德为才之帅,才为德之资。品德是决定个体价值的核心要素。过硬的业务素质和娴熟的工作技能是个体成才的基础,但高尚的德行和宽广的胸怀也是人才身上不可或缺的素质。新时代创新知识分子评价机制,要坚持德才兼备的用人标准,并注重以实绩、能力来评价知识分子。此外,不同类型的知识分子,对于"德"与"才"的要求也不同,要分类推进知识分子评价机制改革,提高评价的针对性和精准性。

改进知识分子评价考核方式。发挥政府、市场、社会等多元评价主体作用,加快建立市场化、社会化的人才评价制度。基础研究知识分子以同行学术评价为主,应用型知识分子以市场评价为重点,哲学社会科学工作者以社会评价为主。改革职称制度和职业资格制度。分类推进职称制度改革,提高评审科学化水平。职称制度是加强专业技术知识分子队伍建设的重要抓手,是对其专业技术水平和职业素质能力进行评价的主要制度。随着社会主义市场经济体制的建立完善,现行的专业技术职务聘任制显现出制度体系不够健全、评审机制不够完善等方面的问题,需要深化职称制度改革。新时代要以职业分类为基础、以科学评价为核心,推进制度创新,从而为公正客观地评价知识分子提供制度保障。

结　语

　　任何群体中都渗透着一种精神，知识分子群体中也渗透着一种精神，这就是知识分子精神。习近平总书记高度重视精神之于一个国家、民族的重要性，指出："没有民族精神力量的不断增强，一个国家、一个民族不可能屹立于世界民族之林。"①作为思想价值的引领者、伦理道德的守护者与使命责任的承担者，知识分子及其精神构建对于推进强国建设、民族复兴的历史伟业具有重大意义。

　　当我们翻开历史长卷，首先可以寻觅到传统士人追求高洁人格的非凡气节，领略到传统士人追逐崇高理想的精神气魄。传统士人以"内圣外王"为理想目标，追求格物致知、诚意正心、修身齐家，"经世致用"而治平天下，有着为国为民、心系天下的强烈的社会责任感和使命感。这些皆是印刻在传统士人基因、流淌在传统士人血液、植根在传统士人内心的理想抱负与精神追求，也是指引当代知识分子奋发刻苦、顽强拼搏、自我审视、自我提升的耀眼灯塔。

　　近代以降，知识分子在促进传统社会向现代社会的艰难转变中，扮演了极为重要的历史角色。从识字扫盲到远赴重洋，从兴办报刊到兴建

---

① 中共中央党史和文献研究院编：《习近平关于社会主义精神文明建设论述摘编》，中央文献出版社 2022 年版，第 19 页。

学堂,摆脱了传统士人"仕"与"隐"两难困境的近代知识分子义无反顾地投身于宏大的历史变革实践。

当代经济社会的快速发展,带来了一系列新变化新问题,塑造了当代知识分子的精神境遇。市场经济的发展、经济理性的兴起、大众文化的普及以及互联网媒体的快速崛起,共同改变了知识分子的公共话语环境。在这种背景下,一些知识分子似乎开始偏离他们的初衷,逐渐向世俗化、市场化和平庸化倾斜。他们中的一些人似乎不再追求内在的人格价值,忽视了知识的尊严和公共批判的责任,这导致了所谓的"精神危机"风险。尽管如此,我们发现在现代知识分子内部,还是不断涌现对自我的反思与批判,这是知识分子得以不断回归自我精神传统的保障。

新时代新征程,作为"社会的精英、国家的栋梁、人民的骄傲,也是国家的宝贵财富"的广大知识分子,更不能忘记传统士人世代传承的精神品质,更不能遗弃传统士人积淀千年的精神财富,更不能忽视独具中国特色的文化传统。新时代知识分子要想实现自我成长、更好地为社会和国家的建设服务,就必须要继承和发扬传统士人精神、近代知识分子精神,高度重视士人精神和近代知识分子精神的当代价值,在实现其与当代中国相适应的现代转化的基础上,以谦虚与虔诚的心去效仿、去学习,真正做到内化于心、外化于行。在洗涤灵魂的旅途中、在自我成长道路上、在艰苦奋斗的拼搏中,知识分子应该努力承担起社会责任,发挥其社会作用,以一己之力作为表率,促使全体中华儿女共同为实现中华民族伟大复兴的中国梦而不懈奋斗。

中国梦的实现需要知识分子的引领作用,需要知识分子的责任感和使命感。知识分子精神的回归需要知识分子成为社会重心。新时代知识分子应该以士人"目不窥园"的学习精神、"士志于道"的价值取向、"至贤至圣"的道德诉求、"精忠报国"的爱国情怀、"天下为公"的社会观念、

"以人为本"的价值取向为耀眼灯塔;同时,以近代知识分子"国耻未雪,何由成名"的忧患爱国意识、"志气清坚、以文化人"的高尚道德操守、"勇立潮头、理性争辩"的学术创新品质为内在力量,积极建构新时代知识分子精神,为民族振兴、国家富强、人民幸福建功立业。

参考文献

一、中文论著、译著

《马克思恩格斯选集》(第一卷),北京:人民出版社,2012 年。

《马克思恩格斯选集》(第二卷),北京:人民出版社,2012 年。

《马克思恩格斯选集》(第三卷),北京:人民出版社,2012 年。

《马克思恩格斯选集》(第四卷),北京:人民出版社,2012 年。

《列宁选集》(第一卷),北京:人民出版社,2012 年。

《列宁全集》(第三卷),北京:人民出版社,2013 年。

《列宁全集》(第二十八卷),北京:人民出版社,2017 年。

《斯大林选集》(上卷),北京:人民出版社,1979 年。

《毛泽东选集》(第一卷),北京:人民出版社,1991 年。

《毛泽东选集》(第二卷),北京:人民出版社,1991 年。

《毛泽东选集》(第三卷),北京:人民出版社,1991 年。

《毛泽东选集》(第四卷),北京:人民出版社,1991 年。

《毛泽东文集》(第六卷),北京:人民出版社,1999 年。

《邓小平文选》(第一卷),北京:人民出版社,1994 年。

《邓小平文选》(第二卷),北京:人民出版社,1994 年。

《邓小平文选》(第三卷),北京:人民出版社,1993 年。

《江泽民文选》(第一卷),北京:人民出版社,2006 年。

《江泽民文选》(第二卷),北京:人民出版社,2006 年。

《江泽民文选》(第三卷),北京:人民出版社,2006 年。

《胡锦涛文选》(第一卷),北京:人民出版社,2016 年。

《胡锦涛文选》(第二卷),北京:人民出版社,2016 年。

《胡锦涛文选》(第三卷),北京:人民出版社,2016 年。

《习近平谈治国理政》(第一卷),北京:外文出版社,2018年。

《习近平谈治国理政》(第二卷),北京:外文出版社,2017年。

《习近平谈治国理政》(第三卷),北京:外文出版社,2020年。

《习近平谈治国理政》(第四卷),北京:外文出版社,2022年。

《习近平著作选读》(第一卷),北京:人民出版社,2023年。

《习近平著作选读》(第二卷),北京:人民出版社,2023年。

习近平:《干在实处　走在前列——推进浙江新发展的思考与实践》,北京:中共中央党校出版社,2006年。

《毛泽东年谱(1893—1949)(修订本)》(上卷),北京:中央文献出版社,2013年。

《建国以来毛泽东文稿》(第一卷),北京:中央文献出版社,1987年。

《建国以来毛泽东文稿》(第二卷),北京:中央文献出版社,1988年。

中共中央文献研究室:《建国以来重要文献选编》(第一册),北京:中央文献出版社,1992年。

中共中央文献研究室:《建国以来重要文献选编》(第四册),北京:中央文献出版社,1993年。

中共中央文献研究室:《建国以来重要文献选编》(第五册),北京:中央文献出版社,1993年。

中共中央文献研究室:《建国以来重要文献选编》(第八册),北京:中央文献出版社,1994年。

中共中央文献研究室:《建国以来重要文献选编》(第十册),北京:中央文献出版社,1994年。

中共中央文献研究室:《建国以来重要文献选编》(第十一册),北京:中央文献出版社,1995年。

《十八大以来重要文献选编》(上),北京:中央文献出版社,2014年。

《十八大以来重要文献选编》(中),北京:中央文献出版社,2016年。

《十八大以来重要文献选编》(下),北京:中央文献出版社,2018年。

《十九大以来重要文献选编》(上),北京:中央文献出版社,2019年。

《十九大以来重要文献选编》(中),北京:中央文献出版社,2021年。

中共中央文献研究室、中共湖南省委《毛泽东早期文稿》编辑组:《毛泽东早期文稿》,长沙:湖南人民出版社,2013年。

中共中央文献研究室编:《邓小平年谱(1975—1997)》(上),北京:中央文献出版社,2004年。

中共中央党史研究室:《中国共产党的九十年》,北京:中共党史出版社、党建读物出版社,2016年。

中共中央党校党史教研室资料组:《中国共产党历次重要会议集》(下册),上海:上海人民出版社,1983年。

中央组织部,中共中央文献研究室:《知识分子问题文献选编》,北京:人民出版社,1983年。

《聚天下英才而用之:学习习近平关于人才工作重要论述的体会》,北京:中国社会科学出版社、党建读物出版社,2017年。

人民日报评论部:《习近平用典》,北京:人民日报出版社,2015年。

人民日报评论部:《习近平用典》(第二辑),北京:人民日报出版社,2018年。

逄先知、金冲及:《毛泽东传(1949—1976)》(上卷),北京:中央文献出版社,2003年。

何蓬:《毛泽东时代的中国(1949—1976)》(二),北京:中共党史出版社,2003年。

费孝通:《文化与文化自觉》,北京:群言出版社,2016年。

许纪霖:《读书人站起来》,北京:中国人民大学出版社,2011年。

许纪霖:《中国知识分子十论》,上海:复旦大学出版社,2003年。

资中筠:《士人风骨》,桂林:广西师范大学出版社,2011年。

陶东风主编:《知识分子与社会转型》,开封:河南大学出版社,2004年。

徐复观:《中国知识分子精神》,上海:华东师范大学出版社,2004年。

郑也夫:《知识分子研究》,北京:中国青年出版社,2004年。

何晓明:《知识分子与中国现代化》,上海:东方出版中心,2007年。

李良玉:《动荡时代的知识分子》,杭州:浙江人民出版社,1990年。

陈占彪:《五四知识分子的淑世意识》,北京:商务印书馆,2010年。

赵宝煦:《知识分子与社会发展》,北京:华夏出版社,2003年。

钱穆:《国史新论·中国知识分子》,北京:生活·读书·新知三联书店,2001年。

高力克:《五四的思想世界》,上海:学林出版社,2003年。

李泽厚:《中国古代思想史论》,北京:生活·读书·新知三联书店,2009年。

李泽厚:《中国近代思想史论》,北京:生活·读书·新知三联书店,2008年。

李泽厚:《中国现代思想史论》,北京:生活·读书·新知三联书店,2009年。

周岩:《百年梦幻——中国近代知识分子的心灵历程》,北京:文化艺术出版社,2013年。

邵建:《知识分子与人文》,北京:中国社会出版社,2009年。

孙适民、蒋玉兰:《中国古代士文化与知识分子现代化》,长沙:湖南人民出版社,2008年。

林贤治:《五四之魂:中国知识分子精神史》,桂林:广西师范大学出版社,2008年。

许纪霖:《公共空间中的知识分子》,南京:江苏人民出版社,2007年。

许纪霖:《20世纪中国知识分子史论》,北京:新星出版社,2005年。

许纪霖：《公共性与公共知识分子》，南京：江苏人民出版社，2003 年。

许倬云：《历史分光镜》，上海：上海文艺出版社，1998 年。

韩亚光：《中国现代化进程中的知识分子问题研究》，北京：知识产权出版社，2005 年。

原方：《知识分子论》，上海：上海三联书店，2005 年。

杨凤城：《中国共产党的知识分子理论与政策研究》，北京：中共党史出版社，2005 年。

徐贲：《知识分子：我们的思想和我们的行为》，上海：华东师范大学出版社，2005 年。

徐贲：《颓废与沉默：透视犬儒文化》，北京：东方出版社，2015 年.

王增进：《后现代与知识分子社会位置》，北京：中国社会科学出版社，2003。

水秉和：《知识分子的人文倾向》，沈阳：辽宁人民出版社，1989 年。

朱文显：《知识分子问题》，成都：四川人民出版社，1999 年。

马平安：《传统士人的家国天下》，北京：团结出版社，2018 年。

萧功秦：《知识分子与观念人》，天津：天津人民出版社，2001 年。

冯建辉：《命运与使命：中国知识分子问题世纪回眸》，北京：华文出版社，2006 年。

林贤治：《午夜的幽光》，桂林：广西师范大学出版社，2005 年。

龚鹏程：《中国文人阶层史论》，兰州：兰州大学出版社，2004 年。

刘晔：《知识分子与中国革命》，天津：天津人民出版社，2004 年。

裴毅然：《中国知识分子的选择与探索》，郑州：河南人民出版社，2004 年。

孙立群：《中国古代的士人生活》，北京：商务印书馆，2003 年。

贾春增编：《知识分子与中国社会变革》，北京：华文出版社，1996 年。

马嘶：《百年冷暖：20 世纪中国知识分子生活状况》，北京：北京图书馆出版社，
2003 年。

丁俊萍，宋俭，李东明主编：《知识分子与社会主义和谐社会的构建》，北京：华文出版
社，2006 年。

胡秋原：《古代中国文化与中国知识分子》，北京：中华书局，2010 年。

王智，郭德宏主编：《知识分子与近现代中国社会》，武汉：湖北人民出版社，2009 年。

翟爱玲：《从中国的知识分子到知识分子的中国》，天津：天津社会科学院出版社，
2009 年。

谢泳著：《书生的困境：中国现代知识分子问题简论》，桂林：广西师范大学出版社，
2009 年。

冯友兰：《中国哲学简史》，北京：生活·读书·新知三联书店，2013 年。

张汝伦：《思考与批判》，上海：上海三联书店，1999 年。

钱穆：《中国文化史导论》，北京：生活·读书·新知三联书店，1988 年。

钱穆：《国史大纲》，北京：商务印书馆，1996 年。

王富仁：《灵魂的挣扎》，长春：时代文艺出版社，1993 年。

孙正聿：《辩证法研究》，长春：吉林人民出版社，2007年。

刘兴豪：《魏源与中国近代化的早期进展》，北京：光明日报出版社，2017年。

中国史学会：《洋务运动》（第八册），上海：上海人民出版社，1961年。

郑观应：《盛世危言》，沈阳：辽宁人民出版社，1994年。

梁启超：《饮冰室合集》（第一册），北京：中华书局，1989年。

梁启超：《饮冰室文集点校》（第二辑），昆明：云南教育出版社，2001年。

梁启超：《戊戌政变记》，上海：上海古籍出版社，2014年。

翦伯赞：《戊戌变法》，上海：上海人民出版社，1957年。

邹容：《革命军》，北京：华夏出版社，2002年。

吴晓明编选：《德赛二先生与社会主义——陈独秀文选》，上海：上海远东出版社，
　　1994年。

李霁野：《鲁迅先生与未名社》，北京：人民文学出版社，1984年。

欧阳哲生：《胡适文集》（第五卷），北京：北京大学出版社，1998年。

王栻主编：《严复集》，北京：中华书局，1986年。

《魏源集》，北京：中华书局，2018年。

《李鸿章全集》（第二册），长春：时代文艺出版社，1998年。

《李大钊文集》（上），北京：人民出版社，1984年。

《鲁迅全集》（第四卷），北京：人民文学出版社，1981年。

〔法〕雷蒙·德隆：《知识分子的鸦片》，吕一民、顾杭译，南京：译林出版社，2012年。

〔英〕保罗·约翰逊：《知识分子》，杨正润译，南京：江苏人民出版社，1999年。

〔日〕佐藤慎一：《近代中国的知识分子与文明》，刘岳兵译，南京：江苏人民出版社，
　　2006年。

〔美〕列文森：《儒教中国及其现代命运》，郑大华、任菁译，北京：中国社会科学出版社，
　　2000年。

〔美〕卡尔·博格斯：《知识分子与现代性的危机》，李俊、蔡海榕译，南京：江苏人民出
　　版社，2002年。

〔法〕朱利安·班达：《知识分子的背叛》，孙传钊译，长春：吉林人民出版社，2011年。

〔美〕阿尔文·古尔德纳：《新阶级与知识分子的未来》，杜维真等译，北京：人民文学出
　　版社，2001年。

〔美〕爱德华·W.萨义德：《知识分子论》，单德兴译，北京：生活·读书·新知三联书
　　店，2002年。

〔英〕弗兰克·富里迪：《知识分子都到哪里去了》，戴从容译，南京：江苏人民出版社，
　　2005年。

〔美〕拉塞尔·雅各比：《最后的知识分子》，洪洁译，南京：江苏人民出版社，2002年。

［美］艾尔文・古德纳：《知识分子的未来和新阶级的兴起》，顾晓辉、蔡嵘译，南京：江苏人民出版社，2002 年。

［美］杰罗姆・B.格里德尔：《知识分子与现代中国》，单正平译，天津：南开大学出版社，2002 年。

［美］弗・兹纳涅茨基：《知识人的社会角色》，郑斌祥译，南京：译林出版社，2000 年。

［法］埃米尔・涂尔干：《社会分工论》，渠东译，北京：生活・读书・新知三联书店，2000 年。

［意］安东尼奥・葛兰西：《狱中札记》，曹雷雨等译，北京：中国社会科学出版社，2000 年。

［英］齐格蒙・鲍曼：《立法者与阐释者——论现代性、后现代性与知识分子》，洪涛译，上海：上海人民出版社，2000 年。

［美］托克维尔：《论美国的民主》，董果良译，北京：商务印书馆，1988 年。

［德］卡尔・曼海姆：《意识形态与乌托邦》，北京：商务印书馆，2000 年。

［美］魏定熙：《权力源自地位：北京大学、知识分子与中国政治文化：1898—1929》，张蒙译，南京：江苏人民出版社，2015 年。

二、中文期刊、报纸

习近平：《在党的十八届五中全会第二次全体会议上的讲话》，《求是》2016 年第 1 期。

习近平：《在全国党校工作会议上的讲话》，《求是》2016 年第 5 期。

新华社：《习近平主持召开学校思想政治理论课教师座谈会强调 用新时代中国特色社会主义思想铸魂育人 贯彻党的教育方针落实立德树人根本任务》，《党建》2019 年第 4 期。

陶东风：《新时期 30 年中国知识分子的沉浮》，《探索与争鸣》2008 年第 3 期。

郑也夫：《知识分子的定义》，《北京社会科学》1997 年第 3 期。

饶恒久：《"持世救偏"——社会转型期知识分子的使命》，《中国石油大学学报（社会科学版）》2006 年第 6 期。

许纪霖：《重建知识与人格的立足点》，《学术月刊》2003 年第 8 期。

许纪霖：《世代、阶级和惯习：知识分子研究的新路径》，《知识分子论丛》2018 年第 1 期。

孙立群：《中国古代知识分子研究的可喜成果》，《中国社会与科学》1989 年第 5 期。

孙立群：《古代士人的精神传统》，《人民论坛》2008 年第 5 期。

刘周堂：《中国古代知识分子的人生哲学》，《江西社会科学》1993 年第 9 期。

王义林：《中国近代知识分子成长道路的历史启迪》，《延边大学学报（社会科学版）》

1995 年第 5 期。

林甘泉：《中国古代知识阶层的原型及其早期历史行程》，《中国史研究》2003 年第 3 期。

李珺平：《中国士能否等于西方知识分子？——兼与余英时教授商榷》，《社会科学论坛》2007 年第 10 期。

杨永明：《启蒙与救亡的二重协奏——中国知识分子的现代嬗变》，《昆明理工大学学报（社会科学版）》2009 年第 8 期。

黎仁凯：《近代中国知识分子的历程与特点》，《河北大学学报（哲学社会科学版）》1991 年第 4 期。

徐绍清：《论洋务运动时期中国新式知识分子群的形成》，《社会科学战线》1996 年第 6 期。

黄健：《论鲁迅文化人格的精神结构》，《学术探索》2014 年第 6 期。

刘再复：《百年来三大意识的觉醒及今天的课题》，《华文文学》2011 年第 4 期。

宋俭：《论新时代中国知识分子的精神品格》，《中央社会主义学院学报》2020 年第 3 期。

葛荃：《论中国传统"士人精神"的现代转换》，《华侨大学学报（哲学社会科学版）》2001 年第 2 期。

季桂起：《科学、民主精神与近代知识分子文化人格转型》，《济南大学学报（社会科学版）》2011 年第 3 期。

严春友、朱红文：《简论当代中国人精神家园的重建》，《北京师范大学学报（社会科学版）》2010 年第 3 期。

樊锐：《新时期党对知识分子政策的发展及其历史启示》，《中共党史研究》2011 年第 7 期。

陶文昭：《21 世纪中国知识分子政策的思考》，《中国石油大学学报（社会科学版）》2005 年第 2 期。

潘娜娜：《改革开放以来中国共产党知识分子政策的演进及其基本经验》，《中国石油大学学报（社会科学版）》2018 年第 6 期。

谢伏瞻：《马克思主义是不断发展的理论——纪念马克思诞辰 200 周年》，《中国社会科学》2018 年第 5 期。

吴敏先、张永新：《建国以来知识分子政策及政策调整研究述评》，《东北师大学报（哲学社会科学版）》2008 年第 3 期。

刘韶军：《士、知识分子及其他》，《华中师范大学学报（哲学社会科学版）》1992 年第 7 期。

陈占彪：《论知识分子的身份担当》，《学术界》2006 年第 6 期。

姜义华:《我国近代型知识分子群体简论》,《近代史研究》1987年第1期。

黄群:《戊戌维新与近代知识分子群体的形成》,《求索》2007年第6期。

翟爱玲:《当代知识分子的裂变与未来发展趋向》,《求索》2009年第8期。

虞斌龙:《中国当代知识分子道德人格塑造》,《社科纵横》2009年第11期。

孙勇才:《士志于道:余英时与中国知识分子文化传统特征研究》,《求索》2006年第9期。

段江:《中国当代知识分子的生存困境浅析》,《社会发展研究》2005年第5期。

崔宜明:《从传统士君子到现代知识分子》,《华东师范大学学报(哲学社会科学版)》2007年第7期。

温克勤:《略谈士德与士大夫精神》,《伦理学研究》2012年第1期。

杨春时:《中国知识分子的现代寻根》,《吉首大学学报(社会科学版)》,2001年第4期。

钟君:《知识分子眼中的社会之"霾"与深层焦虑》,《人民论坛》2014年第4期。

乔元正:《知识分子批判精神的历史考察及当代启示》,《湖南师范大学教育科学学报》2014年第3期。

周宜丰:《批判性知识分子的召唤》,《前沿》2012年第19期。

汝绪华:《论公共知识分子精神与均衡阶层话语权》,《理论导刊》2010年第7期。

史向军,易鹏:《论五四知识分子的精神品格及其当代价值》,《学术论坛》2012年第11期。

段华明:《近代知识分子的忧患意识》,《甘肃社会科学》1999年第5期。

王雅丽:《儒家士人精神与当代公民社会建设》,《河北学刊》2008年第4期。

阎秋霞:《"重返八十年代"与知识分子的精神焦虑》,《文艺争鸣》2010年第7期。

刘翠:《转型期中国知识分子的价值选择》,《学术交流》2002年第6期。

张瑞静:《19世纪末中国近代知识分子群体的初步形成》,《延边大学学报(社会科学版)》2008年第1期。

俞祖华,赵慧峰:《清末新型知识群体:从传统士大夫到现代知识分子的转型》,《人文杂志》2012年第5期。

崔薇圃:《试论中国近代知识分子队伍的形成》,《齐鲁学刊》1994年第3期。

苏力:《中国当代公共知识分子的社会建构》,《社会学研究》2003年第2期。

陈占彪:《论知识分子的专业性与公共性》,《社会科学战线》2008年第4期。

郑也夫:《知识分子与批判精神》,《浙江学刊》1992年第5期。

俞祖华,赵慧峰:《中国现代知识分子的十种矛盾"心结"》,《河北学刊》2012年第3期。

贺奕:《群体性精神逃亡:中国知识分子的世纪病》,《文艺争鸣》1995年第3期。

周吉鹏:《中国近代民主思想演进的特殊性》,《理论研究》2008 年第 2 期。
刘青:《中国近代民主思想简论》,《辽宁师范大学学报(社会科学版)》1997 年第 5 期。
钱理群:《中国知识分子面临的共同困境》,《新书》2007 年第 5 期。
马胜凯,陈阳春:《中国古人的士人精神与现代青年人格的构建》,《理论界》2010 年第 1 期。
徐艳:《重建当代知识分子的公共性》,《广西民族大学学报(哲学社会科学版)》2008 年第 12 期。
沈妩:《当代青年知识分子与社会主义核心价值体系的构建》,《内蒙古农业大学学报(社会科学版)》2009 年第 1 期。
谢江平:《现代社会中的知识分子》,《自然辩证法研究》2009 年第 8 期。
章牧:《略论知识分子的独立人格》,《南通师范学院学报(哲学社会科学版)》2003 年第 1 期。
王慰:《论当代知识分子的精神素质》,《重庆工学院学报》2003 年第 10 期。
阎步克:《中国古代知识分子的特质》,《文史知识》1988 年第 3 期。
陆群:《自由之艰难:中国现代知识分子的精神磨砺》,《青海师范大学民族师范学院学报》2004 年第 11 期。
董广军:《当代知识分子道德功能的弱化倾向及分析》,《浙江万里学院学报》2006 年第 5 期。
许纪霖:《新媒体的迭代更替与知识分子的边缘化》,《广州大学学报(社会科学版)》2023 年第 5 期。
王峰:《弥散:数字日常下的公共知识分子》,《广州大学学报(社会科学版)》2023 年第 5 期。
李梦云:《中国梦背景下知识分子精神的建构》,《浙江学刊》2014 年第 3 期。
李梦云:《知识分子的精神内涵与历史演变——基于西方几种主要知识分子理论的分析》,《东岳论丛》2013 年第 3 期。
李梦云:《士人的优雅及其当代意义》,《广东社会科学》2013 年第 5 期。
李梦云,侯佳:《中国共产党发扬斗争精神的历程、经验与要求》,《毛泽东研究》2023 年第 4 期。
李梦云,侯佳:《中国共产党知识分子政策的基本历程与经验启示——兼论习近平关于知识分子工作的重要论述》,《思想理论战线》2022 年第 3 期。
李梦云:《余英时文化危机与文化重建思想述略》,《吉首大学学报》2010 年第 6 期。
李梦云:《建设人类命运共同体的文化构想》,《哲学研究》2016 年第 3 期。
李梦云,毛奕峰:《人类命运共同体:马克思主义共同体思想的当代传承与创新》,《江汉论坛》2018 年第 7 期。

李梦云,侯佳:《新时代知识分子弘扬爱国奋斗精神的意义与路径》,《解放军理论学习》2020 年第 8 期。

李梦云:《知识分子要在新时代建功立业》,《人民日报》2018 年 9 月 21 日第 7 版。

附录

关于新时代知识分子现实状况的调查问卷

尊敬的先生/女士：

您好！我们是浙江工商大学的学生，现正在开展一项关于新时代知识分子现实状况的调查研究，旨在全面了解这一群体在经济地位、政治认同、价值认同以及道德素质等方面的表现与状况。您的建议将会是我们课题研究的宝贵信息，非常感谢您在百忙之中抽出时间填写这份问卷。对于您的信息我们将绝对保密，请您根据自己的真实想法如实放心填写。衷心感谢您的支持与配合，谢谢！

一、基本信息情况

1. 您的性别是？（　　）

A. 男

B. 女

2. 您的年龄段是？（　　）

A. 30 周岁（含）以下

B. 30—45 周岁

C. 45—60 周岁

D. 60 周岁（含）以上

3. 您的教育背景是?（　　　）

A. 大专

B. 大学本科

C. 硕士研究生

D. 博士研究生

4. 您的政治面貌是?（　　　）

A. 中共党员（含预备党员）

B. 共青团员

C. 民主党派成员

D. 无党派人士

E. 群众

5. 您的宗教信仰是?（　　　）

A. 无宗教信仰

B. 佛教

C. 道教

D. 基督教

E. 伊斯兰教

F. 其他,请填写_____

6. 您从事的工作是?（　　　）

A. 高校教师

B. 报刊、期刊从业人员

C. 高校在读硕士、博士研究生

二、经济地位情况

1. 您的年收入是?（　　）

A. 6 万元以下

B. 6 万—10 万元

C. 10 万—15 万元

D. 15 万—20 万元

E. 20 万—25 万元

F. 25 万—35 万元

G. 35 万元以上

2. 您对自己现阶段生活条件的满意度如何?（　　）

A. 非常满意

B. 较为满意

C. 不大满意

D. 很不满意

3. 您对自己现阶段生活条件的哪些方面较为满意?（　　）（限选3项）

A. 经济状况

B. 工作环境

C. 健康状况

D. 人际关系

E. 居住环境

F. 个人成长

G. 其他,请填写_____

4. 您认为自己现阶段生活中的主要压力来源是?（　　）（限选3项）

A. 经济状况

B. 工作环境

C. 健康状况

D. 人际关系

E. 居住环境

F. 个人成长

G. 其他,请填写_____

5. 您认为当前知识分子受社会尊重程度如何?(　　)

A. 非常充分

B. 较为充分

C. 一般

D. 较为缺乏

E. 非常缺乏

三、政治认同情况

1. 您对中国特色社会主义道路、理论、制度、文化的认同程度如何?
(　　)

A. 高度认同

B. 较为认同

C. 基本认同

D. 不太认同

2. 您对新时代以来党的路线、方针、政策的总体评价如何?(　　)

A. 非常好

B. 比较好

C. 一般

D. 不太好

E. 不清楚

3. 您对当前改革进展情况的总体评价如何?（　　）

A. 改革力度很大,成效明显

B. 过多停留在政策层面,缺乏具体措施,成效不明显

C. 贯彻落实情况不好,没有什么效果

D. 改革动力不足,进展缓慢,效果难以预期

E. 不清楚

4. 您对中华民族伟大复兴的中国梦的看法如何?（　　）

A. 完全认同

B. 不确定能否实现

C. 实现意义不大

D. 不关心、不了解

四、价值观认同情况

温馨提示:问题6—8为专项问题,请您选择作答即可。

1. 您认为社会主义核心价值观对于提升人们思想道德水准、推动经济社会进步发展的影响如何?（　　）

A. 具有重要影响

B. 具有一定影响

C. 基本没有影响

D. 说不清楚

2. 您认为社会主义核心价值观对于您日常行为的影响如何?（　　）

A. 影响很大

B. 影响一般

C. 没有影响

D. 说不清楚

3. 您对于不同背景(如民族、宗教文化等)的人持何种态度?(　　)

A. 尊重并愿意了解其文化

B. 尊重但不愿深究其文化

C. 保持距离,以避免冲突

D. 其他,请填写_____

4. 面对新兴社会思潮或价值观念时,您是否会辨析其合理性?
(　　)

A. 会辨析其合理性,并形成深入认识

B. 会辨析其合理性,但不深究其成因

C. 很少会辨析其合理性

5. 面对与自己观点有冲突的社会思潮或价值观念时,您是否会采取一些措施以更客观地看待这些思潮和观念?(　　)

A. 会

B. 偶尔会

C. 不会

6. 【专项问题】作为一名高校教师,您认为最应坚守的价值观是?
(　　)(限选3项)

A. 严谨治学与学术诚信

B. 教书育人与学生为本

C. 公共奉献与社会责任

D. 创新思维与科研能力

E. 团队合作与分享精神

F. 其他,请填写_____

7.【专项问题】作为一名报纸、期刊从业人员,您认为大局意识与传播事实哪个更为重要?(　　)

A. 传播事实重要,不必考虑报道可能引起的影响

B. 大局意识重要,是比传播事实更高的价值准则

C. 两者同等重要,在具体工作中应予以同等考虑

D. 视具体情况而定,找准传播事实、减少社会影响的结合点

E. 两者都可能会对现实社会造成伤害,工作应用时候需要慎重细心

F. 其他,请填写_____

8.【专项问题】作为一名高校在读硕士、博士研究生,您认为部分青年知识分子价值认同不坚定的主要原因是?(　　)(限选 3 项)

A. 个人理想与社会理想存在差距

B. 主导价值教育缺乏吸引力

C. 受到价值取向多元化的影响

D. 受到外来思想文化的冲击

五、思想道德素质情况

温馨提示:问题 5—7 为专项问题,请您选择作答即可。

1. 在遇到不公正或违反道德的行为时,您通常作何反映?(　　)

A. 迅速出面制止或纠正

B. 报告给相关部门或机构

C. 在评估情况后再采取行动

D. 在他人行动后再采取行动

E. 默默离开,不参与

F. 其他,请填写_____

2. 在过去一年中,您是否参与过任何形式的公益活动或慈善捐赠?
(   )

A. 经常参与

B. 偶尔参与

C. 想参与,但客观条件不允许

D. 没有参与

3. 您在日常生活中会意识到自己的行为对环境所产生的影响吗?
(   )

A. 经常会

B. 偶尔会

C. 基本不会

D. 完全不会

4. 您如何看待老人摔倒扶与不扶的问题?(   )(限选3项)

A. 必须扶,救人要紧

B. 要考虑清楚,万一遇到诈骗怎么办

C. 可以考虑让周围人作证再扶

D. 可以选择打电话叫救护车的方式

E. 需要因情况而定

5. 【专项问题】作为一名高校教师,您认为当前高校中出现的抄袭、剽窃、伪造实验数据等学术不端行为的主要原因是?(   )(限选3项)

A. 不良社会风气影响

B. 不良学术风气影响

C. 学术评价制度失当

D. 个人晋升压力影响

E. 个人道德品质问题

6. 【专项问题】作为一名报刊、期刊从业人员，您认为当前媒体工作者存在的最大媒体素养问题是？（　　　）

A. 缺乏质疑和批判意识，盲目跟风

B. 难以做到不为权贵

C. 对自身的职业道德和规范认识模糊

D. 放弃了自己的道德底线，一味迎合群众的猎奇心理

E. 越深入越迷茫，为利益忘记自己真正的责任

7. 【专项问题】作为一名高校在读硕士、博士研究生，您认为当前研究生在思想道德方面存在哪些问题或挑战？（　　　）（限选 3 项）

A. 学术道德意识薄弱

B. 积极进取精神缺乏

C. 团队协作能力不足

D. 社会责任意识不够

E. 心理健康问题频发

F. 其他，请填写＿＿＿＿＿＿＿＿

六、社会责任担当情况

温馨提示：问题 5—7 为专项问题，请您选择作答即可。

1. 您对"与他人相比，知识分子肩负的责任更大"观点的态度是？（　　　）

A. 非常认同

B. 较为认同

C. 一般

D. 不太认同

2. 知识分子是否应借助专业知识就社会不良现象提出观点和建议？（　　）

A. 是，很有必要

B. 不是，没什么用

C. 视具体情况而定

3. 您认为当代中国知识分子的主要责任是？（　　　）（限选3项）

A. 科研教学报国

B. 为国家献计献策

C. 为老百姓代言

D. 监督国家权力

E. 推动社会文明发展进步

F. 为自身谋利益

G. 为亲友谋资源

H. 做好分内之事，独善其身

I. 其他，请填写_____

4. 当自己的切身利益与社会责任发生冲突时，您会做出怎样的选择？（　　）

A. 社会责任优先

B. 切身利益优先

C. 视具体情况而定

D. 两者相结合，做出中立选择

5. 【专项问题】作为一名高校教师，您主持或参与的科研项目是否

关注过与社会发展紧密相关的议题,如环境保护、公共卫生、教育公平等?( )

    A. 是,多个项目涉及

    B. 是,个别项目设计

    C. 较少涉及

    D. 从未涉及

6.【专项问题】作为一名报刊、期刊从业人员,您认为媒体应该承担的最主要责任是?( )(限选 3 项)

    A. 关注社会民生

    B. 心系公益事业

    C. 参与社会监督

    D. 推动文化传播

    E. 引领舆论导向

    F. 传达上级指令

    G. 娱乐大众生活

    H. 其他,请填写_____

7.【专项问题】作为一名高校在读硕士、博士研究生,您是否会考虑学术研究成果的社会应用价值,并努力将其转化为实际的社会贡献?( )

    A. 总是

    B. 经常

    C. 偶尔

    D. 很少

后　记

中国知识分子是中华文明土壤中浸润出来的"美玉"，彰显着中华民族自强不息，厚德载物的精神品格，承载着实现中华民族伟大复兴的历史责任。中国知识分子精神是一个富有深度与张力的研究主题。从古代士人"修齐治平"的家国情怀，到近代"救亡图存"的思想激荡，再到当代中国知识分子精神的重新定位与构建，这一历程贯穿了中国思想史、文化史和社会史的核心脉络。本书基于中国知识分子精神历史演变的发展主线，试图在历史的长时段视野中揭示中国知识分子精神的演化逻辑，梳理不同历史时期的关键特质，探讨在当代社会语境下如何实现知识分子精神的创造性转化与创新性发展。

知识分子精神并非一个孤立的学术命题，而是与中国社会文化传统、中国式现代化历程以及全球化背景紧密交织。特别是在当代社会飞速发展的时代境遇下，重新定义知识分子精神，不仅是学术界的重要课题，更关乎国家文化软实力建设的现实需求。本书的写作尝试融合多学科视角，以历史分析为主线，同时借助文化学、社会学、思想史等领域的研究方法，希望能够为这一课题的研究贡献一份力量。

事实上，笔者于 2009 年读博时就涉足知识分子研究，当时收集了大量资料，并撰写了博士学位论文《知识分子与优雅社会的构建》。后又先后主持了 2013 年度教育部人文社会科学研究青年基金项目"中国知识分子精神的建构及现代意义"、2015 年度国家社会科学基金项目"中国知识分子精神的历史演变与当代构建研究"、2019年度全国宣传思想文化青年英才专项"中国知识分子的独特语境与价值实现"等项目研究,先后发表《知识分子的精神内涵与历史演变——基于西方几种主要知识分子理论的分析》《士人的优雅及其当代意义》《中国梦背景下知识分子精神的建构》《中国社会转型中知识分子的困境与突围》等学术论文十余篇,成为我长期研究的学术问题。于个人而言,身为知识分子的一员以及"知识分子精神"的承载弘扬的主体之一,"知识分子精神"与我有着不解之缘。随着事业的发展和阅历的丰富,这种缘分已经超越了单纯的研究范畴,沉潜为我内心的生活方式与价值追寻。

本书的问世,既是本人学术研究道路上的一段小结,也是个人学术成长中的一个重要里程碑。作为国家社会科学基金资助项目的最终成果,本书在研究过程中,经历了繁复的资料搜集和反复的推敲打磨。每一步进展都得益于学界同仁的指导帮助和学术团队的辛勤工作。首先,要感谢先师朱志敏教授,最初研究知识分子问题就源于朱老师的鼓励与启迪。朱老师博学、宽厚、谦和,他是一个典型的知识分子,始终体现着知识分子的精神与气度。其次要感谢恩师王炳林教授。我的博士论文《知识分子与优雅社会的构建》和这本书稿,王老师都给我提出了细致详实的修改意见,让我深受启发。王老师还答应为本书作序,给了我莫大的支持与鼓励。再次,感谢浙江工商大学马克思主义学院的王绪琴教授、应琛副教授、马子琪老师、顾浩迈老师,他们也对本书提出许多宝贵的修改意见,提供了很多真知灼见。本书的撰写历时五年。在初稿的撰写中,我的学生侯佳、毛奕峰、李可心、刘荣等花费了大量时间一起帮忙收集资料、做问卷调查和数据分析,并初步起草了稿件。在后面的统稿和反复修改中,孟洋、余其安、毛嘉正、于浩宇、李梦茜、朱宸逸等也对本书的出版有很大贡献。在这里,请允许我向他们表达由衷的感谢!

感谢中国出版集团东方出版中心党委书记、执行董事陈义望对本书的特别关心。感谢陈哲泓编辑为本书出版付出的辛勤劳动，他的巧思建议让本书增色不少。特别感谢国家社会科学基金的资助，它为本书的研究提供了坚实的基础。感谢浙江工商大学马克思主义学院和浙江工商大学中国化时代化马克思主义研究院提供的出版资助。

真正的知识分子不惮于裸露自己的软肋，重要的是如何将这软肋转化为一种精神力量，让它不被浮泛的时代洪流冲走，这必须借助强大的思辨能力、理性分析能力、反思能力和学术的综合视野。因笔者学识水平和研究视野所限，书稿可能存在诸多缺陷不足与"软肋"，敬请各位专家学者批评指正，以促使我进一步的深入思考和更纵深的研究，在此一并致以谢忱！

李梦云

2024 年 7 月于杭州